Zweitagestouren in Südtirol

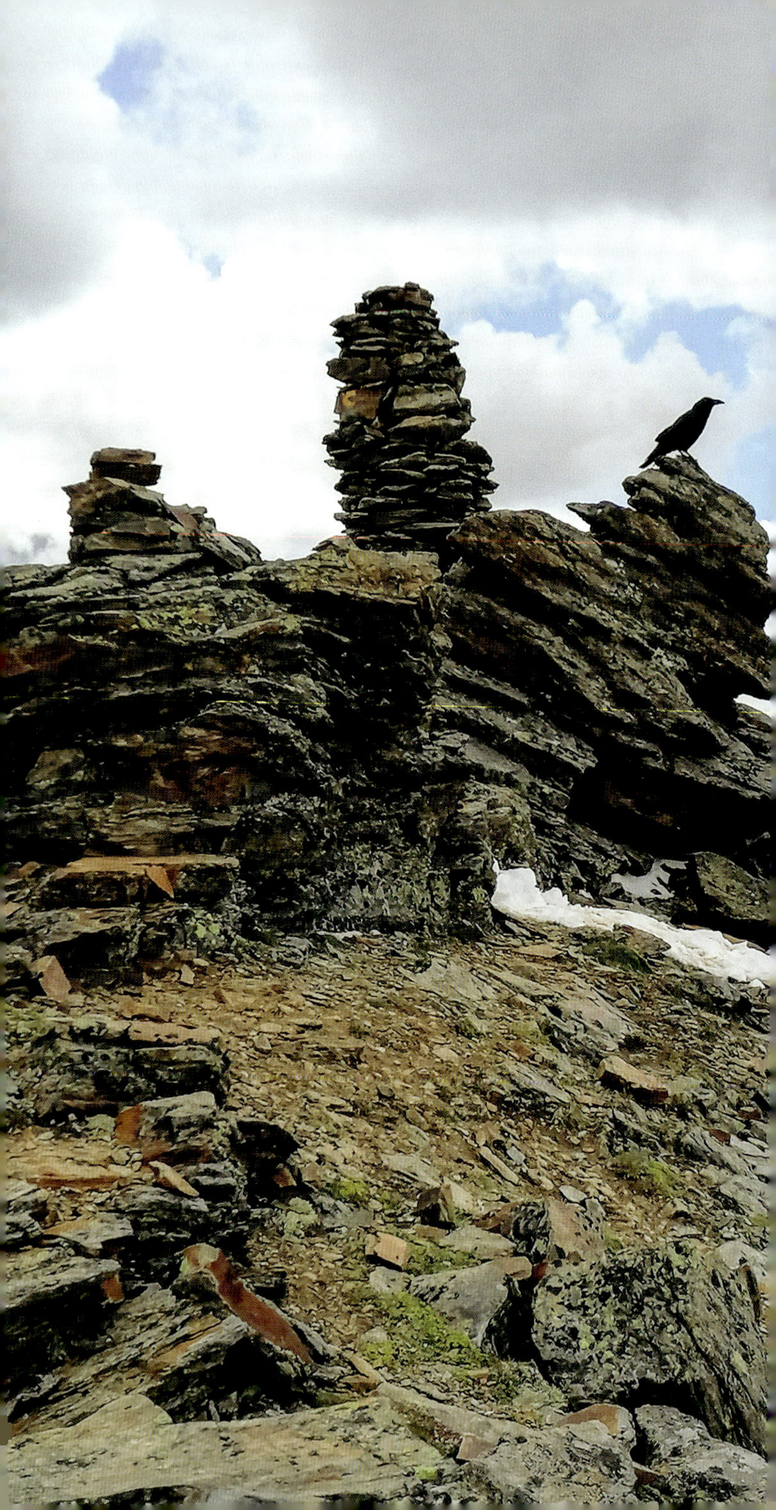

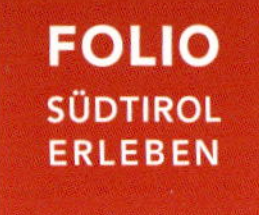

Peter Righi

Zweitagestouren in Südtirol

Die schönsten Bergwanderungen mit Übernachtung in Schutzhütten

Folio Verlag Wien – Bozen

HINWEIS

Die Auswahl der Schutzhütten und der Touren für diesen Führer traf der Autor nach seinen subjektiven Kriterien; sie war nicht an einen finanziellen Beitrag der jeweiligen Häuser gebunden.
Alle Angaben erfolgen nach bestem Wissen und Gewissen. Sämtliche Informationen wurden gewissenhaft recherchiert, doch Öffnungszeiten und Ruhetage können sich kurzfristig ändern. In den meisten Hütten wird die Anzahl der angegebenen Schlafplätze wegen der auferlegten Schutzmaßnahmen gegen das Coronavirus reduziert. Wann diese wieder in vollem Umfang buchbar sein werden, war bei Redaktionsschluss noch nicht bekannt. Daher empfehlen wir Ihnen, sich vorher bei den einzelnen Hütten telefonisch zu informieren. Die beschriebenen Wanderungen werden auf eigenes Risiko unternommen; Autor und Verlag übernehmen keinerlei Haftung.

SYMBOLE

- Gehzeit
- Strecke
- Höhenmeter
- Charakterisierung, Zusatzinformationen
- Öffnungszeiten
- Bettenangebot
- Anfahrt und Parkplatz

BILDNACHWEIS

Umschlagbild: Düsseldorfer Hütte, Foto: Frieder Blickle
Brunner, Adele: S. 133, 152, 154
Europahütte (Florian Holzer): S. 84
Feichter, Eduard: S. 183, 185
Mayer, Evelyne: S. 7, 14, 18, 26, 27, 28, 39, 40, 49, 57, 61, 67, 69, 70, 77, 79, 80, 81, 85, 88, 91, 97, 101, 104, 105, 107, 115, 116, 123, 134, 135, 137, 149, 151, 153, 158, 165, 188, 190
Niedrist, Martin: S. 20, 90, 92, 93
Ratschiller, Georg: S. 180, 181
Reinartz, Guus: S. 66
Ritsch, Sieghart: S. 50
SAT Trento (Livio Noldin): S. 150
Schlernhaus (Dietrich Holtz): S. 108
Schwarzensteinhütte (Hanspeter Oberhammen): S. 179
Tourismusverein Schnalstal (Thomas Grüner): S. 42, 43, 44
Tourismusverein St. Vigil: S. 168, 170 (Alex Filz), 173 (Guus Reinartz)
Widmann, Heinz: S. 60, 63, 65
Alle anderen Fotos stammen von Peter Righi.

Lektorat: Petra Tappeiner
Grafikkonzept: no.parking, Vicenza
Satz und Druckvorstufe: Typoplus, Frangart
Kartografie: geomarketing der Athesia Buch GmbH, Bozen
Printed in Italy
ISBN 978-3-85256-809-6
www.folioverlag.com

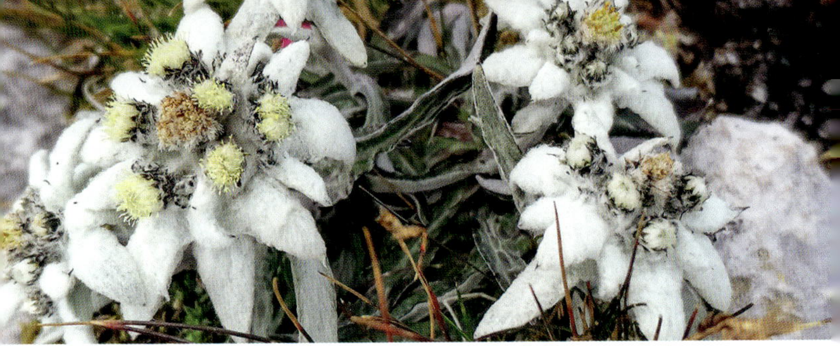

INHALTSVERZEICHNIS

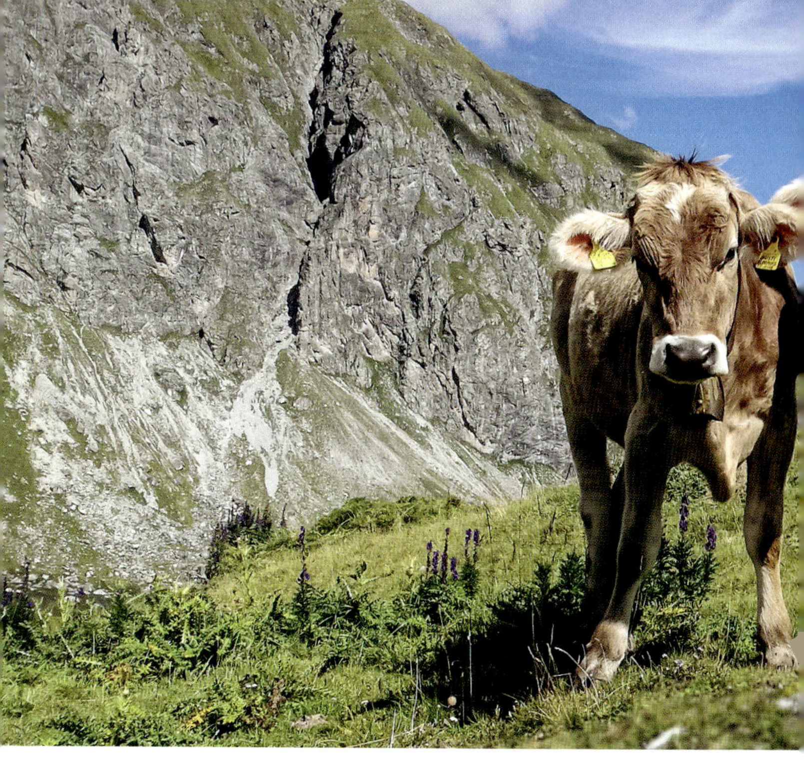

Vorwort

Heutzutage rasen viele Wanderer im Eiltempo auf die höchsten Gipfel, selten bis nie nächtigen sie im Gebirge, den meisten „Durchschnittswanderern", wie sie sich selber bezeichnen, ist das Erlebnis einer Hüttenübernachtung also unbekannt. Ich persönlich bin überzeugt, dass das einfache, manchmal spartanische und „medienbefreite" Leben in einem alpinen Schutzhaus einen prägenden Eindruck hinterlässt und nicht nur für Kinder und Jugendliche pädagogisch wertvoll ist.

Dieser praktische Führer stellt Wanderungen mit Hüttenübernachtung vor, bei denen sich die technischen Herausforderungen auf das Wandern beschränken: Sämtliche Touren sind ohne Klettersteig- oder Gletscherausrüstung machbar. Einige Wanderwege oder Gipfelanstiege sind drahtseilgesichert, von trittsicheren Bergwanderern mit durchschnittlicher Ausdauer auf jeden Fall zu schaffen.

Ein besonderer Schwerpunkt dieses Wanderführers sind die alpinen Schutzhütten. Der Bau dieser Berghütten und der dorthin führenden

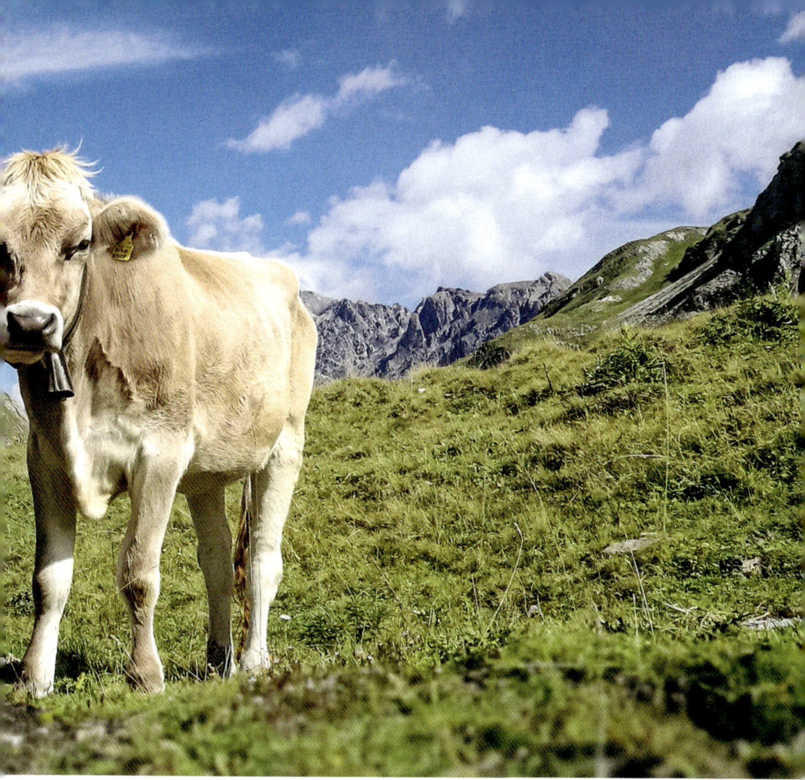

Wanderwege ist nämlich eng mit der Gründung der Alpenvereine und dem Aufkommen des Alpintourismus Ende des 19. und Anfang des 20. Jh. verbunden. Viele der beschriebenen Hütten stammen aus jener Zeit, die Gastlichkeit am Berg hat somit eine lange Tradition, vom Deutschen und Österreichischen Alpenverein (DuÖAV) vor 150 Jahren initiiert, wird sie heute vom Alpenverein Südtirol (AVS) und dem Club Alpino Italiano (CAI) weitergeführt.
Schutzhütten bergen jedoch einen Widerspruch in sich: Damals wie heute möchten Menschen der Zivilisation und dem Überfluss des Alltags entfliehen und das Ursprüngliche einer oft unwirtlichen Bergwelt erleben. Schutzhütten entschärfen dieses Abenteuer und manchen, die eher einem Nobelhotel als einer spartanischen Unterkunft ähneln, darf man auch durchaus kritisch gegenüberstehen.
Aber lassen Sie uns nun gemeinsam in die Berge gehen, Abstand von der Schnelllebigkeit im Tal gewinnen und endlich Zeit miteinander verbringen. Belohnt werden wir mit den Werten des einfachen Lebens und mit Eindrücken, die uns Kraft schenken.
Ich wünsche Ihnen viel Freude bei den Touren!

Peter Righi

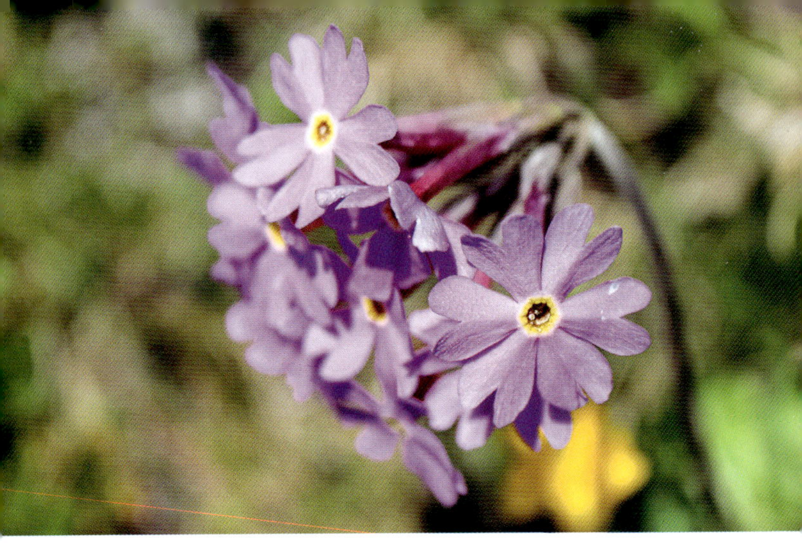

FAQ und nützliche Informationen

Wann ist die beste Jahreszeit für die Zweitagestouren?
Normalerweise sind die Schutzhütten zwischen Mitte Juni und Ende September/Anfang Oktober geöffnet. In schattigen Lagen können mancherorts noch Schneefelder liegen, bei einem verfrühten Wintereinbruch sind auch einfache Wege unbegehbar.

Was versteht man unter „trittsicher"?
Wenn man sich auf unebenem Untergrund problemlos fortbewegen kann, ohne dabei das Gleichgewicht zu verlieren und kleine Rutscher im nächsten Schritt ausgeglichen werden können.

DIE BETTWANZE WANDERT MIT

Auf den Schutzhütten im ganzen Alpenraum kommt es seit einigen Jahren immer wieder zu Befällen mit Bettwanzen. Die Alpenvereine Südtirols, Österreichs und Deutschlands mit ihren knapp 600 Hütten sagen nun den blutsaugenden Insekten den Kampf an. In einer gemeinsamen Broschüre werden Wanderer, Bergsteiger und Hüttenwirte informiert, wie sie gegen die Verbreitung der lästigen Biester beitragen können.

Muss man schwindelfrei sein?

Wir orientieren uns aus den Augenwinkeln heraus an feststehenden Gegenständen (Felsen, Bäumen usw.), um unseren aufrechten Stand beibehalten zu können. Wenn es auf ausgesetzten Wegen keine fixen Orientierungspunkte mehr gibt, neigt unser Körper dazu, zu schwanken, dies kann ein Schwindelgefühl hervorrufen. Durch eine ruhige und regelmäßige Atmung kann man diesem Gefühl entgegenwirken.

Sollte man sich akklimatisieren?

Wenn man seinen Alltag in niederen Höhenlagen verbringt, dann sind die ersten Stunden am Berg mühsam. Besonders wenn man den Aufstieg „passiv" mit einer Bergbahn oder mit dem Auto bewältigt hat. Bevor man im Schutzhaus übernachtet, kann man sich durch die kurze Hüttentour sehr gut akklimatisieren.

Sollte man die Unterkunft in den Hütten buchen oder reservieren?

Wenn man alleine oder zu zweit unterwegs ist, kann man es riskieren, ohne Reservierung oder verbindliche Buchung anzureisen. Es kann allerdings sein, dass man in einer Notunterkunft oder in der Gaststube übernachten muss. Deshalb ist es angebracht, immer telefonisch anzufragen und zu reservieren/buchen.

Braucht man einen Hüttenschlafsack?

Hüttenschlafsäcke sind heutzutage ein unverzichtbarer Standard und sollen mitgebracht werden. In den meisten Hütten kann man Hüttenschlafsäcke kaufen oder ausleihen.

Mit dem Hund unterwegs.

Wer mit seinem Hund in der Hütte übernachten möchte, sollte dies im Voraus mit dem Hüttenwirt abklären. Meistens ist dies bei Übernachtungen im Zimmer erlaubt und im Matratzenlager untersagt. Bitte nicht vergessen, die Größe des Hundes anzugeben.

Kann man auf Hütten bargeldlos bezahlen?

Eine stabile Telefonverbindung ist auf den Hütten eine Seltenheit, ebenso die Möglichkeit der bargeldlosen Zahlung. Deshalb ist es ratsam, immer ausreichend Bargeld mitzuführen oder die Hüttenübernachtung bereits bei der Buchung mittels Banküberweisung zu bezahlen.

Soll man Mitglied einer alpinen Organisation (Alpenvereine AVS/ÖAV/DAV, CAI oder SAC) sein?

Voraussetzung ist es keine, dass man nur mit einem gültigen Alpenvereinsausweis in die Berge gehen darf, aber die Mitgliedschaft lohnt sich. Dies nicht nur wegen der Vergünstigungen bei den Hüttenübernachtungen in AVS- oder CAI-Hütten.

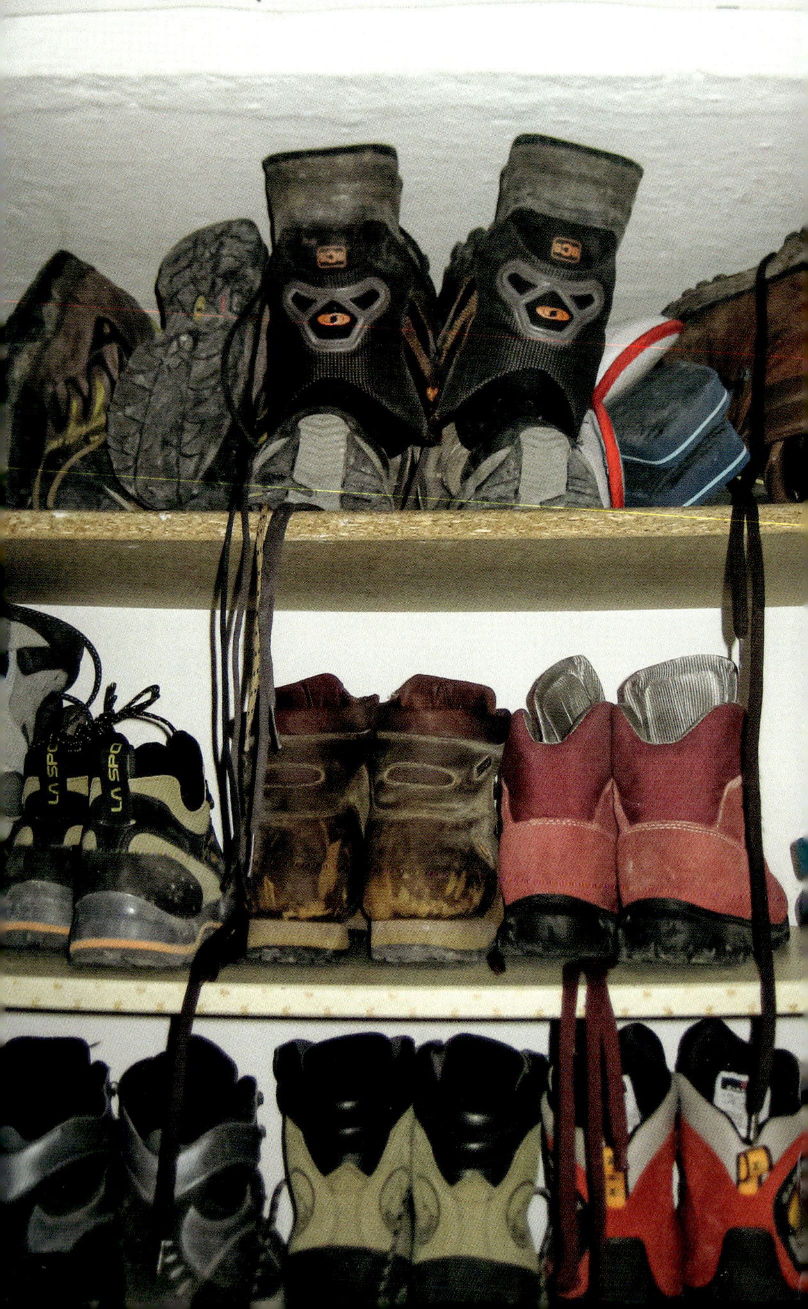
SI PREGA DI APPAIARE LE CIABATTE :)
BITTE DIE HUTTENSCHUHE WIEDER PAAREN
GRAZIE – DANKE

Packliste und Tipps

KLEIDUNG

- ○ Hohe Bergschuhe
- ○ Lange und kurze Wanderhose
- ○ Funktionsunterwäsche, wenn möglich Naturfaser (geruchsneutral)
- ○ Leichte Fleecejacke
- ○ Wind- bzw. Regenjacke
- ○ Hüttenschuhe
- ○ Sonnenschutz und Kopfbedeckung
- ○ Warme Kopfbedeckung (Mütze) und Handschuhe
- ○ Bequeme Hose für die Hütte

AUSRÜSTUNG

- ○ Hüttenschlafsack
- ○ Sonnenbrille
- ○ Rucksack mit Regenhülle – ca. 35–40 Liter Stauraum
- ○ Toilettentasche mit Zahnbürste und Zahnpasta, Seife/Duschgel, Hygienebeutel
- ○ Toilettenpapier für den „Boxenstopp" unterwegs. Bitte keine Papiertaschentücher in der Natur lassen!
- ○ Kleines Handtuch. Es gibt praktische Handtücher aus Mikrofaser.
- ○ Stirnlampe
- ○ Wäschesack für Schmutzwäsche
- ○ Trinkflasche
- ○ Kleine Rucksackapotheke/Blasenpflaster
- ○ Sonnenschutzcreme
- ○ Taschentücher
- ○ Mobiltelefon und Ladegerät
- ○ Apps: www.alpenvereinaktiv.com, Wetter Südtirol
- ○ Fotoausrüstung, Speicherkarte, Akku und Ladegerät
- ○ Taschenmesser
- ○ Personalausweis und Alpenvereinausweis
- ○ Bargeld, da in den meisten Hütten nur Bargeldzahlung möglich ist.
- ✓ Folio-Wanderführer

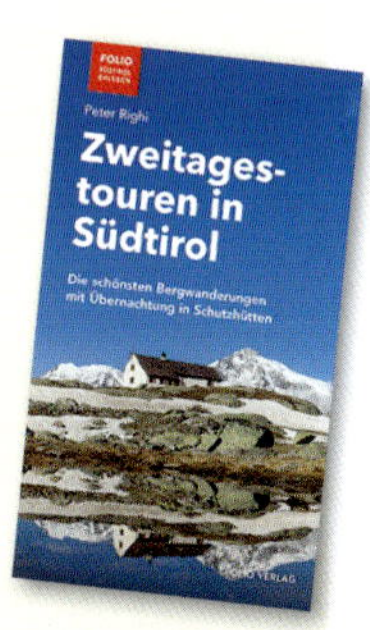

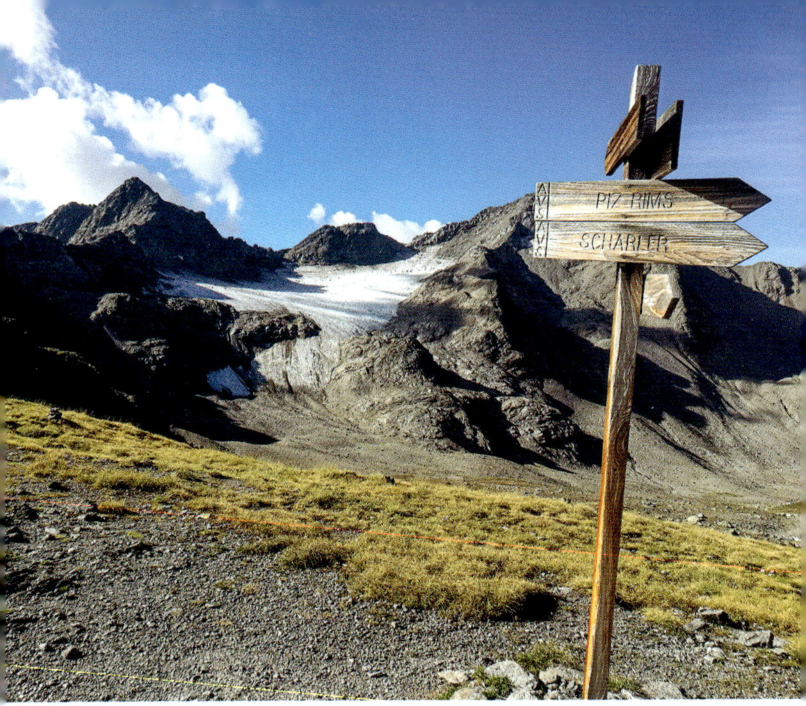

1 | Sesvennahütte

Föllakopf | Piz Rims, Piz Christanas

Zwischen dem Vinschgau im Süden und dem Engadin im Norden liegt über dem Talschluss des Schlinigtals die Sesvennahütte auf 2.256 m. Der klingende Name „Sesvenna“ stammt vermutlich von den rätoromanischen „ses“ (Stein, Fels) und „vena“ (Ader) und heißt auf Deutsch „Fels mit (Erz-)Adern“. Der nahe Piz Sesvenna ist mit 3.204 m der höchste Gipfel in der gleichnamigen Gebirgsgruppe.

DIE HÜTTE

Die Sesvennahütte (2.256 m) ist ein alpines Schutzhaus des Südtiroler Alpenvereins (AVS) und befindet sich in der Gemeinde Mals im Obervinschgau, auf einem Sattel zwischen den Dreitausendern der Sesvennagruppe und dem Reschenpass. Gegen Süden öffnet sich der Blick auf die kontrastreiche Landschaft des Vinschgaus mit den Eisriesen der Ortlergruppe, den trockenen Sonnenhängen und den schönen Siedlungen im Talboden. Die Hütte wurde zwischen den Jahren 1975 und 1979 als Ersatz für die geschlossene Pforzheimer Hütte errichtet und im August 1981 feierlich eröffnet.

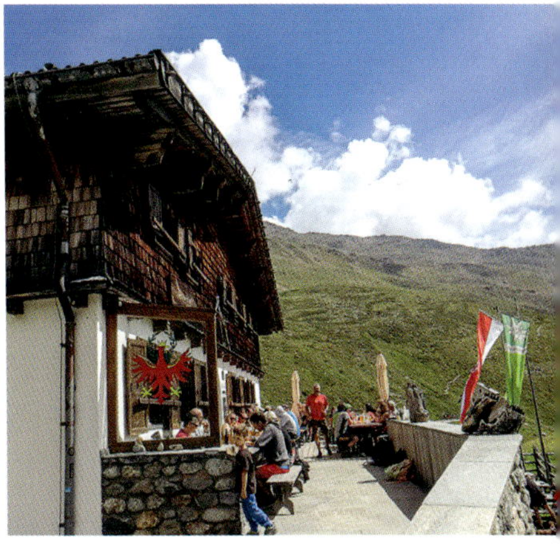

Seit der Sommersaison 2018 führen Markus Waldner und Michaela Abarth die Sesvennahütte. Vor dem Abendessen begrüßt das Hüttenwirtepaar die Hausgäste in der getäfelten Stube, macht sie mit den Gepflogenheiten bekannt und verrät einige Geheimnisse aus Küche und Keller. Es kommt nicht selten vor, dass die behaglichen Räume bis auf den letzten Platz besetzt sind. Besonders an den Wochenenden ist die Hütte ein beliebtes Ziel für Mountainbiker und Wanderer, die am wildromantischen Felsenweg durch die Uinaschlucht unterwegs sind. Eine frühzeitige Buchung macht sich deshalb bezahlt.

KULINARIK TIPP

Geschmorte Schweinswangen vom Bio-Strohschwein mit Gemüse und Polenta und ein „gutes Glasl" Südtiroler Cabernet Riserva. Empfehlenswert sind auch das Gulasch vom Laugen-Rind oder die Kaspressknödel.

TAG 1: AUFSTIEG ZUR HÜTTE

Der Hüttenaufstieg beginnt am Parkplatz am Ortsende von Schlinig (1.738 m), oberhalb von Burgeis im oberen Vinschgau. Der bequeme und gut beschilderte Almweg (Nr. 1) führt zur Schliniger Alm (1.868 m) und anschließend zur Inneren Alm (1.923 m), vorbei an der Talstation der Materialseilbahn der Sesvennahütte, bis zu einer breiten Felswand mit dem Schwarzwand-Wasserfall. Kurz vor dem Wasserfall folgt man dem Weg nach rechts und steigt ziemlich steil bergauf, bis man hinter der Felsstufe ein flaches Becken erreicht, in dem die Alte Pforzheimer Hütte (Museum) und die Sesvennahütte liegen.
Abstieg: Für den Abstieg folgt man dem Aufstiegsweg.

 TAG 1: DIE KURZE HÜTTENTOUR

Föllakopf 2.878 m | Der Föllakopf ist der Hausberg von Schlinig und ein formschöner Panoramagipfel, den konditionsstarke und trittsichere Wanderer nach dem Hüttenaufstieg besteigen können. Er gehört zu den „Engadiner Dolomiten", einer kalkhaltigen

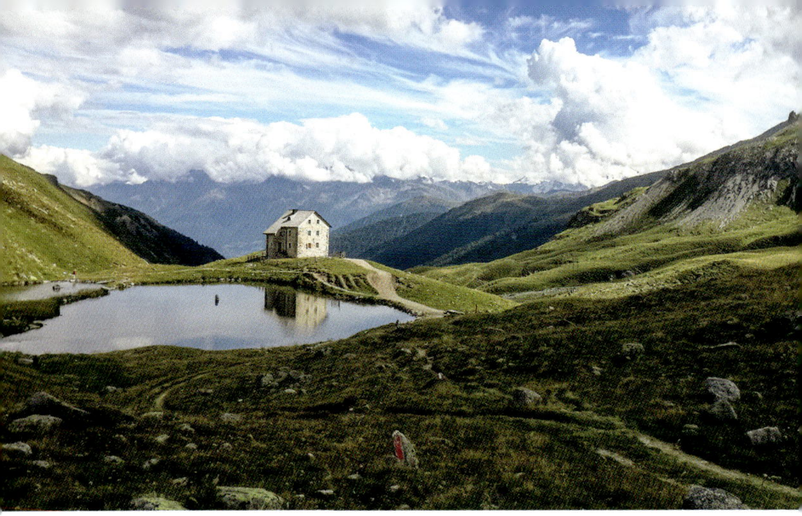

Gebirgsgruppe zwischen Südtirol und der Schweiz. Die Aussicht auf die Vinschgauer Bergwelt ist grandios.
Von der Sesvennahütte folgt man dem gut markierten und ausgetretenen Weg Nr. 5 nach Westen, bis man nach etwa einer halben Stunde den Wegweiser erreicht, von dem der Steig auf den Föllakopf (Nr. 5A) links abzweigt. Man überschreitet eine markante Kuppe und gelangt zum schönen, tiefblauen Kloanberglsee (2.634 m), den die Einheimischen „Föllasee" nennen. Vom See führt der Steig mühsam über eine immer steiler werdende Schuttflanke bergauf, die dann im oberen Teil als Rinne durch markante Felsen verläuft. Kurz nach diesen Felsblöcken erreicht man den breiten, etwas ausgesetzten Westgrat und über gut erkennbare Steigspuren den Gipfel. Der Rundblick vom Föllakopf auf die umliegenden Berge ist einzigartig.
Abstieg: Für den Abstieg folgt man dem Aufstiegsweg.

DIE ALTE PFORZHEIMER HÜTTE

Etwa 200 Meter östlich der Sesvennahütte steht die Alte Pforzheimer Hütte. Diese wurde Ende des 19. Jh. im Auftrag der Sektion Pforzheim des Deutschen und Österreichischen Alpenvereins (DuÖAV) erbaut und im Jahr 1901 eröffnet, 1918 ging sie in den italienischen Staatsbesitz über. Nach einem Brand in den 1960er-Jahren verfiel die Hütte, der Südtiroler Alpenverein erbaute in unmittelbarer Nähe ein neues Schutzhaus – die Sesvennahütte. Die Alte Pforzheimer Hütte ging 1999 an das Land Südtirol über und wurde in den vergangenen Jahren behutsam saniert. Heute beherbergt sie ein kleines Heimatmuseum, in dem es um den Schmuggel im Grenzgebiet geht.

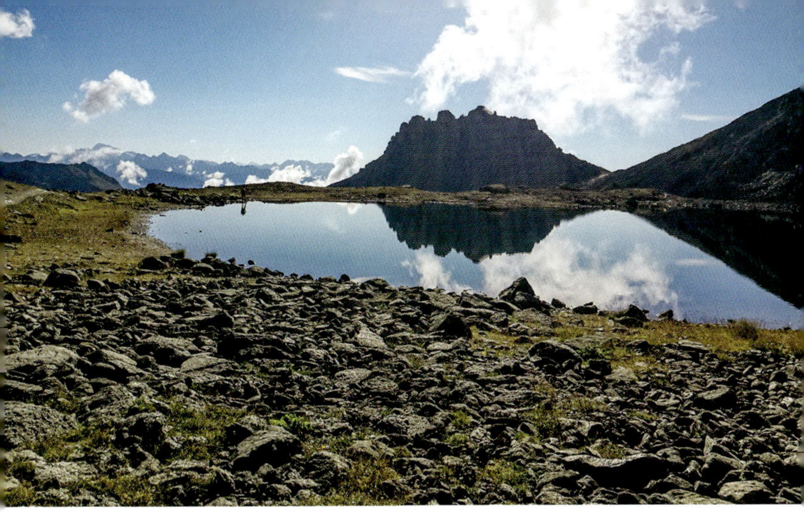

TAG 2: BERGWANDERUNG UND ABSTIEG

Sesvennahütte – Schadler, Piz Rims und Piz Cristanas | Aufwachen, frühstücken und die Morgenstunden inmitten einer eindrucksvollen Bergwelt erleben! Uns erwartet eine aussichtsreiche Gipfelüberschreitung in der Sesvenna- und Lischanagruppe, bei der wir gleich zwei einfache Dreitausender besteigen.

Von der Sesvennahütte folgt man dem gut markierten und ausgetretenen Steig Nr. 5 nach Westen bis zum weiten Sattel der Sesvennascharte (Fuorcla Sesvenna) auf 2.824 m. Etwas unterhalb der breiten Scharte, von der sich der Blick zum Piz Sesvenna öffnet und die auch die Staatsgrenze zur Schweiz bildet, kommt man am kristallklaren Furkelsee vorbei, in dem sich bei Schönwetter der Föllakopf spiegelt.

Von der Sesvennascharte steigt man rechts über einfaches Gelände zum Gipfel des Schadler (2.948 m) auf. Ergreifend ist der Blick nach Südwesten zum Gletscherbecken der Sesvenna und des Muntpitschen, mit etwas Glück kann man hier auch Steinböcke beobachten.

Vom Schadler wandern wir in nordwestlicher Richtung zum breiten Grat hinab, wir folgen dem Steig, der über eine weiß leuchtende, unschwierige Schuttflanke zum Aussichtsgipfel des Piz Rims (3.050 m) führt. Nach einer Rast geht es in nordwestlicher Richtung zum nahe gelegenen Piz Cristanas (3.092 m), den wir in wenigen Minuten erreichen.

Abstieg: Für den Abstieg folgt man dem Aufstiegsweg bis zur Sesvennahütte (2.256 m) und steigt dann den Steig Nr. 8 hinter der Alten Pforzheimer Hütte etwa 100 Hm in östliche Richtung hinauf. Der Weg verläuft entlang des aussichtsreichen Südwesthanges des Schlinigtales bis zur Schafhütte (2.336 m). Bei der Weggabelung bleibt man rechts und folgt der Markierung Nr. 8A bis zur Höferalp. Dort zweigt Weg Nr. 1A ab, der mäßig steil durch den Wald führt und direkt im Ortskern von Schlinig (1.738 m) endet.

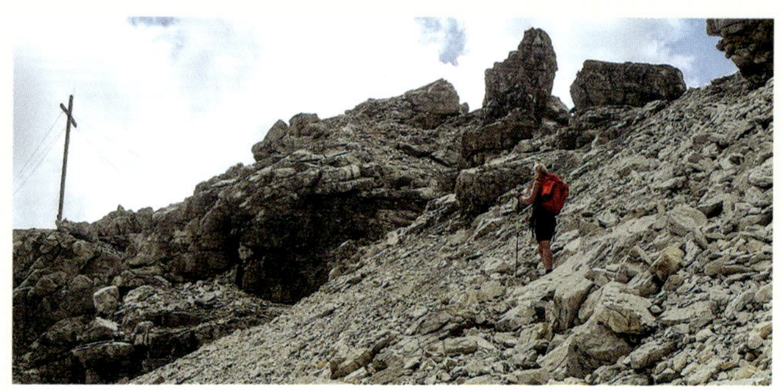

INFOS IN KÜRZE

TAG 1: AUFSTIEG UND HÜTTENTOUR

Aufstieg zur Sesvennahütte

Aufstieg: 2 h 40 min

6,6 km

660 Hm im Aufstieg, 110 Hm im Abstieg

Tour Föllakopf

Mittelschwierige Bergtour ohne besondere technische Schwierigkeiten. Im Gipfelbereich erfordert die Tour etwas Trittsicherheit. Kurzes Wegstück in einer Schuttrinne. Vorsicht, keinen Steinschlag auslösen!

Aufstieg ab der Sesvennahütte: 2 h, Abstieg: 1 h 30 min

5 km

620 Hm

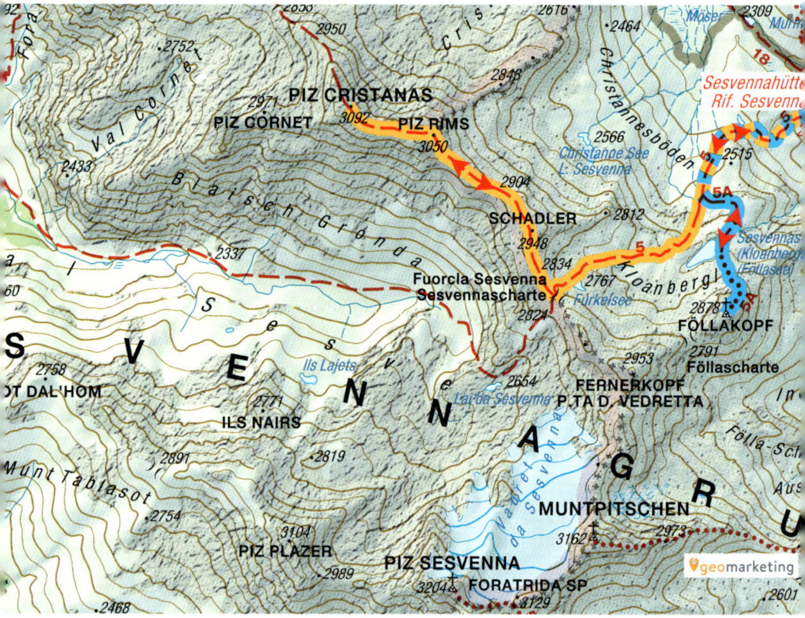

TAG 2: BERGWANDERUNG UND ABSTIEG

Tour Schadler, Piz Rims und Piz Cristanas

Mittelschwierige Bergwanderung ohne technische Schwierigkeiten inmitten einer schönen Hochgebirgslandschaft.

Vorsicht Ausrutschgefahr: Im Frühsommer kann der Verbindungsgrat zwischen Piz Rims und Piz Cristanas mit Firnresten bedeckt sein.

Aufstieg ab der Sesvennahütte: 2,5 h, Abstieg: ca. 2 h

10 km

860 Hm

Abstieg ins Tal

ca. 2 h

6,6 km

660 Hm im Abstieg, 110 Hm im Aufstieg

DIE HÜTTE

Sesvennahütte

Markus Waldner und Michaela Abarth
Fröhlichgasse 2, Mals
Tel. 0473 830234 oder 347 9541069
www.sesvenna.com
info@sesvenna.com

Geöffnet von Anf. Juni bis Mitte Okt., für Skitouren von Anf. Febr. bis Mitte Apr. geöffnet.

28 Betten in Vier- und Fünfbettzimmern mit Dusche und WC, 50 Schlafplätze im Matratzenlager und sechs im Winterraum, unbeheizbarer Schutzraum vorhanden, guter Mobilfunkempfang, nur Barzahlung.

Durch den Vinschgau über Burgeis bis Schlinig, großer gebührenpflichtiger Parkplatz am Ortseingang von Schlinig.

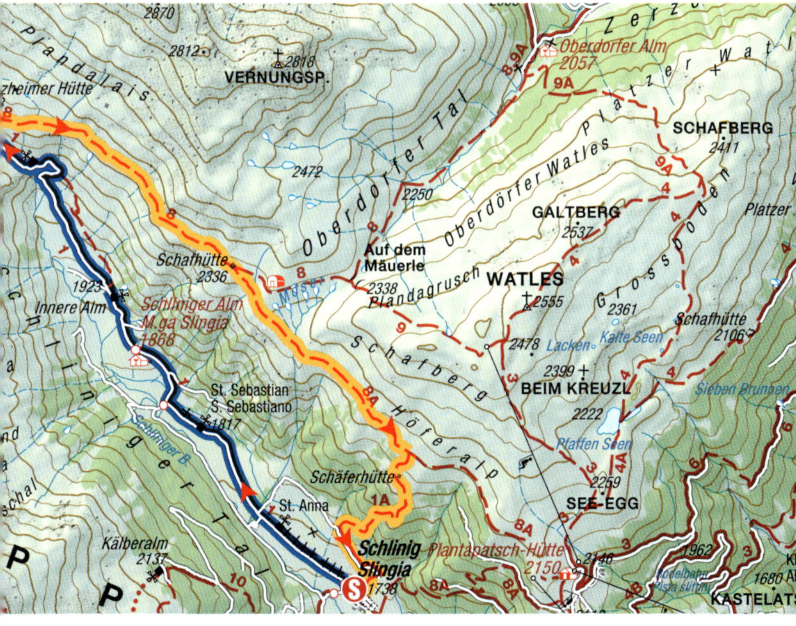

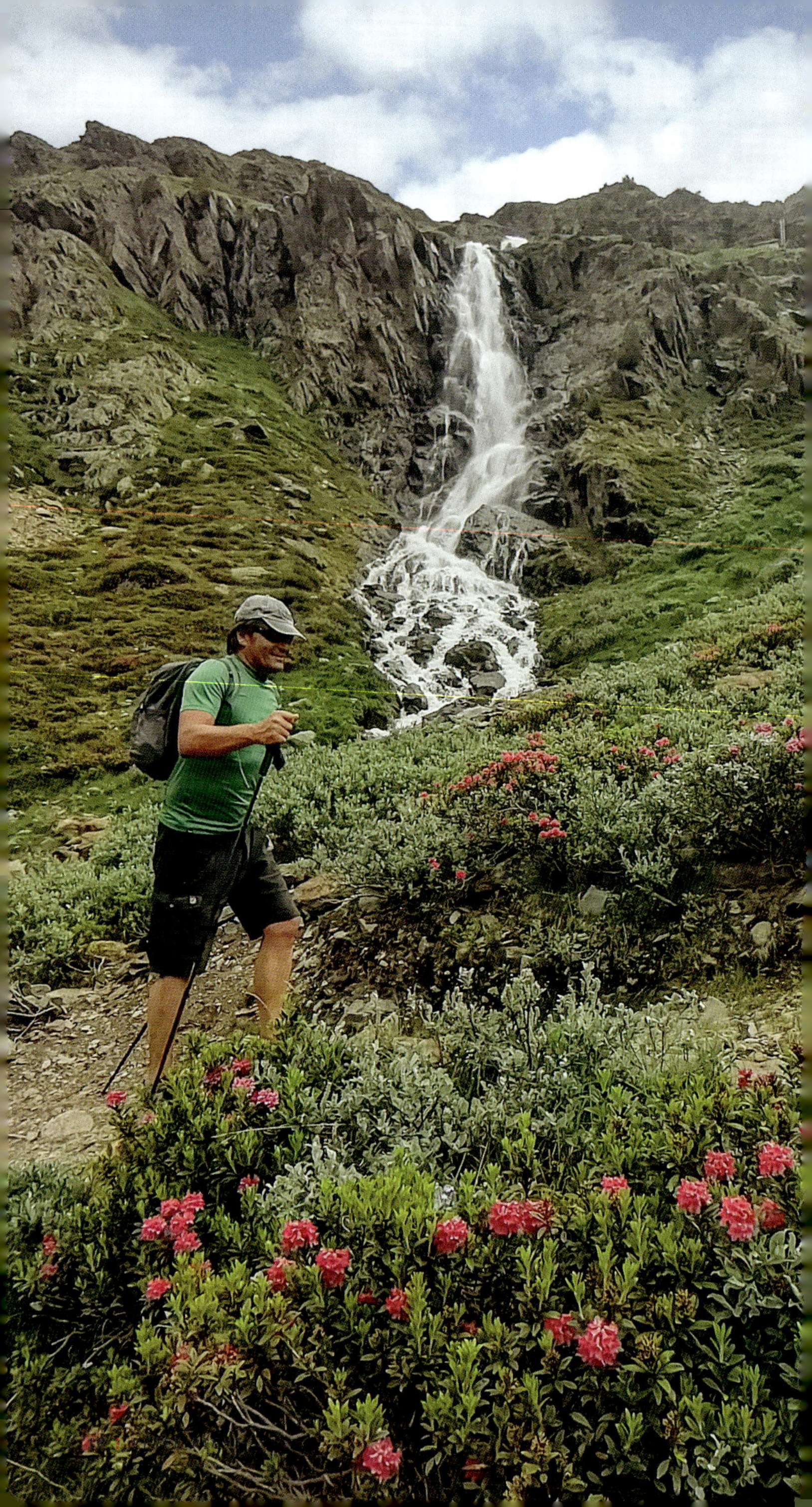

2 | Oberetteshütte

Spaiktsee | Saldurseenrunde

Die Oberetteshütte ist eine gemütliche Alpenvereinshütte in den südlichen Ötztaler Alpen mit grandioser Aussicht und einmaliger Ruhe. Die kurze Wanderung zum nahen Spaiktsee und die längere Tour über den Höhenweg zu den Saldurseen bieten ein unvergessliches Bergerlebnis.

DIE HÜTTE

Auf der östlichen Seite des Matscher Tales, eines Seitentals im oberen Vinschgau, steht unterhalb des Oberettesferners auf einem Felsvorsprung die Oberetteshütte (2.677 m). Bereits in der Gründerzeit des alpinen Tourismus errichtete hier die Sektion Prag des DuÖAV ein Schutzhaus, die Karlsbader Hütte. Diese war eine einfache Schutzhütte, die es den Bergtouristen ermöglichte, vom Ötz- und vom Schnalstal auf kürzestem Wege zur Ortlergruppe zu gelangen. Die Hütte wurde etwas später nach dem Karlsbader Stadtrat und Förderer Franz Höller in „Höllerhütte" umbenannt. Nach dem Ersten Weltkrieg kam sie in italienischen Staatsbesitz, 1945 wurde sie durch einen Brand zerstört.
Erst einige Jahrzehnte später, im Jahr 1981, beschloss die Sektion Mals des Alpenvereins Südtirol (AVS) an der Stelle der ehemaligen Höllerhütte eine neue komfortable Schutzhütte zu errichten und den Alpintourismus am Oberettesferner neu zu beleben, 1988 waren die Bauarbeiten abgeschlossen.
Seither ist die Oberetteshütte ein beliebter Ausgangspunkt für hochalpine Gletschertouren und bekannt für die ausgezeichnete Führung durch die Familie Heinisch.

Authentisch | Das Matscher Tal mit dem kleinen idyllischen Ort Matsch ist seit 2017 Mitglied der Initiative „Bergsteigerdörfer" der Alpenvereine und setzt auf nachhaltigen Tourismus, sowohl im Sommer als auch im Winter. Info: www.bergsteigerdoerfer.org

KULINARIK TIPP

Die Hüttenwirte Karin und Edwin beteiligen sich an der Alpenvereinskampagne „So schmecken die Berge", sie legen großen Wert auf Nachhaltigkeit und auf die Verwendung regionaler Produkte. Besonders stolz sind sie auf ihre Schottischen Hochlandrinder, die das ganze Jahr über draußen leben und deren Fleisch schonend behandelt wird. Es gibt Knödel, Gulasch, Kaiserschmarrn, Nudelgerichte, Suppen oder den „Holbmittoug“ mit hausgeselchtem Speck und Almkäse direkt von den Matscher Bauern.

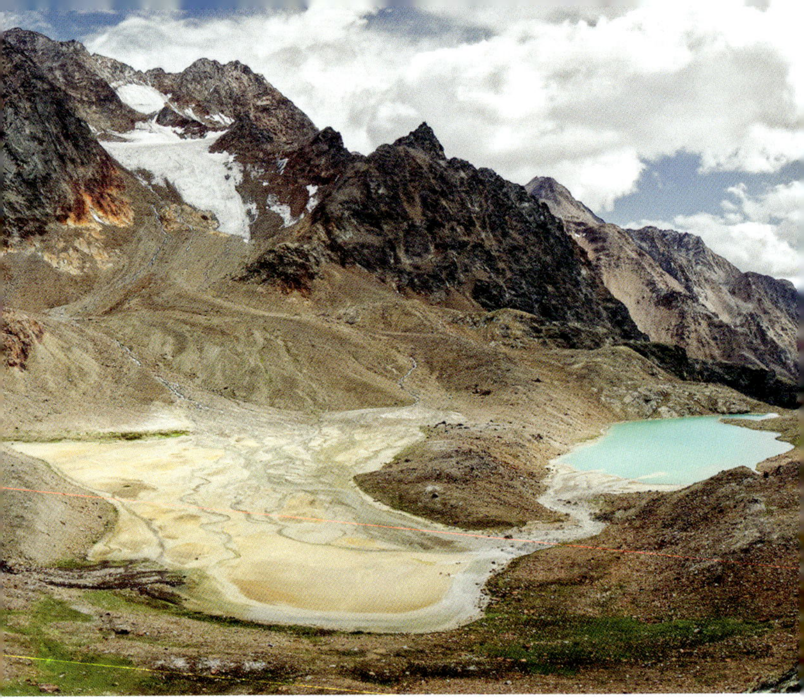

 TAG 1: AUFSTIEG ZUR HÜTTE

Der Aufstieg zur Oberetteshütte beginnt am Parkplatz unterhalb des Almhotels Glieshof (1.824 m), im hintersten Matscher Tal im Obervinschgau.

Vom Parkplatz im Bereich der Straßenbrücke im malerischen Talschluss des Matscher Tales zweigt hinter dem Hotel Glieshof der schmale Pfad Nr. 1 ab und führt durch den Wald bis zur Inneren

DIE HÖCHSTGELEGENE SEENGRUPPE SÜDTIROLS

Sieben Seen vor einer anmutigen Bergkulisse: Die gletschergespeisten Saldurseen liegen einsam auf einer etwa 2.750 m hohen Seenplatte. Bei schönem Wetter schimmert ihre Wasseroberfläche in vielen Farben, in ihr spiegeln sich die erhabenen, über 3.000 m hohen Gipfel der kargen hochalpinen Landschaft. Es sind unvergessliche landschaftliche Eindrücke!

Matscher Alm (2.022 m). Dieser Wanderweg wird von den Einheimischen „Hearasteig“ genannt, weil er bereits Ende des 19. Jh. von den „Hearischen“ (den Herren bzw. den Touristen) begangen wurde. Man folgt dem breiten Weg (Markierung Nr. 1) taleinwärts bis zur Talstation der Materialseilbahn und steigt den Berghang, teilweise in Kehren, rechts vom Wasserfall und über eine weitere Flanke hinauf zur Oberetteshütte (2.677 m).
Abstieg: Für den Abstieg folgt man dem Aufstiegsweg.

 TAG 1: DIE KURZE HÜTTENTOUR

Spaiktsee 2.980 m | Nach dem Hüttenaufstieg kann man auf dieser kurzen Wanderung die hochalpine Bergwelt und den kleinen Spaiktsee im Angesicht der Gletscher des Alpenhauptkammes erleben.
Von der Oberetteshütte wählen wir den Weg Nr. 5B in Richtung Weißkugel (Wegweiser). Oberhalb der Hütte halten wir uns erst links, überqueren auf einer Brücke den Bach und steigen dann rechts auf gutem Bergsteig und gut erkennbaren Steigspuren auf die markante Scharte (ca. 3.000 m). Von hier bietet sich ein fantastischer Ausblick auf den Oberettesferner, den Spaiktsee mit der Weißkugel, den Schwemser, die Saldurgipfel und den Ramudelkopf. Von der Scharte steigt man, oft auch im Hochsommer, über kleinere Schneefelder wenige Meter zum Spaiktsee hinab.
Abstieg: Für den Abstieg folgt man dem Aufstiegsweg.

 TAG 2: BERGWANDERUNG UND ABSTIEG

Oberetteshütte – Saldurseen und Abstieg zum Glieshof | Die hochalpine Wanderung über die Seenplatte mit den Saldurseen am Fuße der Saldurgruppe ist von seltener Schönheit und ein landschaftlicher Höhepunkt inmitten der südlichen Ötztaler Alpen.
Von der Oberetteshütte steigt man auf dem Weg (Nr. 1) ziemlich steil in mehreren Kehren durch eine Rinne und einen Geröllhang (teilweise Sicherungen vorhanden) bis zur Scharte (3.000 m) hinauf. Hier sollte man es nicht versäumen, eine kurze Rast einzulegen und die Ruhe dieser Berglandschaft genießen.
Nun folgt man dem Steig (Nr. 4), der rechts zur Seenplatte führt und wandert über mehrere Plateaustufen zu den sieben kristallklaren Gebirgsseen hinab. Gipfelsammler können in unmittelbarer Nähe des ersten Sees den Spizat (3.038 m) besteigen und auf das etwas tiefer gelegene Seenplateau blicken.
Nach dem letzten See folgt ein kurzer Anstieg und dann führt der gut sichtbare Weg stets bergab, bis man zur Inneren Matscher Alm (2.022 m) gelangt. Von der aufgelassenen Alm erreicht man über den Hüttenanstieg in etwa 40 Minuten den Parkplatz beim Glieshof.

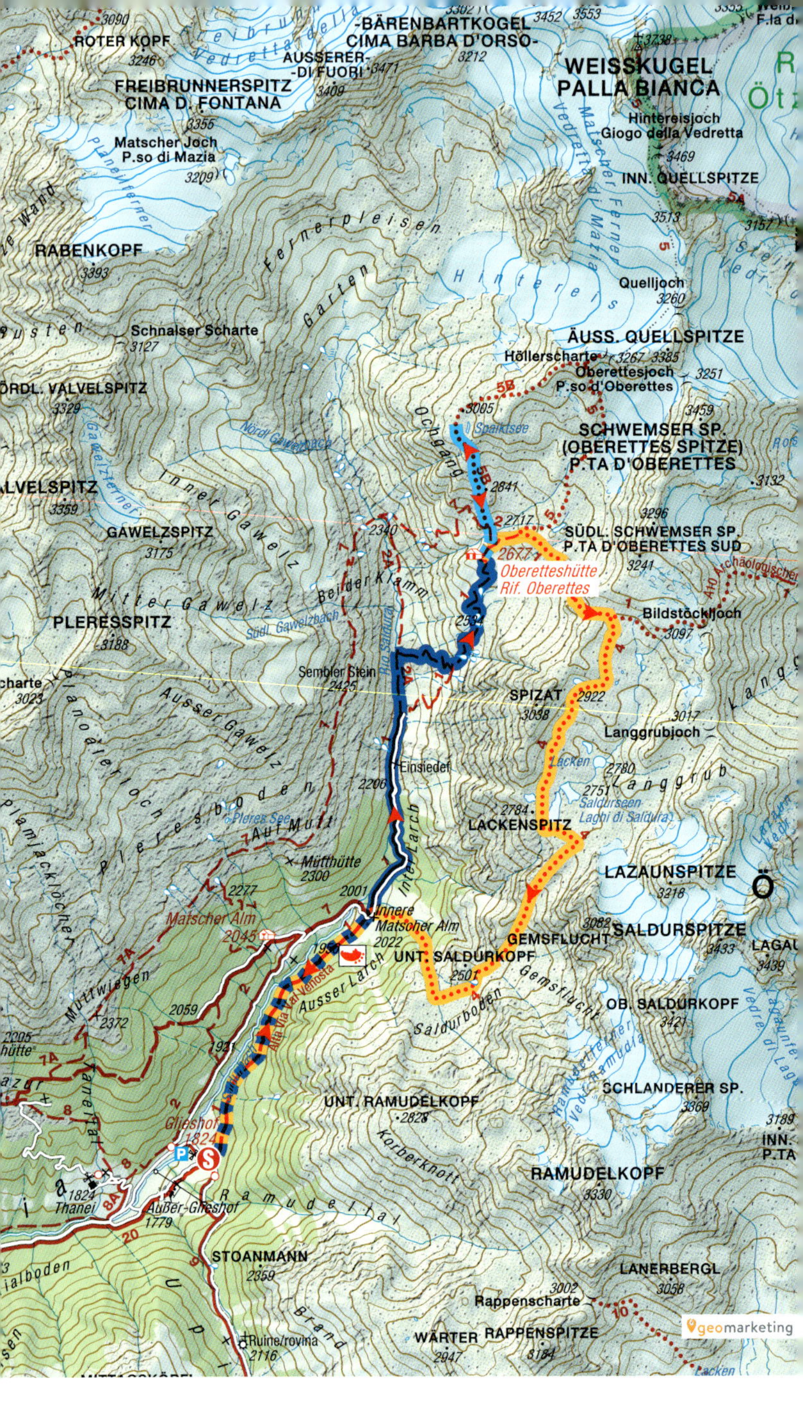
WEISSKUGEL
PALLA BIANCA
Oberetteshütte
Rif. Oberettes
ÄUSS. QUELLSPITZE
SCHWEMSER SP.
(OBERETTES SPITZE)
P.TA D'OBERETTES
SÜDL. SCHWEMSER SP.
P.TA D'OBERETTES SUD
LACKENSPITZ
LAZAUNSPITZE
SALDURSPITZE
UNT. SALDURKOPF
OB. SALDURKOPF
RAMUDELKOPF
Glieshof
1824
Matscher Alm
2045
Alta Via Val Venosta
RABENKOPF
PLERESSPITZ
GAWELZSPITZ
FREIBRUNNERSPITZ
CIMA D. FONTANA
BÄRENBARTKOGEL
CIMA BARBA D'ORSO
Hintereis
geomarketing

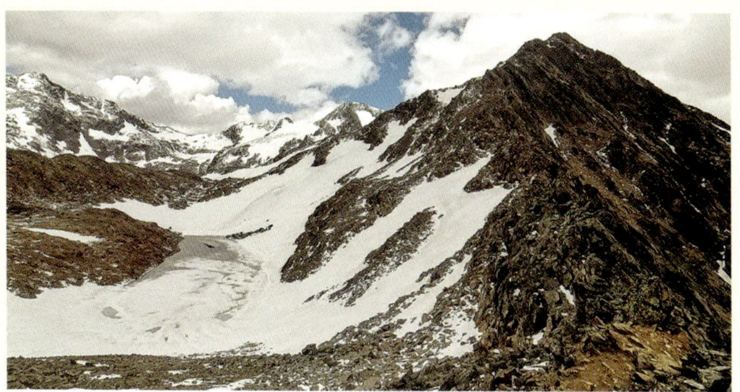

INFOS IN KÜRZE

TAG 1: AUFSTIEG UND HÜTTENTOUR

Aufstieg zur Oberetteshütte
Aufstieg: 2 h 50 min, Abstieg: knapp 2 h
6,7 km
860 Hm im Aufstieg

Tour zum Spaiktsee
Mittelschwere Bergtour ohne besondere technische Schwierigkeiten. Kurz vor der Scharte in unmittelbarer Nähe des Spaiktsees erfordert die Tour etwas Trittsicherheit.

Aufstieg ab der Oberetteshütte: 45 min, Abstieg: 30 min
1,3 km
320 Hm Auf- und Abstieg

TAG 2: BERGWANDERUNG UND ABSTIEG

Tour Saldurseen und Abstieg zum Glieshof
Mittelschwere Hochgebirgswanderung, ohne technische Schwierigkeiten, die allerdings gute Sichtverhältnisse, Trittsicherheit und Orientierungsvermögen verlangt. Die Tour ist in der Regel ab Mitte Juli begehbar, auch wenn man oft noch viele Schneefelder vorfindet.

Ab der Oberetteshütte: 3 h 40 min
9,2 km
400 Hm Aufstieg, 1.253 Hm Abstieg

DIE HÜTTE

Oberetteshütte
Karin und Edwin Heinisch
Matsch 30, Matsch
Tel. 0473 830280 oder 340 6119441
www.oberettes.it
info@oberettes.it

Geöffnet von Mitte Juni bis Ende Sept.
46 Betten im Mehrbettzimmer, 23 Schlafplätze im Matratzenlager, Hüttenschlafsäcke können ausgeliehen werden, Waschräume und Warmwasser-Dusche (gegen Gebühr), getrennte WC-Anlagen, Mobilfunkempfang, nur Barzahlung.
Auf der Vinschgauer Staatsstraße SS40 bis Tarsch, Abzweigung nach Matsch. Weiterfahrt bis zum Parkplatz beim Hotel Glieshof.

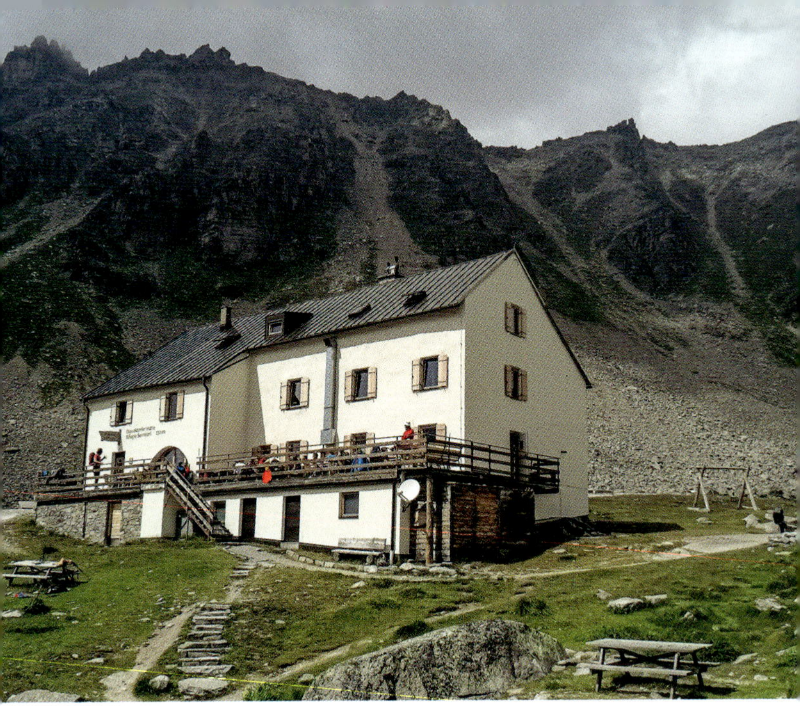

3 | Düsseldorfer Hütte

Gletscherzunge | Hinteres Schöneck

Die Düsseldorfer Hütte thront nordöstlich von Sulden auf einer kleinen Hochfläche oberhalb des Zaytals, von der sich ein grandioser Blick auf das gegenüberliegende Gletscher-Dreigestirn Königsspitze, Zebrù und Ortler öffnet.

 DIE HÜTTE

Oberhalb von Sulden, im oberen Zaytal, steht die Düsseldorfer Hütte (2.721 m) am Fuße des Hohen Angelus, der Tschengelser Hochwand und des Hinteren Schönecks im Nationalpark Stilfser Joch. Das alpine Schutzhaus wurde 1892 von der Sektion Düsseldorf des DuÖAV errichtet. Nach dem Ersten Weltkrieg ging die Hütte in Staatsbesitz über und wurde der Sektion Mailand des italienischen Alpenvereins CAI zugewiesen. Seit 2010 verwaltet das Land Südtirol die Hütte.
Die Düsseldorfer Hütte wird seit ihrer Entstehung von der Familie Reinstadler aus Sulden bewirtschaftet. Erst vor wenigen Jahren hat der Bergführer, Bauer und Hüttenwirt Walter Reinstadler die Führung

des Schutzhauses an seinen Sohn Martin übergeben, somit ist nun die fünfte Generation der Reinstadlers am Ruder.
Die Hütte wurde immer wieder erweitert und renoviert und bietet über 60 Schlafplätze, elektrischen Strom und fließend kaltes und warmes Wasser. Auf Wunsch kann das Gepäck mit der Materialseilbahn auf die Hütte transportiert werden.

KULINARIK TIPP

Das Speisenangebot ist umfangreich, es gibt Nudel-, Knödel- und Fleischgerichte sowie Apfelstrudel. Das Abendessen können die Gäste von der Speisekarte wählen, das Halbpensionsmenü und das vegetarische Menü sollten rechtzeitig bei der Reservierung gebucht werden.

TAG 1: AUFSTIEG ZUR HÜTTE

Der Aufstieg zur Düsseldorfer Hütte beginnt am Parkplatz an der Talstation des Kanzelliftes (1.861 m). Wir nehmen den Weg Nr. 25 und gehen in östliche Richtung, folgen der asphaltierten Landstraße ein kurzes Stück nach rechts, überqueren diese und wandern (immer noch am Weg Nr. 25) zum Zaytal. Hier folgen wir dem Weg Nr. 5, der an der (orografisch) rechten Seite des rauschenden Zaytalbaches bergwärts führt. Auf ca. 2.400 m flacht das Gelände ab, von rechts, von der Bergstation des Kanzelliftes, kommt der Weg Nr. 12. Die schöne alpine Landschaft und der Blick auf den Ortler und die Königsspitze laden zu einer kurzen Rast ein.
Über eine Brücke gelangt man auf die westliche Talseite. Nun steigt man den Hang hinauf und quert in einer langen Rechtskurve den mächtigen Felsriegel unterhalb der schon sichtbaren Düsseldorfer Hütte. Oberhalb der Felsstufe erreicht man in wenigen Minuten das Schutzhaus (2.721 m).
Abstieg: Für den Abstieg folgt man dem Aufstiegsweg. Alternative: Man kann nach der Brücke über den Zaytalbach nach links in den Wanderweg Nr. 12 abbiegen und zur Bergstation des Kanzelliftes wandern (Liftfahrt direkt zum Parkplatz).

TAG 1: DIE KURZE HÜTTENTOUR

Zur Gletscherzunge am Zaytalferner | Eine kurze und lohnende „Klimawandel-Wanderung" im Bereich der Düsseldorfer Hütte, bei der man den Rückgang des Gletschers hautnah erfahren kann.
Die kurze Wanderung beginnt direkt hinter der Düsseldorfer Hütte, wir folgen dem Weg Nr. 5 und queren das kleine Seenplateau und den Zaytalbach. Der Weg geht bis zu einer Abzweigung bei einem kleinen Gletschersee auf 2.886 m, hier schlagen wir den Weg Nr. 5B ein, der gut mit Steinmännchen gekennzeichnet ist und eher flach über teils

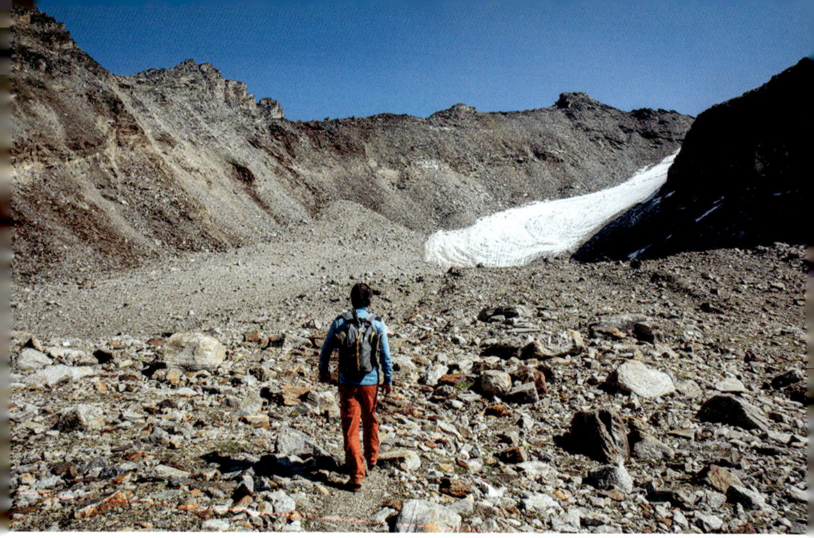

blockiges Moränengelände weiter in das Zaytal und zum Zaytalferner verläuft.
Die kurze Wanderung endet an der Gletscherzunge im felsigen Gelände (Eis nicht betreten).
Der im Frühsommer ungefährliche und leicht begehbare Zaytalferner kann im Laufe des Sommers spaltenreich und im letzten Teil unterhalb des Zayjochs auch recht steil werden. Für die Begehung des Ferners bis zum Zayjoch, das als Übergang ins Laaser Tal und zur Oberen Laaser Alm genutzt wird, ist eine Gletscherausrüstung erforderlich. Vom Joch erreicht man über einfaches Blockwerk die Schafbergspitze (3.306 m).
Abstieg: Für den Abstieg folgt man dem Aufstiegsweg.

TAG 2: BERGWANDERUNG UND ABSTIEG

Düsseldorfer Hütte – Hinteres und Vorderes Schöneck, Kälberalm und Abstieg nach Sulden | Aufstieg auf einen relativ leicht erreichbaren Dreitausender mit schönem Ausblick.
Von der Düsseldorfer Hütte folgt man dem Wanderweg Nr. 25A links abbiegend durch eine Schutthalde in mehreren Kehren durch die Ostflanke vom Hinteren Schöneck und über etwas steileres Gelände zum Schafleger, dem ersten Aussichtspunkt beim Aufstieg.
Von dort windet sich der Steig über Stufen und Rippen weiter durch zwei Rinnen, teilweise über steiles und ausgesetztes Gelände, das mit neuen Drahtseilen gesichert ist, in Richtung Gipfel. Der Steig verlangt ein wenig mehr Trittsicherheit, weist aber keine technischen Schwierigkeiten auf, da er gut angelegt ist.
Der Gipfel des Hinteren Schönecks (3.128 m) bietet ein überwältigendes Panorama auf die gegenüberliegenden Eisriesen und die

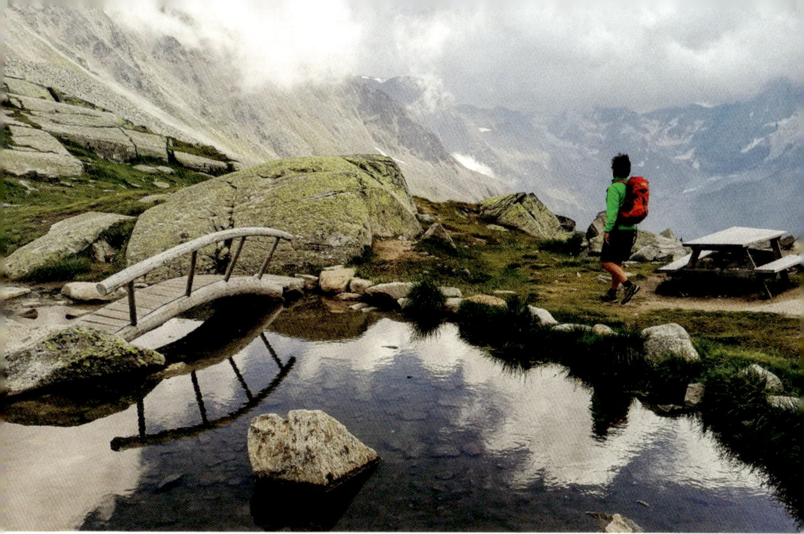

Bergwelt der Ortlergruppe. Besonders schön ist der Blick über die Malser Haide und zum Reschensee.
Vom Gipfel geht es über den Grat zur Kuppe des Vorderen Schönecks und über den Südkamm hinab, bis man auf einem Stein den markanten Hinweis „Schöneck–Dossobello“ sieht. Nun folgt man der Markierung Nr. 18 bis zur Kälberhütte (Einkehrmöglichkeit) auf 2.248 m. Von der Alm weiter in südwestlicher Richtung (Markierung Nr. 25) zum Scheibenstein und kurz darauf durch den Wald. Beim Zaytalbach wandert man auf Weg Nr. 5 bis zur breiten Landstraße, folgt dieser nach rechts und überquert sie. Auf dem Wanderweg geht es weiter, über die Brücke über den Suldenbach und bald darauf ist der Parkplatz an der Talstation des Kanzelliftes erreicht (1.850 m).

DER YAKAUFTRIEB MIT REINHOLD MESSNER

Die Bergsteigerlegende und die Yaks gehören zu Sulden wie der Ortler und die Königsspitze. 1985 brachte Reinhold Messner die aus Zentralasien stammenden Rinder mit in den Vinschgau. Der Auftrieb der zotteligen Tiere erregte nicht nur bei den Einheimischen, sondern auch bei den Touristen reges Interesse und wurde rasch ein Fixtermin im Suldner Eventkalender. Er findet in der Regel (je nach Schneelage) Ende Juni statt. Reinhold Messner führt die Tiere auf die Madritscher Weideflächen, bei der Mittelstation der Suldner Seilbahn setzt er sich auf einen Stein, gibt Autogramme und Interviews und lässt sich fotografieren. In Sulden befindet sich übrigens auch eines seiner sechs Bergmuseen, das MMM Ortles.
Info: www.messner-mountain-museum.it

INFOS IN KÜRZE

TAG 1: AUFSTIEG UND HÜTTENTOUR

Aufstieg zur Düsseldorfer Hütte
Aufstieg: 2 h 30 min
4,7 km
880 Hm im Aufstieg

Tour zur Gletscherzunge des Zaytalferners
Einfache und kurze Wanderung ohne besondere technische Schwierigkeiten. Im Gipfelbereich erfordert die Tour etwas Trittsicherheit. Kurzes Wegstück in einer Schuttrinne. Vorsicht: Keinen Steinschlag auslösen!
Aufstieg ab der Düsseldorfer Hütte: 1 h 30 min, Abstieg: 1 h 10 min
4,2 km
232 Hm Aufstieg und Abstieg

TAG 2: BERGWANDERUNG UND ABSTIEG

Tour Hinteres Schöneck und Abstieg nach Sulden
Anspruchsvolle Bergwanderung ohne technische Schwierigkeiten, teilweise Drahtseilsicherungen, im Gratbereich schmaler und teils ausgesetzter Steig und bei Nässe/Schnee gefährlich.
Aufstieg ab der Düsseldorfer Hütte: 1 h 30 min, Abstieg: ca. 2 h 20 min
8,7 km
475 Hm Aufstieg, 1.255 Hm Abstieg

DIE HÜTTE

Düsseldorfer Hütte (Zaytalhütte, Rifugio Serristori)
Martin Reinstadler
Sulden 134b, Sulden
Tel. 333 2859740
www.duesseldorferhuette.com, info@duesseldorferhuette.com

Geöffnet von Mitte Juni bis Anf. Okt.
50 Betten in Vier-, Fünf- und Sechsbettzimmern und weitere Schlafplätze in kleineren Matratzenlagern (max. acht Personen pro Lager). Etagen-WC und eine Waschmöglichkeit mit Warmwasser (keine Dusche), Hüttenschlafsäcke, nur Barzahlung.
Über die Staatsstraße SS40 durch den Vinschgau und über Prad am Stilfser Joch bzw. über das Stilfser Joch bis nach Sulden. Großer Parkplatz an der Talstation des Kanzelliftes.

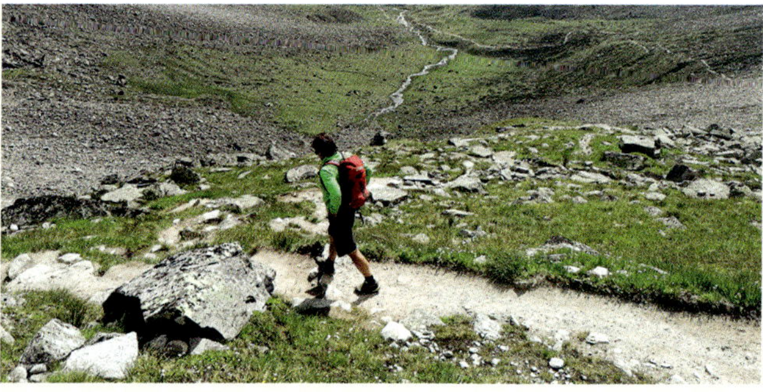

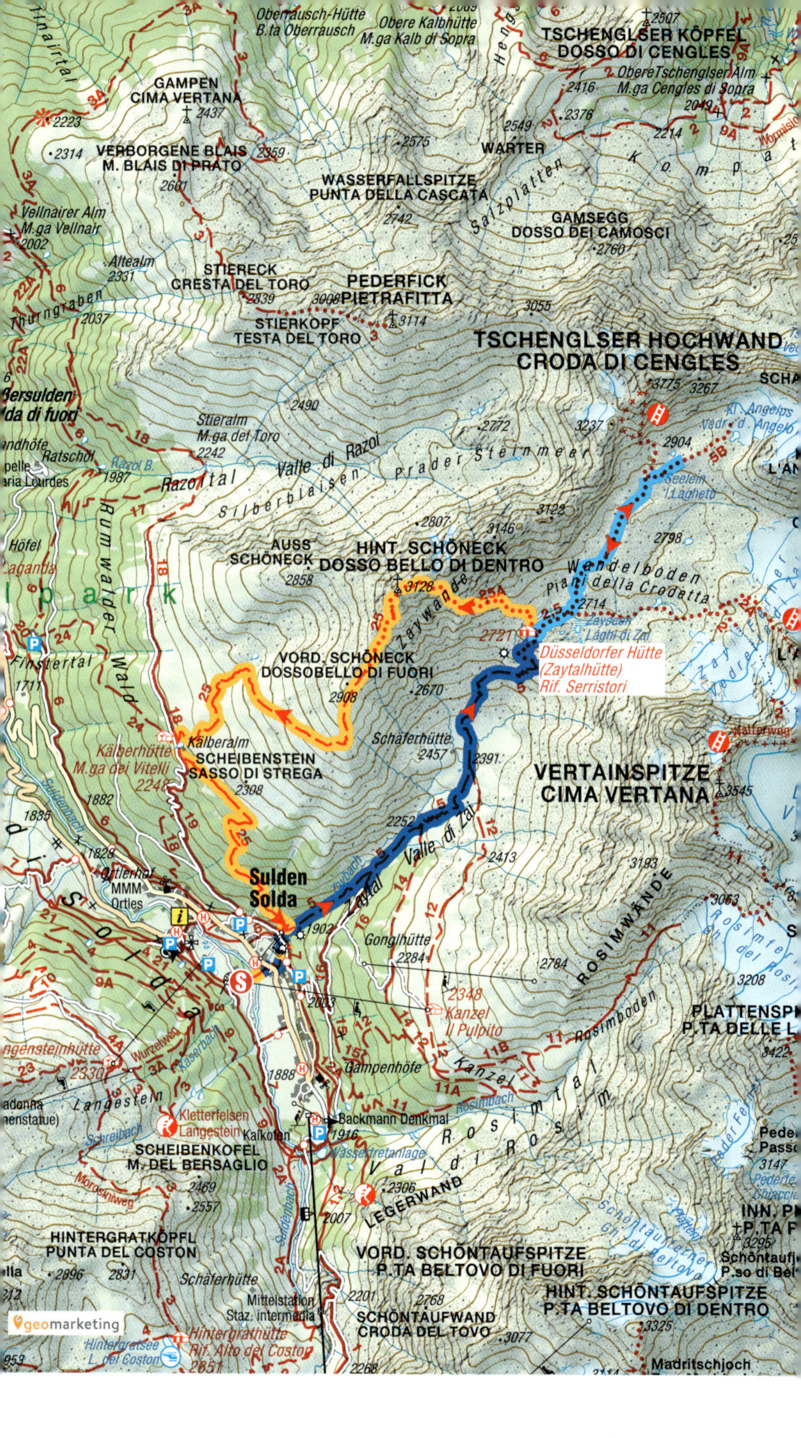

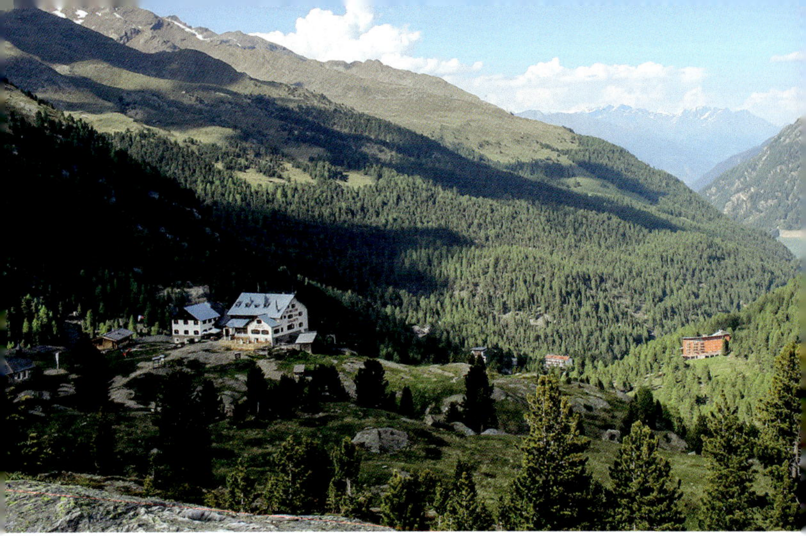

4 | Zufallhütte

Madritschjoch | Vorderer Rotspitz

Tosende Wasserfälle, funkelnde Gletscher und prächtige Alpenblumen bilden die Kulisse rund um die Zufallhütte, die auf 2.256 m auf einer Kuppe am Fuße der Ortler-Cevedale-Gruppe steht. Die Schutzhütte im Hinteren Martelltal, einem Seitental des Vinschgaus, ist der Ausgangspunkt für zwei schöne Touren zum Madritschjoch und auf die Vordere Rotspitze. Das lohnende Abenteuer beginnt aber bereits beim Hüttenaufstieg durch die spektakuläre Plimaschlucht.

 DIE HÜTTE

Die Zufallhütte (man betont dabei die zweite Silbe, also Zufàll) thront auf einer markanten Kuppe über dem Talschluss von Hintermartell. Der Name leitet sich von den nahegelegenen Wasserfällen des gletschergespeisten Plimabaches ab. Der Zufall will, dass es hier paradiesisch schön ist. Neben den beiden Wanderungen zum Madritschjoch und der Vorderen Rotspitze kann man mit geeigneter Klettersteigausrüstung auch den Hüttenklettersteig „Murmele" in Angriff nehmen.

Im Jahr 1882 errichtete die Sektion Dresden des DuÖAV eine einfache alpine Selbstversorgerhütte, ab 1884 wurde die Zufallhütte bewirtschaftet und im Jahr 1913 erweitert. Im Ersten Weltkrieg entstand rund um das Schutzhaus ein für die Ortlerfront strategisch wichtiges Barackenlager, in der Hütte war ein österreichisch-ungarisches Abschnittskommando der Kaiserjäger untergebracht. An

diese Zeit erinnern die 1915 errichtete Herz-Jesu-Kapelle und Mauerreste in der Nähe der Zufallhütte. Nach Kriegsende wurde das Gebäude geplündert und stark beschädigt und im Jahr 1921 der Sektion Mailand des CAI zugewiesen. In den Jahren 1926 und 1927 konnte die Hütte mithilfe der finanziellen Unterstützung der Familie des Ski-Alpinisten Nino Corsi instandgesetzt und 1939 erweitert werden. Neben den geräumigen Aufenthaltsräumen mit Blick auf die Dreitausender bietet die Zufallhütte den Gästen eine finnische Sauna. Dies ist eine Besonderheit, die man nach einer längeren Berg- oder Skitour sehr schätzt. Auch Kinder lieben den Aufenthalt und können sich auf der Slackline und am Spielplatz inmitten dieser paradiesischen Bergwelt austoben.
Und: Auf Anfrage wird das Gepäck mit der Seilbahn nach oben transportiert!

Murmele-Klettersteig auf die Mutspitze (2.951 m) | Der Murmele-Klettersteig (Klettersteigausrüstung notwendig!) ist ein familienfreundlicher Hüttenklettersteig, der nur wenige Minuten von der Hütte entfernt ist. Der interessante Routenverlauf ist in drei Sektionen in die meist schattige Felswand gebohrt worden und durchaus anspruchsvoll. Nach jeder Sektion gibt es einen Rastplatz und einen Notausstieg.

KULINARIK TIPP

Man sollte auf der Zufallhütte den mit Erdbeeren garnierten Kaiserschmarrn unbedingt probieren. Mit dieser Spezialität bringt der Hüttenwirt den schmackhaften Charakter des Martelltales auf den Teller. Vorher gibt es aber was Herzhaftes: Kasnocken und Hirschgulasch.

TAG 1: AUFSTIEG ZUR HÜTTE

Der Aufstiegsweg über die Plimaschlucht wurde erst vor wenigen Jahren als „Erlebnis Plimaschlucht“ mit Bauwerken aus Cortenstahl „in Szene“ gesetzt. Über Jahrtausende hinweg hat sich der Plimabach tief ins Gestein eingeschnitten und die Felsflanken blank geschliffen. Das Naturschauspiel kann von den vier Schluchteninstallationen – der Kelle, der Sichel, der Kanzel und der Hängebrücke – aus hautnah erlebt werden.
Der Aufstieg zur Zufallhütte beginnt am gebührenpflichtigen Parkplatz in Hintermartell, wobei Übernachtungsgäste der Zufallhütte den Parkplatz an der Talstation der Materialseilbahn kostenlos nutzen können (dieser befindet sich kurz nach dem Würstelstand, wenige Meter oberhalb des Buswendeplatzes am Ende der asphaltierten Straße).

Vom Parkplatz Hintermartell folgt man der Markierung Nr. 37 bis zum ersten Aussichtspunkt, der „Kelle", auf der man den tosenden Gebirgsbach förmlich spüren kann. Die „Sichel" ermöglicht es den Wanderern, sich vorsichtig der Kante zu nähern und tief in die Plimaschlucht zu blicken. Von der „Kanzel" öffnet sich ein herrliches Panorama über die Schlucht. Ein Höhepunkt der Wanderung ist die Hängebrücke, die in luftiger Höhe die Schlucht überquert. Nach der Hängebrücke sind es nur noch wenige Minuten bis zur Zufallhütte.
Abstieg: Für den Abstieg folgt man dem Aufstiegsweg.

 TAG 1: DIE KURZE HÜTTENTOUR

Madritschjoch 3.123 m | Nach dem Hüttenaufstieg kann man auf dieser etwas längeren Wanderung zum Madritschjoch, dem Übergang ins Suldental, einen einmaligen Ausblick auf das Dreigestirn von Ortler, Zebrù und Königsspitze genießen.
Bei der Zufallhütte folgt man dem Weg mit der Markierung Nr. 151, der stetig aufsteigend durch das Madritschtal führt. Nachdem man die letzten Bäume nach der Hütte hinter sich gelassen hat, öffnet sich die hochalpine Landschaft mit den Dreitausendern der Ortler-Cevedale-Gruppe. Die letzten Höhenmeter vor dem Madritschjoch werden etwas steiler. Man nähert sich der 3000-Meter-Grenze, in der dünneren Luft sollte man sich die Kräfte noch für den langen Rückweg aufsparen.
Am Madritschjoch in 3.123 m Höhe weitet sich der Blick auf Königsspitze, Zebrù und die höchste Erhebung Südtirols, den Ortler, mit seiner stolzen Höhe von 3.905 m.
Gipfelvariante | Wenn noch Zeit und Kraft vorhanden sind, kann man rechts am Kamm zur Hinteren Schöntaufspitze (3.325) steigen.
Abstieg: Für den Abstieg folgt man dem Aufstiegsweg.

 TAG 2: BERGWANDERUNG UND ABSTIEG

Zufallhütte – Vordere Rotspitze und Abstieg nach Hintermartell | Die hochalpine Wanderung führt auf einen einfachen Dreitausender, die Vordere Rotspitze, von der man einen fantastischen Ausblick auf die Gletscherwelt der Ortler- Cevedale-Gruppe und auf das Martelltal genießen kann.
Die Vordere Rotspitze (oder Vorderer Rotspitz) am Talschluss des Martelltals ist ein lohnender Panoramagipfel an der Gebirgskette zwischen Cevedale, Veneziaspitze und Hinterer Rotspitze. Der steile, aber technisch einfache Berg ist ein Logenplatz, der einen Traumblick auf die Gletscherlandschaft des Martelltals bietet.
Von der Zufallhütte folgt man dem Weg Nr. 150 zur Staumauer, die im 19. Jh. zum Schutz vor den Überschwemmungen durch die Gletscherseen errichtet wurde. Nach der Staumauer, die den Plimabach

quert, folgt man dem Weg Nr. 31A nach links in östliche Richtung.

In einer Höhe von etwa 2.500 m verläuft der Weg in mehreren Serpentinen durch Geröll und weiter in eine steile Rinne (Stahlseilsicherungen), schließlich über Schutt- und Schrofengelände hinauf zum Gipfelkreuz der Vorderen Rotspitze (3.030 m). Von hier hat man eine herrliche Sicht auf den grünen Zufritt-Stausee, der am Fuße des Berges liegt, auf den Gramsenferner und zur Hinteren Schranspitze, auf den Veneziakamm und die mächtigen Gletscher der Ortlergruppe.

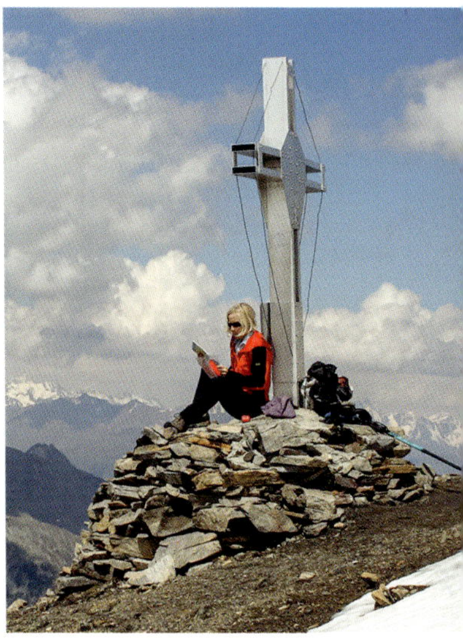

Nach einer ausgiebigen Gipfelrast folgt man dem Aufstiegsweg bis zur Abzweigung (mit Weg Nr. 37) im Bereich des Schönbichls. Der Abstieg erfolgt nun über Grashänge und dann mäßig steil durch den Wald, bis man den Marteller Talweg (Nr. 12) kreuzt und kurz darauf den naturbelassenen See in unmittelbarer Nähe und die Ruine des Hotels „Paradiso" erreicht. Hier geht man nach links, überquert die Brücke über die Plimaschlucht und kommt zum Buswendeplatz und zum Parkplatz an der Materialseilbahn der Zufallhütte.

DIE KURZE BLÜTE UND DER LANGSAME VERFALL DES „PARADIESES"

Das leuchtend rot getünchte Hotel „Paradiso del Cevedale" oder „Paradiso", wie die Ruine der Einfachheit halber heute genannt wird, wurde vom italienischen Architekten, Designer und Künstler Gio Ponti in den 1930er-Jahren entworfen. Es galt als spektakuläres Hotelprojekt der Moderne, das dem alpinen Tourismus einen neuen Akzent verleihen sollte. Allerdings erlebte das abgeschieden gelegene Luxushotel nur eine kurze Blütezeit. Bereits wenige Jahre nach seiner Eröffnung wurde es zu Beginn des Zweiten Weltkrieges geschlossen und 1943 von der deutschen SS besetzt. Nach den Wirren des Krieges wurde der Hotelbetrieb für kurze Zeit wieder aufgenommen, bevor er 1946 endgültig eingestellt wurde. Seit den 1950er-Jahren wechselte das architektonisch interessante Gebäude mehrmals den Besitzer, verfällt seither jedoch zusehends zur Ruine.

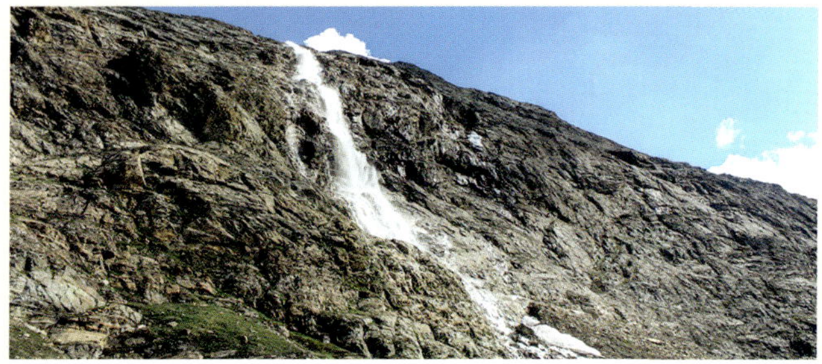

INFOS IN KÜRZE

TAG 1: AUFSTIEG UND HÜTTENTOUR

Aufstieg zur Zufallhütte
Aufstieg: 45 min, Abstieg: etwa 30 min
1,9 km
220 Hm Aufstieg und Abstieg

Tour Madritschjoch
Lange, mittelschwere Bergtour ohne besondere technische Schwierigkeiten. Kurz vor der Scharte in unmittelbarer Nähe des Jochs erfordert die Tour Trittsicherheit. Sonnenschutz (Brille und Kopfbedeckung) notwendig.
Aufstieg ab der Zufallhütte: 2 h 40 min, Abstieg: ca. 1 h 30 min
10,5 km
900 Hm Aufstieg und Abstieg

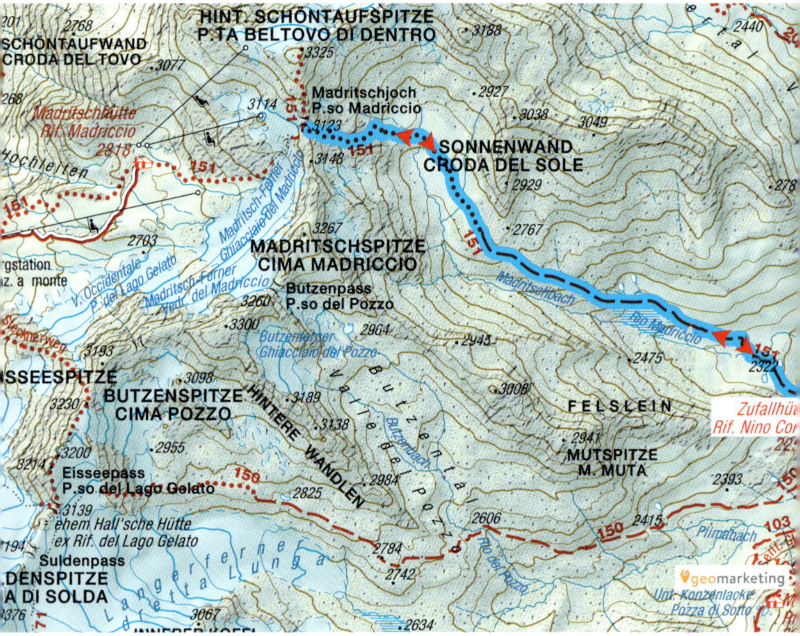

TAG 2: BERGWANDERUNG UND ABSTIEG

Tour Vordere Rotspitze und Abstieg nach Hintermartell

Konditionell anspruchsvolle Gipfeltour ohne besondere technische Schwierigkeiten.

In unmittelbarer Nähe des Gipfels erfordert die Tour Trittsicherheit und etwas Kletterei. Sonnenschutz (Brille und Kopfbedeckung) notwendig.

Ab der Zufallhütte: 3 h 50 min

8,1 km

770 Hm Aufstieg, 990 Hm Abstieg

DIE HÜTTE

Zufallhütte (Rifugio Nino Corsi)
Ulrich Müller
Hintermartell 197, Martell
Tel. 0473 744785 oder 335 6306603
www.zufallhuette.com
info@zufallhuette.com

Von Mitte Juni bis Mitte Okt., für Skitouren auch im Winter geöffnet.

80 Schlafplätze in Zwei- und Dreibettzimmern und im Hüttenlager, Sauna, Zentralheizung, elektrisches Licht, Etagenduschen.

Staatsstraße SS40 durch den Vinschgau und über Latsch ins Martelltal bis zum Talschluss in Hintermartell. Großer gebührenpflichtiger Parkplatz. Für Hüttengäste Parkplatz an der Talstation der Materialseilbahn (mit Wirt vereinbaren), Materialtransport zur Hütte ebenso nach Absprache möglich.

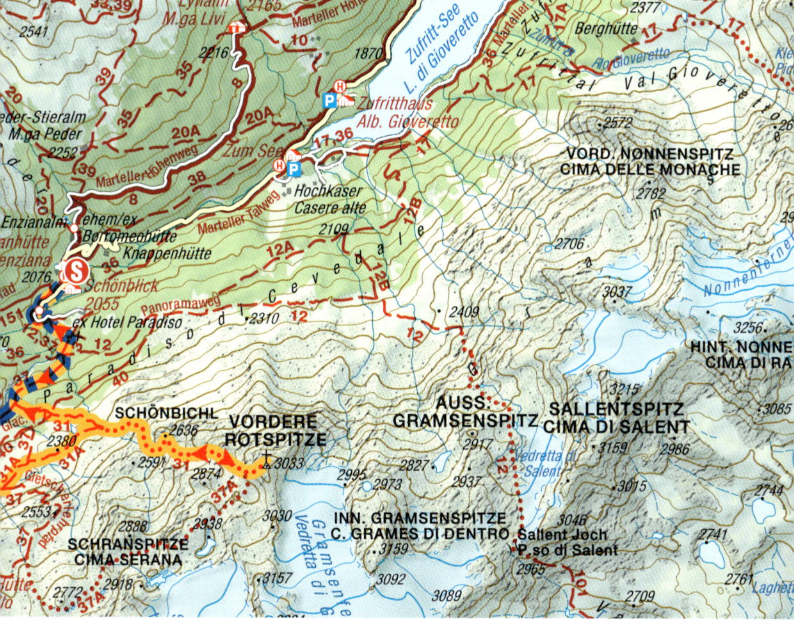

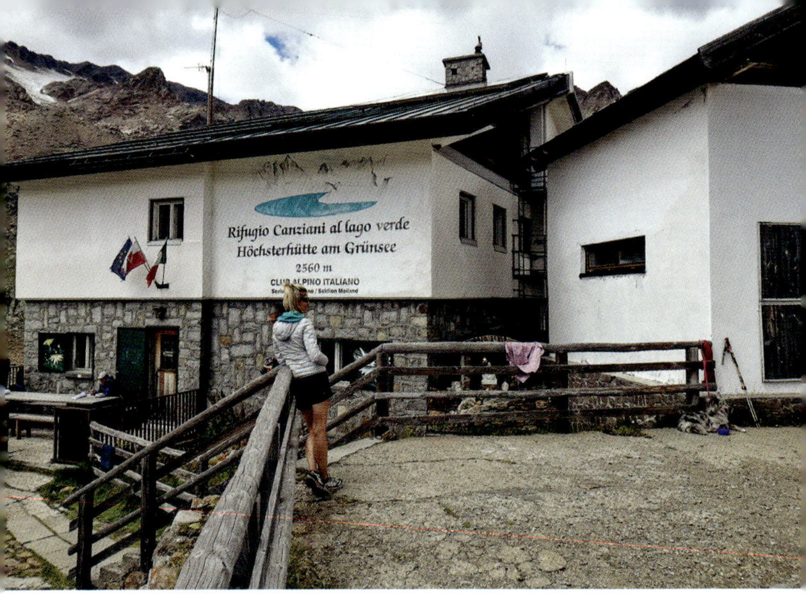

5 | Höchster Hütte

Zufrittspitze | Gleckspitze

In der rauen Bergwelt des Nationalparks Stilfser Joch steht weit oberhalb von St. Gertraud, im hintersten Ultental, die Höchster Hütte wie eine Wächterin auf 2.561 m. Sie ist das einzige alpine Schutzhaus im Ultental. Die Gebirgszüge der Hinteren Eggenspitze, der Lorcher Spitze und der Weißbrunnspitze bilden ein hochalpines Szenario rund um das natürliche Amphitheater des tiefgründigen Grünsees, eines Stausees, an dessen Rand sich sehr zurückhaltend die Höchster Hütte befindet.

 DIE HÜTTE

Errichtet wurde das Schutzhaus im Jahr 1909 von der DuÖAV-Sektion „Frankfurt-Höchst", es war ein wichtiger Stützpunkt für die lohnenden Gletschertouren und Gebirgsüberschreitungen. Die ursprüngliche Hütte wurde 1957 im Zuge der Staudammerrichtung abgerissen und etwas weiter oben, am heutigen Standort, als Unterkunft für die Bauarbeiter neu errichtet. Nach der Fertigstellung der Talsperre übernahm die Sektion Mailand des CAI das Schutzhaus und führte es wieder als Unterkunft und Einkehr für Bergsteiger.
Seit mittlerweile 30 Jahren führt Dominikus Bertagnolli mit seinem Team die Höchster Hütte bestens. Den schönsten Blick auf den Weißbrunnferner, die Dreitausender rundum und auf den grün schimmernden

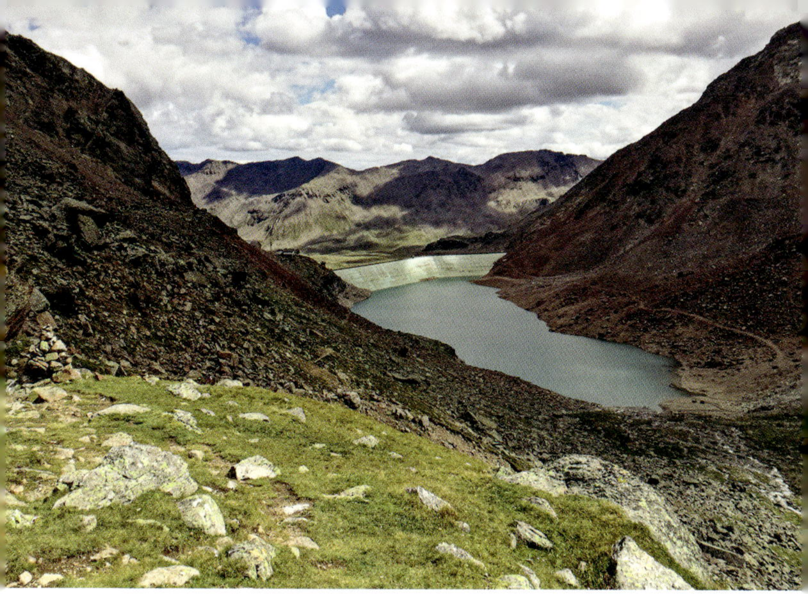

See hat man von der Terrasse der Hütte. Besonders an Hochsommertagen genießen dort die Gäste die erfrischende Brise des Gletschers.

KULINARIK TIPP

Die Höchster Hütte ist wegen ihrer guten Küche bekannt. Dominikus Bertagnolli folgt dabei den Leitgedanken der hl. Hildegard von Bingen zur Ernährung und achtet darauf, dass nur frische und hochwertige regionale Produkte auf den Tisch kommen. Auf der Speisekarte stehen Dinkelgerichte, verschiedene Pesto-Raritäten, Pizzoccheri oder Hirschgulasch mit Polenta. Die Zucchinitorte mit Schokolade und Waldfrüchten sollte man unbedingt probieren.

TAG 1: AUFSTIEG ZUR HÜTTE

Vom gebührenfreien Parkplatz (Bushaltestelle) am Weißbrunnsee (1.872 m) geht man bis zum Gasthaus Knödlmoidl und wandert, rechts vom Gasthof, auf der Schotterstraße (Markierung Nr. 140), die durch schöne Lärchenwiesen leicht ansteigend dem Verlauf des Grünseebachs folgt. Der schön angelegte Wanderweg verläuft durch eine Bilderbuchlandschaft bis zur Baumgrenze. Von hier führt der Pfad stark ansteigend in mehreren Serpentinen bergwärts und überwindet dabei eine Steilstufe. Nachdem man den ärgsten Höhenunterschied überwunden hat, wird der Weg wieder flacher und mündet in den breiteren Fahrweg, auf dem man in wenigen Minuten die Höchster Hütte (2.561 m) erreicht.
Abstieg: Für den Abstieg folgt man dem Aufstiegsweg.

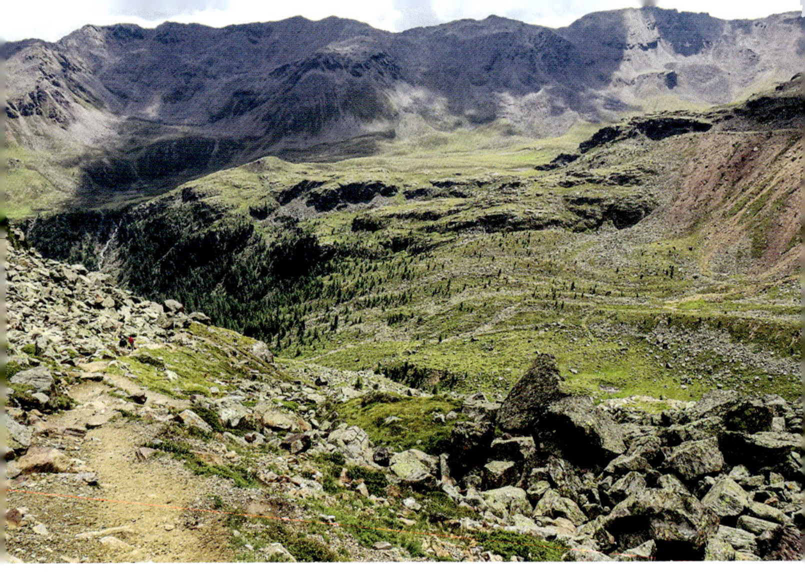

TAG 1: DIE KURZE HÜTTENTOUR

Gipfeltour auf die Zufrittspitze 3.439 m | Ein schöner Dreitausender zwischen dem Ulten- und dem Martelltal, von dessen Gipfel man einen atemberaubenden Blick zu den Ortleralpen im Nationalpark Stilfser Joch genießen kann.
Die Tour auf die Zufrittspitze in unmittelbarer Hüttennähe dürfen sich alle Bergwanderer zutrauen, die sich in leichter Blockkletterei (2. Grad, stahlseilgesichert) wohlfühlen und die es gewohnt sind, Firnfelder zu queren.
Von der Höchster Hütte folgt man dem flachen Weg oberhalb des Seeufers, der mit der Nr. 140 markiert ist und erreicht bald eine Weggabelung. Wir bleiben auf Weg Nr. 140 und steigen über einige schrofige Geländestufen bis zum Zufrittjoch auf (ein ebenso lohnen-

STAUSEEN UND WASSERKRAFT IM ULTENTAL

Im Zuge der Industrialisierung Italiens wurden im Ultental in den 1950er- und 1960er-Jahren sechs Stauseen und fünf Wasserkraftwerke errichtet sowie etwa 30 km Druckstollen angelegt. Die alte Höchster Hütte versank im 52 m tiefen Grünsee. Die Ultner Stauseen fassen über 56 Millionen m³ Wasser, aus denen jährlich über 400 Millionen kW Strom erzeugt werden. Ganz Südtirol liefert mit 6,6 Milliarden Kilowattstunden etwa ein Achtel der gesamten Stromproduktion Italiens. Etwa 6 Milliarden kWh werden durch Wasserkraft generiert, nur die Hälfte der Stromproduktion wird im eigenen Land verbraucht.

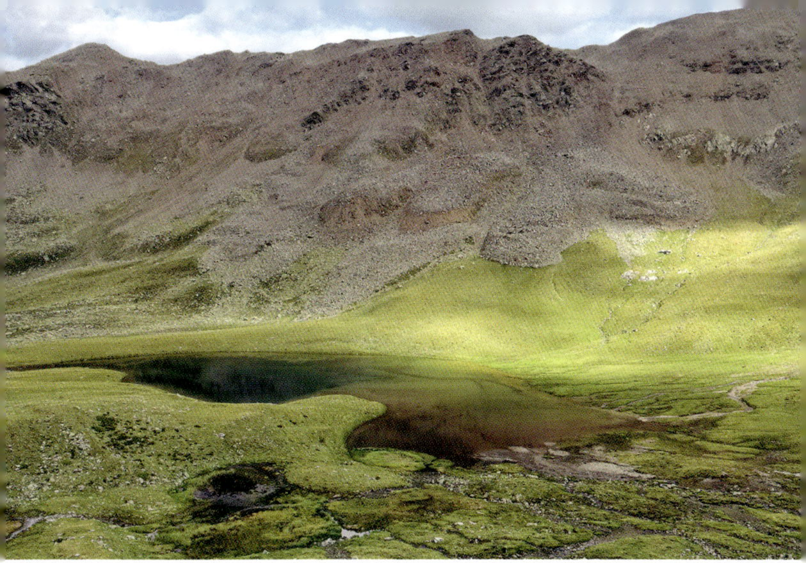

des Ziel!). Der Steig führt nach rechts in nordöstliche Richtung auf einen Sattel (Vorsicht: 35°-steile Firnfelder auch im Hochsommer!), anschließend erreichen wir rechts den felsigen Gipfelaufbau. Nun klettern wir durch einen Kamin (2. Grad, teilweise Sicherungen) und erreichen den aussichtreichen Gipfel der Zufrittspitze (3.439 m).
Abstieg: Für den Abstieg folgt man dem Aufstiegsweg.

 TAG 2: BERGWANDERUNG UND ABSTIEG

Höchster Hütte – Gleckspitze und Abstieg nach Weißbrunn | Nach einem schönen Frühstück in der Höchster Hütte beginnen wir die Tour schon auf 2.561 m. Wir wandern von der Hütte über die Staumauer (Weg Nr. 12) und queren dabei die sogenannten „roten Muren" bis zur Weggabelung oberhalb des Langsees. Nun biegen wir nach rechts ab und folgen dem Weg mit der Markierung Nr. 107, vorbei am Schwarzsee und nun ziemlich steil über mehrere Serpentinen auf das Schwarzerjoch (2.825 m). Von hier führt der „Gleck-steig" über den Gratrücken nach links bis zum Doppelgipfel und dem Gipfelkreuz der Gleckspitze (2.955 m). Die Aussicht ist grandios und reicht weit zur Ortlergruppe und den Gebirgsgruppen von Adamello und Brenta.
Abstieg: Der Abstieg erfolgt über die Aufstiegsroute zum Schwarzerjoch bis zur Weggabelung am Langsee und folgt von dort in leichtem Gefälle dem Weg Nr. 107, der über angenehm kupiertes Almgelände, vorbei an den Weißbrunner Naturseen, bis zum Fischersee führt. Von hier steigt man über den Weg Nr. 103 hinab zum Weg Nr. 140 (Hüttenaufstieg), vorbei an der Weißbrunner Almhütte und dem Gasthaus Knödelmoidl und erreicht den Parkplatz.

INFOS IN KÜRZE

TAG 1: AUFSTIEG UND HÜTTENTOUR

Aufstieg zur Höchster Hütte
Aufstieg: 1 h 45 min
3,3 km
681 Hm im Aufstieg

Tour zur Zufrittspitze
Anspruchsvolle Gipfeltour. Bis zum Sattel beim Zufrittjoch keine technischen Schwierigkeiten. Trittsicherheit und Schwindelfreiheit erfordert die leichte Blockkletterei (teilweise stahlseilversichert) unterhalb des Gipfels. Vorsicht und gutes Schuhwerk sind in den Firnfeldern im Bereich des Sattels erforderlich.
Aufstieg ab Höchster Hütte: 2 h 30 min, Abstieg: 1 h 30 min
7,1 km
874 Hm Aufstieg und Abstieg

TAG 2: BERGWANDERUNG UND ABSTIEG

Höchster Hütte – Gleckspitze und Abstieg nach Weißbrunn
Lange Bergwanderung ohne besondere technische Schwierigkeiten, im Gipfelbereich Trittsicherheit erforderlich und bei Nässe/Schnee ist Vorsicht geboten.
Aufstieg ab der Höchster Hütte: 2 h 45 min, Abstieg: ca. 2 h
13 km
590 Hm Aufstieg, 1.276 Hm Abstieg

DIE HÜTTE

Höchster Hütte (auch Grünseehütte oder Rifugio Canziani)
Dominikus Bertagnolli
Höchster Hütte 84
St. Gertraud, Ultental
Tel. 0473 798120 oder 333 4005323
www.rifugiocanziani.it
info@rifugiocanziani.it

Geöffnet von Mitte Juni bis Mitte Okt.
47 Betten in Vier- und Fünfbettzimmern, 18 Schlafplätze im Matratzenlager, Damen- und Herrendusche, Hüttenschlafsäcke können ausgeliehen werden, guter Mobilfunkempfang, nur Barzahlung.

Von Bozen auf der SS38 Richtung Meran bis Ausfahrt Lana/Meran Süd in das Ultental. Durch das Ultental bis nach St. Gertraud und über die schmale Straße zum Weißbrunnsee (1.879 m).

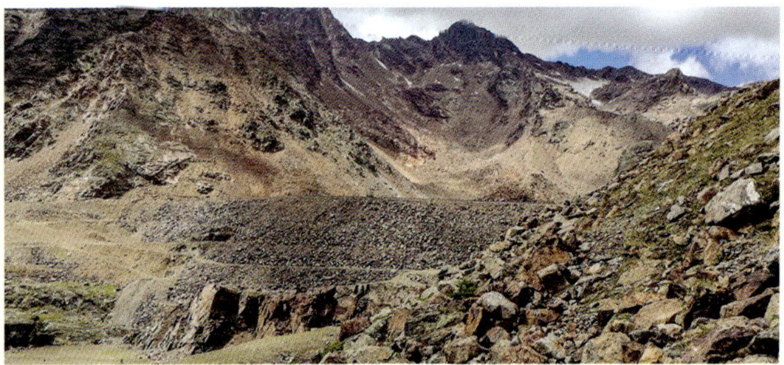

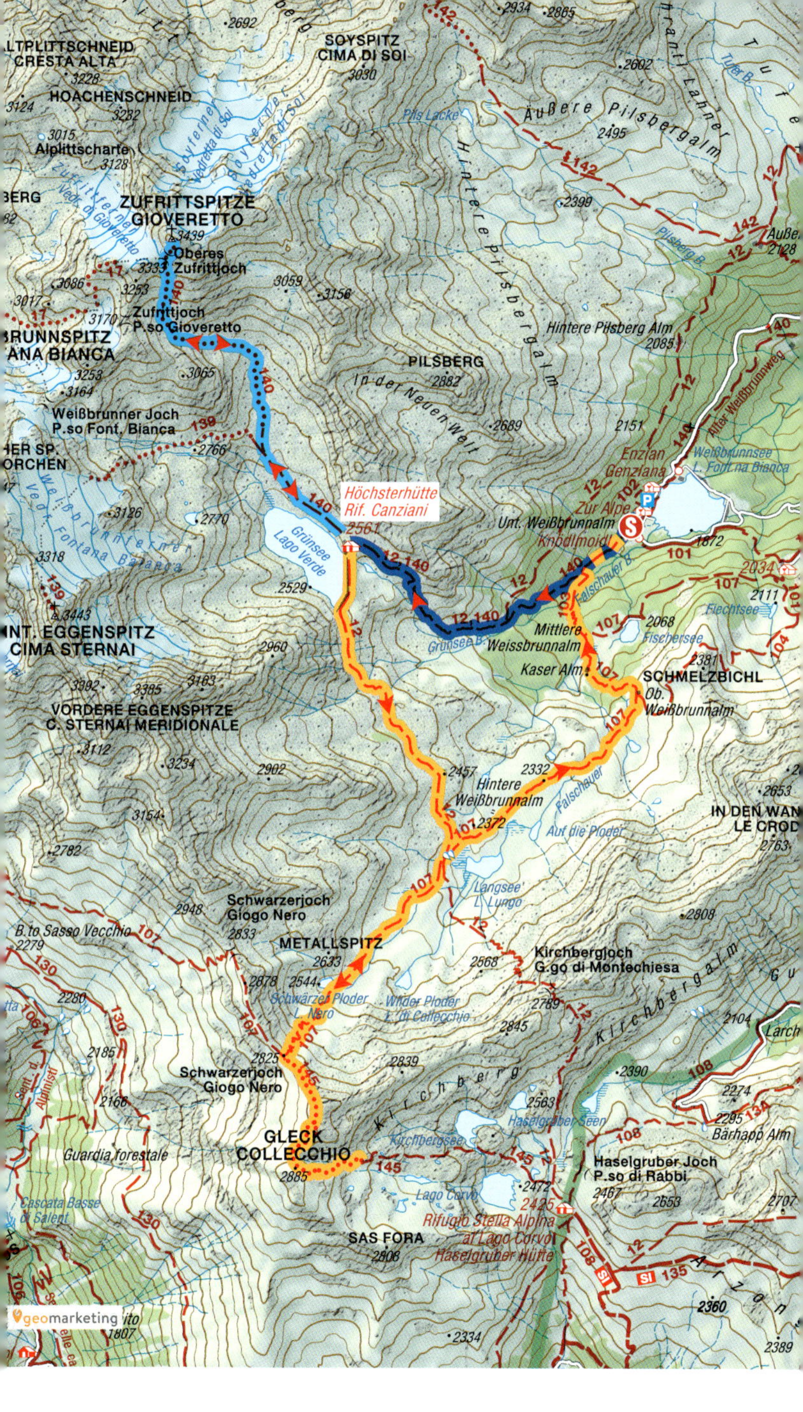

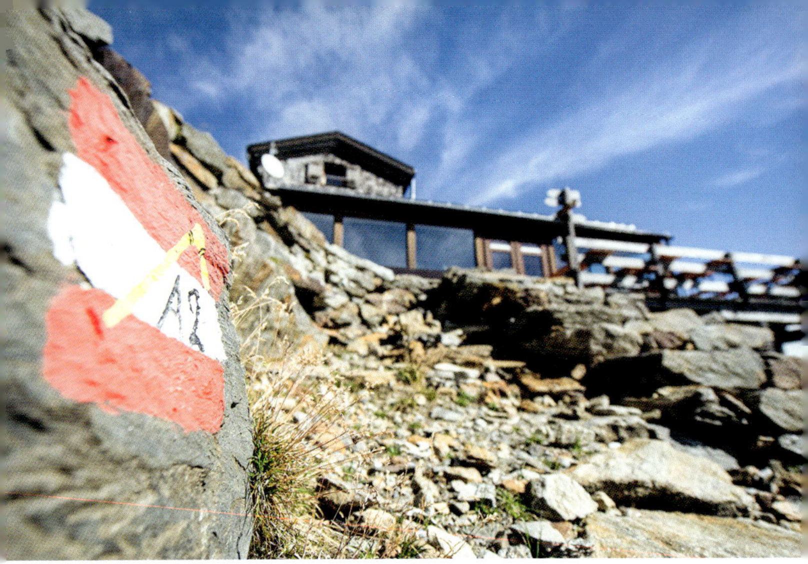

6 | Similaunhütte

Wanderung zur Ötzi-Fundstelle

Wie ein Fels in der Brandung steht die Similaunhütte am 3.019 m hohen Niederjoch, dem markanten Übergang zwischen dem Südtiroler Schnalstal und dem Nordtiroler Ötztal. Grandios ist der Ausblick auf den Firn und das ewige Eis des Similauns und auf die unzähligen Dreitausender rundum.

 DIE HÜTTE

Bereits der landschaftlich vielseitige Aufstieg durch den Naturpark Texelgruppe ist für jeden Naturliebhaber ein unvergessliches Erlebnis. Besonders während der Alpenrosenblüte färben sich die Hänge an der Waldgrenze im Tisental in ein sattes Rot.
Seit der Fund von Ötzi, dem „Mann aus dem Eis“, im September 1991 weltweit für Aufsehen sorgte, haben sich die Übergänge am Tisen- und am Hauslabjoch als begehrte Tourenziele etabliert.
Die Similaunhütte wurde 1898 von Serafin Gurschler erbaut und befindet sich seit vier Generationen im Besitz der Familie Platzgummer-Pirpamer. Der Hüttenwirt Markus Pirpamer ist staatlich geprüfter Berg- und Skiführer und gibt wertvolle Tipps und Empfehlungen für Touren.
Die Similaunhütte ist der ideale Ausgangspunkt für eine Wanderung zur „Ötzi-Fundstelle“, die von trittsicheren und schwindelfreien Bergwanderern begangen werden kann.

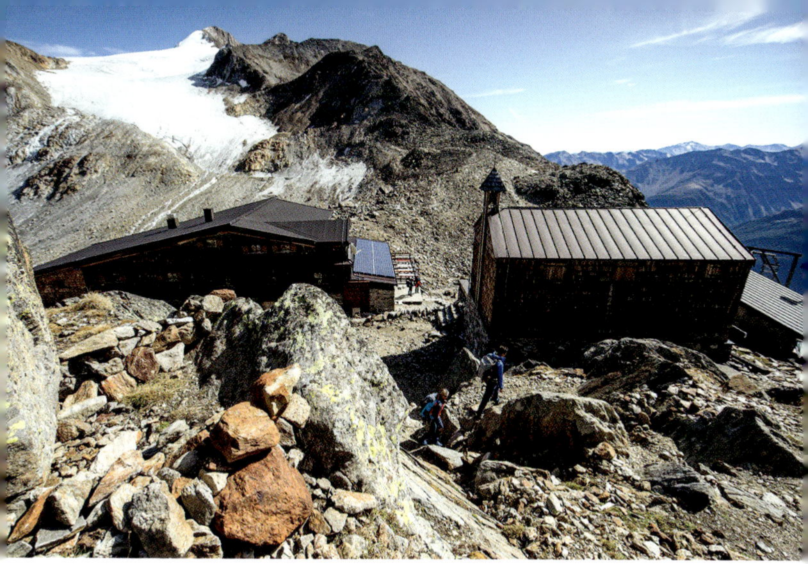

Für kleinere Kinder sind der anspruchsvolle Zustieg zur Hütte im abschüssigen Gelände und auch die Tour zur Ötzi-Fundstelle nur bedingt geeignet: Den langen Anstieg durch das Tisental und die Querung der steilen Schneefelder unterhalb des Niederjoches schaffen bergbegeisterte Kinder ab ca. 12 Jahren.

Rechtzeitig reservieren | Die Hütte ist ein wichtiges Etappenziel am viel begangenen Fernwanderweg E5, der die Alpen zwischen Oberstdorf und Meran überquert. Es kann vorkommen, dass die Hütte zu gewissen Zeiten (meist von Mitte August bis Mitte September) sehr stark belegt ist.

KULINARIK TIPP

Die Similaunhütte wurde 2012 um einen weiteren Gastraum und eine prachtvolle Sonnenterrasse mit rund 40 Sitzplätzen erweitert. Die Gäste werden mit Südtiroler Spezialitäten aus eigener Produktion verwöhnt. Zu Mittag herrscht Selbstbedienung, am Abend wird serviert.

TAG 1: AUFSTIEG ZUR HÜTTE

Der Ausgangspunkt für den Aufstieg zur Similaunhütte befindet sich im Schnalstal beim kleinen Parkplatz an der Mauer des Stausees (1.711 m) im Weiler Vernagt. Der Hüttenaufstieg (Weg Nr. 18, später Weg Nr. 2) ist gut beschildert und verläuft ein kurzes Stück in nördliche Richtung auf der asphaltierten Hofzufahrt zum Tisenhof. Hier beginnt der lange Aufstieg durch das Tisental (Weg Nr. 2), der besonders während der Alpenrosenblüte Ende Juni einmalig ist. Man

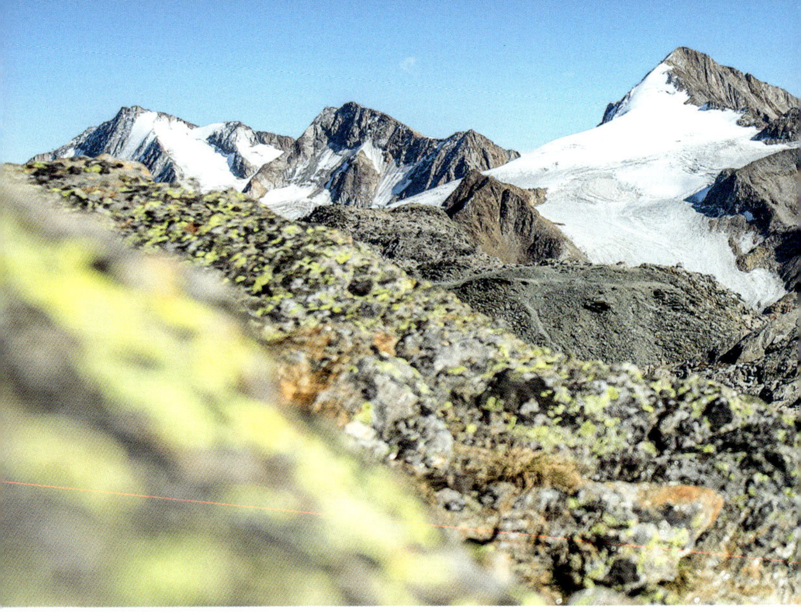

überwindet kleinere Talstufen und wandert über grasiges Gelände und über Moränenschutt zum Talschluss. Hier, in etwa 2.600 m Höhe, schlängelt sich der Weg in Serpentinen durch eine Felsflanke bergwärts, bis man auf 3.019 m das Niederjoch und die Similaunhütte erreicht.

Abstieg: Für den Abstieg folgt man dem Aufstiegsweg.

TAG 2: BERGWANDERUNG UND ABSTIEG

Similaunhütte – Tisenjoch – Ötzi-Fundstelle – Hauslabjoch und Abstieg nach Vernagt | Die hochalpine Bergwanderung zur Ötzi-Fundstelle am Tisenjoch ist technisch nicht zu unterschätzen und sollte bei Nässe oder nach Schneefällen nicht unternommen werden.

Direkt bei der Similaunhütte, zwischen der Hütte und der kleinen Kapelle, steigt man links am gut beschilderten, teils gesicherten Steig (Markierung Nr. 2A) über ein steiles Stück in nordwestliche Richtung auf einen Felskopf. Nun geht es schräg über einen drahtseilgesicherten Steig vom Grat in die Nordostflanke hinab. Hier steigen wir über einen breiter werdenden Rücken in mehreren Stufen zur Ötzi-Fundstelle am Tisenjoch (3.210 m) auf. Einige Meter westlich der Fundstelle befindet sich die Steinpyramide mit einer reflektierenden Edelstahlspitze. Von hier hat man bei guter Witterung eine direkte Sichtverbindung zum archeoParc (siehe Infokasten).

Nach der Besichtigung der Fundstelle wandern wir wenige Höhenmeter hinauf zum Grat des Hauslabjochs (3.283 m), das sich unter-

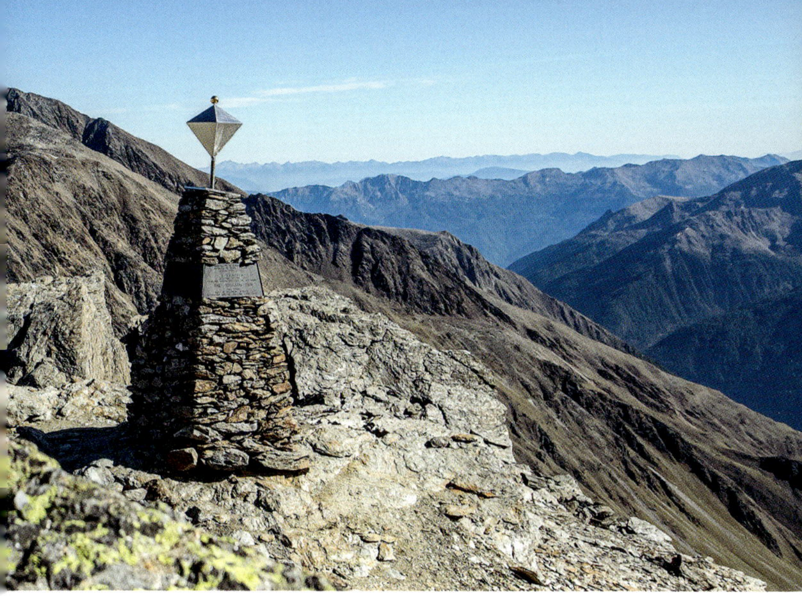

halb des Ostgrats der Finailspitze befindet, und schauen auf den weiten Hochjochfernergletscher hinab.

Abstieg: Der Abstieg erfolgt über den Aufstiegsweg. Von der Similaunhütte steigt man ebenfalls entlang der Aufstiegsroute durch das Tisental wieder hinab nach Vernagt.

Vorsicht: Der Rückweg über das Niedertal bis zur Weggabelung, die auf den topographischen Karten mit der Bezeichnung „Beim Bild" angegeben ist, ist durch den Gletscherrückgang steinschlaggefährdet und daher nicht begehbar!

DER ARCHEOPARC

Wie Ötzi, der „Mann aus dem Eis" oder der „Mann vom Hauslabjoch", hier vor 5.300 Jahren gelebt hat, kann man in den Ausstellungen und durch das Veranstaltungsprogramm des archeoParcs erfahren. Der archeoParc ist ein archäologisches Freilichtmuseum mit Besucherzentrum etwas außerhalb des Ortskerns von Unser Frau in Schnals, nicht weit vom Ausgangspunkt des Hüttenaufstieges entfernt. Bei klarer Sicht kann man vom archeoParc aus auch das glitzernde Prisma auf der Spitze der Steinpyramide erkennen, die die Fundstelle am Tisenjoch kennzeichnet.

Info: archeoParc, Unser Frau 163, Schnals, Tel. 0473 676020, www.archeoparc.it

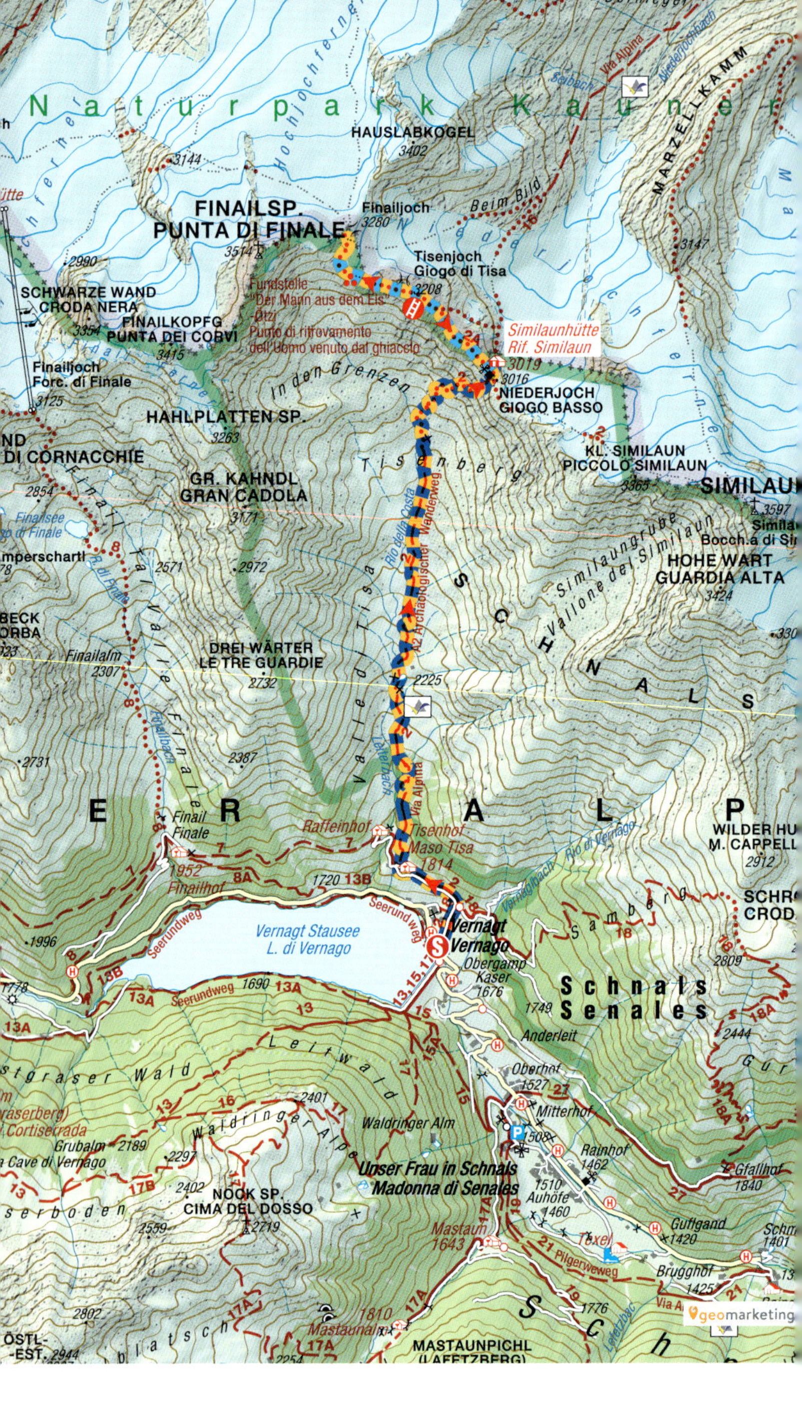

Naturpark Kauner
HAUSLABKOGEL
3402
FINAILSP.
PUNTA DI FINALE
3514
Finailjoch
3280
Tisenjoch
Giogo di Tisa
3208
Fundstelle
"Der Mann aus dem Eis" Ötzi
Punto di ritrovamento
dell'Uomo venuto dal ghiaccio
Similaunhütte
Rif. Similaun
3019
NIEDERJOCH
GIOGO BASSO
KL. SIMILAUN
PICCOLO SIMILAUN
3365
MARZELLKAMM
SCHWARZE WAND
CRODA NERA
FINAILKOPFG
PUNTA DEI CORVI
3415
Finailjoch
Forc. di Finale
3125
HAHLPLATTEN SP.
3263
GR. KAHNDL
GRAN CADOLA
3171
HOHE WART
GUARDIA ALTA
3424
DREI WÄRTER
LE TRE GUARDIE
2732
Finailalm
2307
E R A L P
Finail
Finale
Raffeinhof
Tisenhof
Maso Tisa
1814
Finailhof
1952
Vernagt Stausee
L. di Vernago
Vernagt
Vernago
Seerundweg
Schnals
Senales
Obergamp
Kaser
1676
Anderleit
Oberhof
1527
Mitterhof
Rainhof
1462
Waldringer Alm
Unser Frau in Schnals
Madonna di Senales
Auhöfe
1460
Gfallhof
1840
Gufigand
1420
NOCK SP.
CIMA DEL DOSSO
2719
Mastaun
1643
Pilgerweg
Brugghof
1425
Mastaunalm
1810
MASTAUNPICHL
Leitwald
Via Alpina
geomarketing

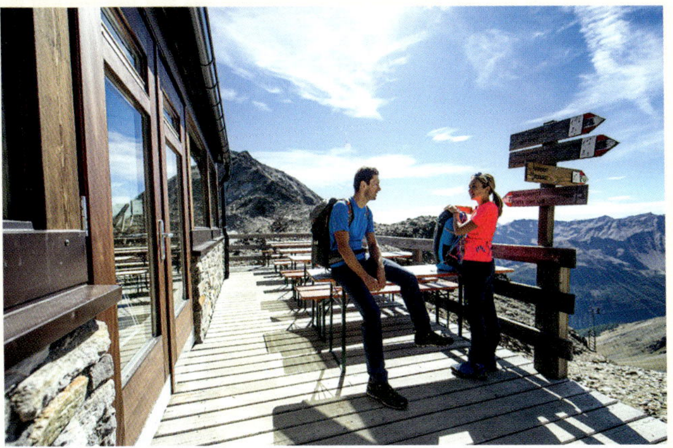

INFOS IN KÜRZE

TAG 1: AUFSTIEG ZUR SIMILAUNHÜTTE

Aufstieg: 3 h 30 min, Abstieg: knapp 2 h 30 min

6,1 km

1.323 Hm im Aufstieg

TAG 2: BERGWANDERUNG UND ABSTIEG

Similaunhütte – Tisenjoch – Ötzi-Fundstelle – Hauslabjoch und Abstieg nach Vernagt

Anspruchsvolle Hochgebirgswanderung, die gute Sichtverhältnisse und Trittsicherheit voraussetzt. Die Tour ist in der Regel ab Anfang Juli begehbar, nach Schneefällen (auch im Sommer möglich!) sollte man sie nicht unternehmen (Abrutschgefahr).

Ab der Similaunhütte: 5 h 30 min

10,2 km

293 Hm Aufstieg, 1.616 Hm Abstieg

DIE HÜTTE

Similaunhütte
Markus Pirpamer
Vernagt, Schnalstal
Tel. 0473 669711 oder
+43 720 920439
Außerhalb der Saison:
+43 5254 30122
www.similaunhuette.com
info@similaunhuette.com
(E-Mails werden auf der Hütte nicht empfangen)

Geöffnet von Mitte Juni bis Ende Sept. und von Mitte März und bis Ende Apr.

30 Betten in Vier- und Fünfbettzimmern, 65 Schlafplätze im Matratzenlager, Waschraum, Dusche und WC, Warmwasser gegen Gebühr, Mobilfunkempfang, nur Barzahlung, Gepäcktransport zur Hütte möglich.

Über die Brenner-Autobahn A22 nach Bozen und Meran oder über den Reschenpass durch den Vinschgau bis nach Vernagt im Schnalstal.

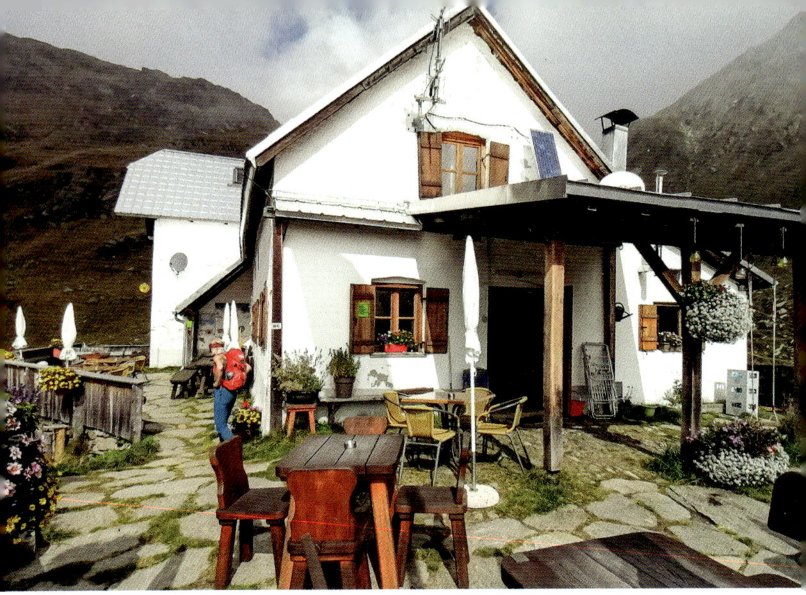

7 | Lodnerhütte

Nietl | Zielspitze

Die Lodnerhütte ist eine kleine und besonders urige Schutzhütte im Herzen des wasserreichen Naturparks Texelgruppe. Der aus München stammende, weltweit bekannte Fotograf und Alpinist Bernhard Johannes war es, der sich für die Errichtung eines Schutzhauses im Zieltal eingesetzt und den Bau vorangetrieben hatte. Von der Hütte wandert man auf den nahe gelegenen „Hausberg", den Nietl, und auf die markante Zielspitze.

 DIE HÜTTE

Die Lodnerhütte liegt auf einer Felskuppe am Zusammenfluss von Lafais- und Zielbach im Herzen des Naturparks Texelgruppe. Errichtet wurde sie im Frühjahr 1891 von der Sektion Meran des DuÖAV und wurde in den Folgejahren mehrmals erweitert. 1924 wurde sie an den CAI übergeben. In den 1930er- und 1940er-Jahren war die Hütte immer wieder Ziel von Vandalenakten. Erst nach dem Zweiten Weltkrieg wurde die Lodnerhütte renoviert und es zog wieder Leben in das beliebte Schutzhaus ein. Seit 2011 befindet sie sich im Besitz des Landes Südtirol und soll in den nächsten Jahren umfangreich saniert werden.

Das Hüttenwirtepaar Harald und Dagmar Prantl ist seit jeher mit der Lodnerhütte verbunden, denn die beiden haben sich auf der CAI-

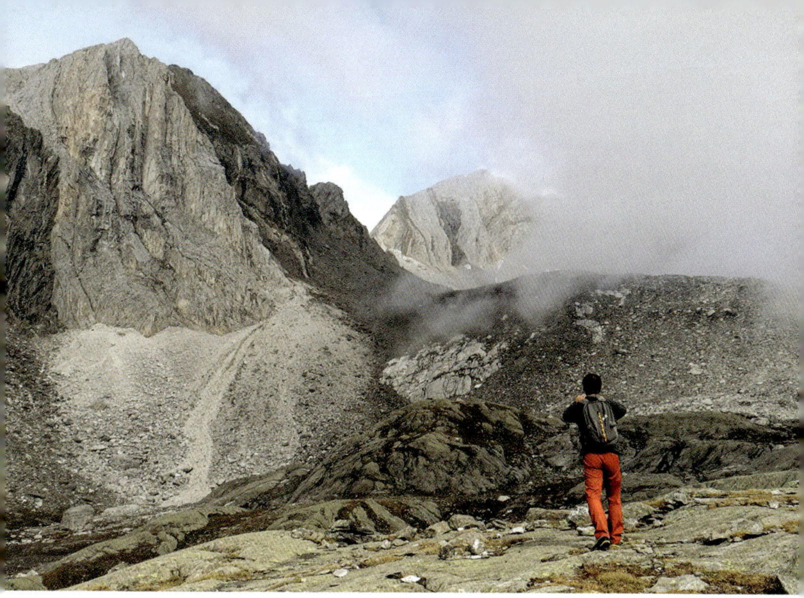

Hütte, die Dagmars Eltern seit dem Jahr 1971 bewirtschaftet haben, kennengelernt. Seit 33 Jahren führt das Ehepaar das urige Schutzhaus in den Sommermonaten. Die Unterkunft ist einfach, aber bequem und eignet sich bestens für Bergwanderer, die ab der Lodnerhütte Tages-, Gipfel- oder mehrtägige Hüttentouren unternehmen wollen.

KULINARIK TIPP

Dagmar und Harald Prantl warten mit typischen Südtiroler Spezialitäten auf, alles ist hausgemacht und wird mit viel Liebe zubereitet. Hungrige Bergwanderer lieben die Speck- und die Käseplatte oder den köstlichen Kaiserschmarrn.

TAG 1: AUFSTIEG ZUR HÜTTE

Ein Katzensprung ist der Aufstieg zur Lodnerhütte nicht, aber dafür ein landschaftliches Erlebnis, das vor allem durch das Wasser und das Licht des Naturparks Texelgruppe geprägt ist.
Der Aufstieg zur Lodnerhütte beginnt beim Parkplatz neben dem Bach, oberhalb des Steinerhof im Zieltal, den man über eine kurvenreiche, enge Straße gut erreicht. Gäste, die in der Lodnerhütte übernachten, benutzen häufig diese Anliegerstraße. Beim Parkplatz überquert man die Brücke des Zielbaches und wandert auf Weg Nr. 8 bis zur kürzlich umgebauten Nassereithhütte (1.523 m). Hier kreuzen wir den bekannten „Meraner Höhenweg“ und steigen den schönen Plattenweg (immer mit der Nr. 8 markiert) in mehreren Serpentinen und Querungen bis zur Kasersteinalm. Anschließend überqueren wir den Schrambach

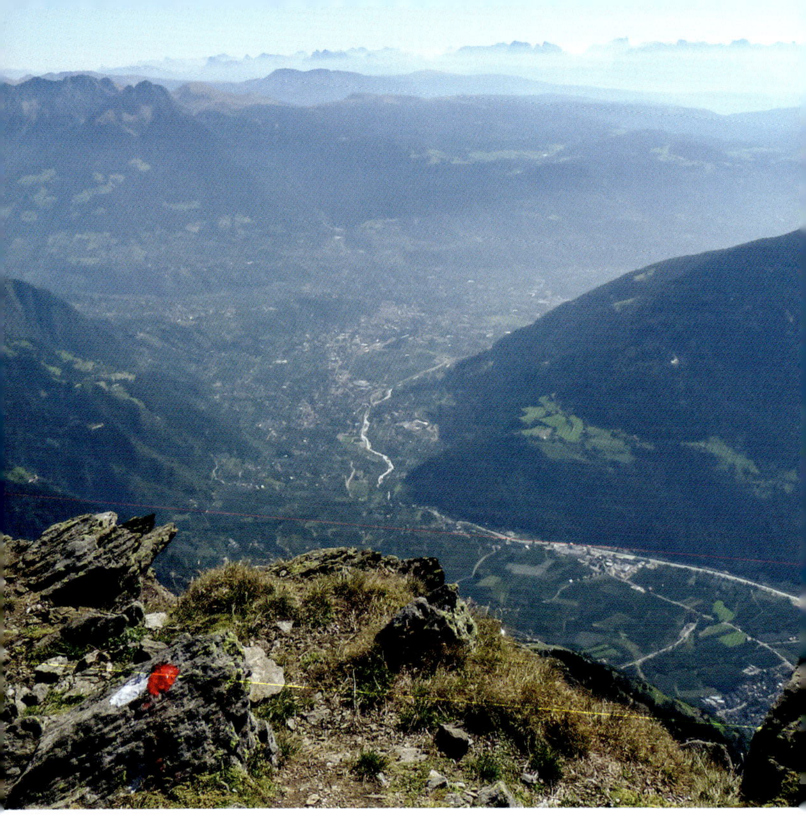

(Wasserfall) und gelangen über ein flacheres Stück zur Gingglalm. Der Weg dreht hier nach links ab und überwindet eine weitere Steilstufe bis zum „Zieler Kreuz", ohne nennenswerten Höhenunterschied erreichen wir die Zieltalalm (Einkehr- und Übernachtungsmöglichkeit). Nun verläuft der Weg ein kurzes Stück in der breiten Regenrinne an der Bergseite des Stalldaches. Nach wenigen Minuten kann man bereits die Lodnerhütte sehen, die auf einer Anhöhe zwischen dem Lafais- und dem Zielbach thront. Nachdem wir eine kleine Holzbrücke überquert haben, erreichen wir die schöne Aussichtsterrasse der Lodnerhütte und können gleich das Quartier beziehen.
Abstieg: Für den Abstieg folgt man dem Aufstiegsweg.

TAG 1: DIE KURZE HÜTTENTOUR

Nietl – der kleine „Hausberg" der Lodnerhütte 2.485 m |

„Nietl" nennt sich der markante Aussichtsgipfel westlich der Hütte, auf dem man kurz innehalten und die magische Kraft der Gebirgswelt spüren kann. Die Ruhe wird nur von den Schellen des Weideviehs und vom Rauschen des wilden Wassers „gestört".

Bei der kleinen Kapelle oberhalb des Schutzhauses biegt der Wanderweg Nr. 3A (Knappensteig) nach Westen und quert den Talkessel, in dem die Hütte liegt. Über eine Brücke überwindet man den Lafaisbach und wandert am breiten Nordhang mäßig ansteigend in westliche Richtung. Bald wird der Weg steiler, und man erreicht die breite Graskuppe hinter dem Gipfel des Nietl (2.485 m). Weglos steigt man nach links und erreicht diesen in wenigen Minuten.
Hier öffnet sich der Ausblick auf den Blasiuszeiger im Süden, die steilen Wände des Roteggs und den leuchtenden Gipfel des Lodners.
Abstieg: Für den Abstieg folgt man dem Aufstiegsweg.

TAG 2: BERGWANDERUNG UND ABSTIEG

Lodnerhütte – Zielspitze und Abstieg über Nassereith zum Parkplatz | Die Zielspitze ist ein lohnender Dreitausender, der über den Nordanstieg einfach zu erreichen ist. Wie eine inszenierte Überraschung öffnet sich erst kurz vor dem Gipfel der Blick über den Vinschgau im Westen und auf den Meraner Talkessel im Süden.
Bei der kleinen Kapelle oberhalb der Lodnerhütte biegt der Wanderweg Nr. 3A (Knappensteig) nach Westen und quert den Talkessel. Nach dem Lafaisbach wandern wir über alpine Grasmatten zuerst in westliche und dann in südliche Richtung. Nun queren wir die abfallende Ostflanke des Blasiuszeigers, überwinden einen kleinen Pass und folgen dem gut sichtbaren Pfad, der am Fuß der steil abfallenden Felswände über Schutt und Geröll (öfters auch Schneefelder) in eine Hochkarmulde führt. Nun steigen wir auf einen breiteren Rücken und erreichen einen großen Felsblock, bei dem der (Rück-)Weg nach Nassereith links abzweigt. Der Steig geht mäßig steil bergan auf eine breitere Scharte, von der sich der Blick gegen Westen öff-

DER PARTSCHINSER WASSERFALL

Der knapp 100 m hohe Partschinser Wasserfall im Zieltal ist ein Naturschauspiel, das man sich nicht entgehen lassen sollte. Die Wassermassen des Zielbaches schießen über eine Felswand hinaus und stürzen tosend in die Tiefe. Besonders spektakulär ist der Wasserfall zur Zeit der Schneeschmelze in den Monaten Mai, Juni und Juli oder nach heftigen Sommergewittern. Am Wasserfall herrscht ein besonderes Heilklima mit einer hohen Konzentration an aktiven Sauerstoffionen. Diese stimulieren das Immunsystem, reinigen die Atemschleimhäute, beruhigen das vegetative Nervensystem und wirken belebend. Der Aufenthalt in der Nähe des Wasserfalls („Wasserfallkur") wird besonders Allergikern und Asthmatikern empfohlen.

net. Der Bergpfad (mit Nr. 3 und Nr. 2 markiert) führt nun kurz in eine Senke und anschließend auf den Gipfel der Zielspitze (3.009 m). **Abstieg:** Man steigt nordseitig erneut über die Schrofen und den gut begehbaren Grat hinunter in eine Scharte, anschließend rechts über größere Felsblöcke bis zur Weggabelung. Hier geht es zunächst über Blockwerk, Schutt und Altschneefelde, dann wandern wir immer dem Schrambach folgend (Weg Nr. 3), über Grashänge stets bergab zur verfallenen Königshofalm. Wir halten uns rechts und gehen bis zu einer alten Mauer (Koppel). Der Weg quert einen ebenen Boden einer alten, aufgelassenen Alm und führt durch felsdurchsetzte Grashänge bergab, bis man den Zieltalweg beim Gingglegg erreicht. Der Abstieg zum Parkplatz erfolgt über den Aufstiegsweg.

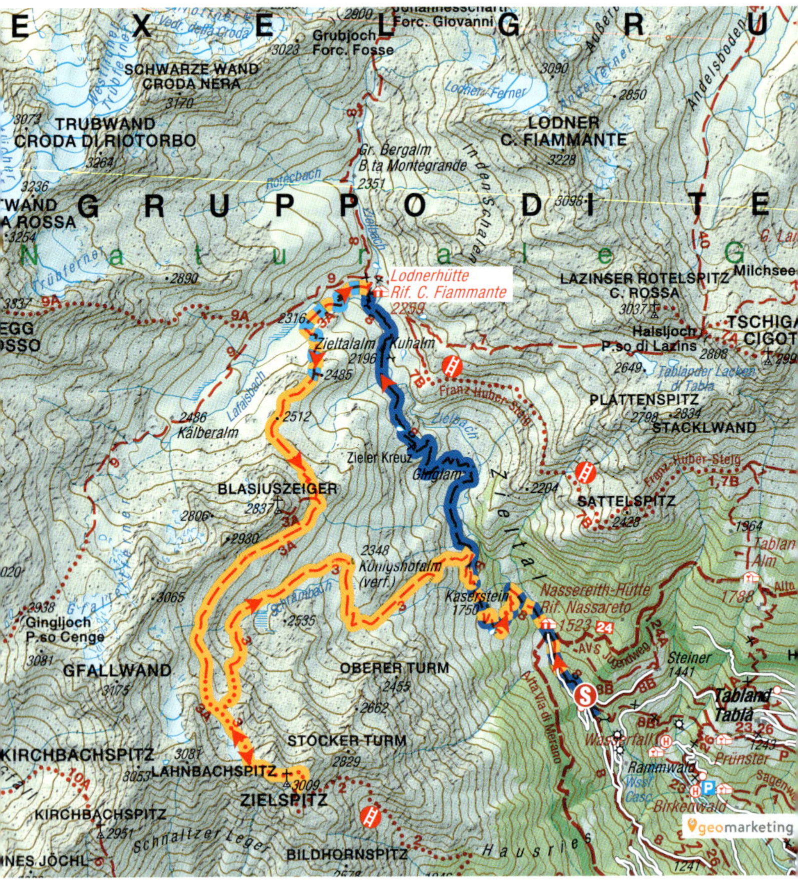

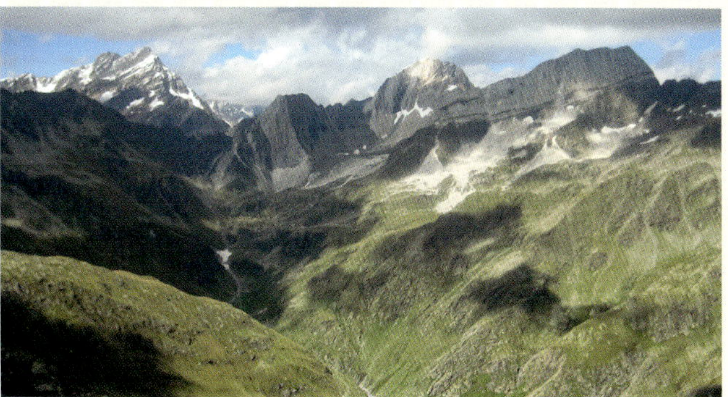

INFOS IN KÜRZE

TAG 1: AUFSTIEG UND HÜTTENTOUR

Aufstieg zur Lodnerhütte
Aufstieg: 2 h 40 min, Abstieg: knapp 2 h
5,8 km
860 Hm im Aufstieg

Tour Nietl
Einfache Bergwanderung ohne besondere technische Schwierigkeiten. Der Weg zum Gipfel ist nicht markiert, aber leicht erkennbar.

Aufstieg ab der Lodnerhütte: 1 h, Abstieg: 30 min
2,6 km
226 Hm Aufstieg und Abstieg

TAG 2: BERGWANDERUNG UND ABSTIEG

Lodnerhütte – Zielspitze und Abstieg über Nassereith zum Parkplatz
Lange, anspruchsvolle Bergwanderung ohne technische Schwierigkeiten, die allerdings gute Sichtverhältnisse, Trittsicherheit und etwas Orientierungsvermögen verlangt. Auch im Hochsommer müssen Schneefelder gequert werden.

Ab der Lodnerhütte: 5 h 20 min
12,7 km
789 Hm Aufstieg, 1.651 Hm Abstieg

DIE HÜTTE

Lodnerhütte (Rifugio Cima Fiammante)
Harald Prantl
Sagbauerweg 25, Partschins
Tel. 0473 967367 oder 0473 968206 (Winter)
www.lodnerhuette.com
lodnerhuette.zieltal@gmail.com

Geöffnet von 25. Juni bis Ende Sept.
22 Betten (Acht- und Vierbettzimmer mit Stockbetten, ein Zweibettzimmer und ein Matratzenlager mit 22 Schlafplätzen. Keine Duschmöglichkeit vorhanden.

Über die Brennerautobahn A22 nach Bozen oder über den Vinschgau nach Meran. Weiter in den Vinschgau bis nach Partschins. Durch den Ort bis zum Parkplatz Steinerhof im Zieltal.

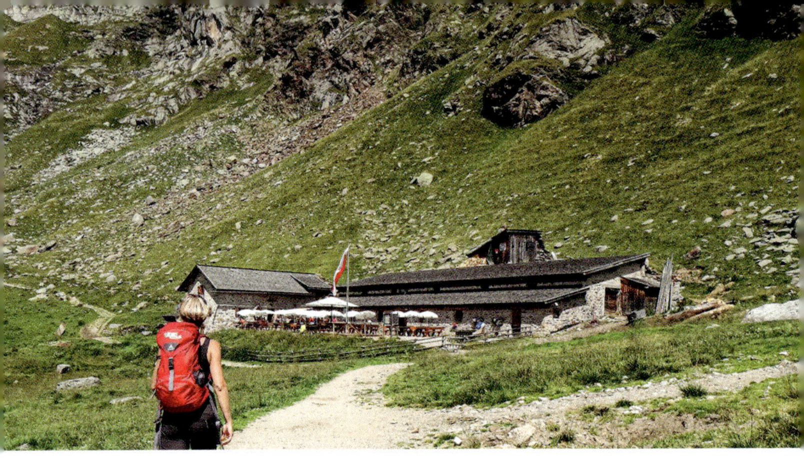

8 | Oberkaseralm

Spronserseen | Schwarzkopf

Die Oberkaserhütte, Oberkaseralm oder „Oberolp" ist zwar kein alpines Schutzhaus im klassischen Sinn, aber sie ist der ideale Ausgangspunkt für leichte Wanderungen. Ein besonderer Höhepunkt ist die Wanderung zu den Spronser Seen und auf den aussichtsreichen Schwarzkopf.

 DIE HÜTTE

Abgeschieden und frei von Motorenlärm und Aufstiegsanlagen liegt oberhalb des Talschlusses des Spronser Tals auf 2.131 m die Schutzhütte Oberkaseralm. Einen besonderen Reiz verleihen der Almhütte die beiden nahe gelegenen Bergseen, der Kasersee und der kristallklare Pfitschersee. Letzterer ist der südlichste der hochalpinen Spronser Seen. Landschaftlich reizvoll ist der Aufstieg über den Jägersteig ab der Bergstation Hochmuth. Die alternative Variante über das Spronser Tal ist monoton und sehr steil.
Die „Oberolp", wie die Alm liebevoll genannt wird, ist ein beliebtes Ausflugsziel und wird besonders der guten Küche wegen geschätzt. Eine rechtzeitige Reservierung zahlt sich aus, denn an den Wochenenden sind die Betten rasch belegt.

KULINARIK TIPP

Vor allem Feinschmecker fühlen sich auf der Oberkaserhütte wohl. Auf der Speisekarte stehen Almköstlichkeiten wie hausgemachte Butter, geräucherter Speck, Kaminwurzen, Lammbraten oder Speck- und Käseknödel. Die frischen Zutaten stammen aus eigener Produktion. Für die Übernachtungsgäste gibt es ein köstliches Hüttenfrühstück.

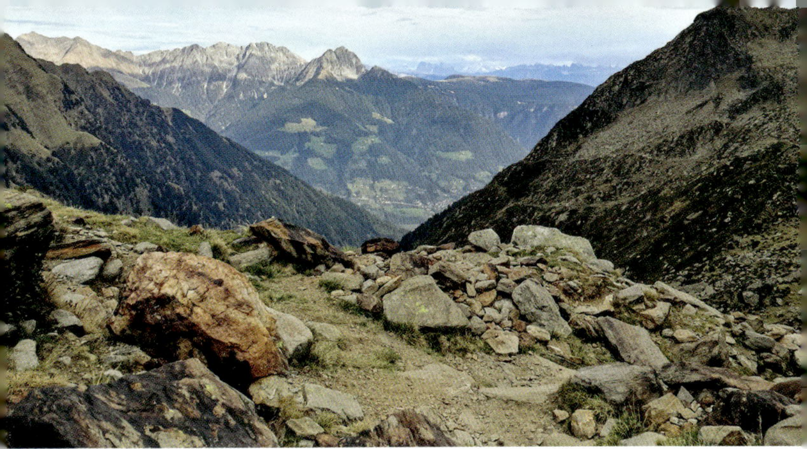

TAG 1: AUFSTIEG ZUR HÜTTE

Der Aufstieg zur Oberkaseralm beginnt mit einer Seilbahnfahrt von Dorf Tirol nach Hochmuth. Ab den bekannten Muthöfen, die erst vor wenigen Jahren durch eine Zufahrt für Anrainer erschlossen wurden, wandert man bis zum Mutkopf und über den Jägersteig zur Hütte.
Bei der Bergstation der Seilbahn Hochmuth (1.361 m) wandern wir ein Stück am „Meraner Höhenweg" (Nr. 24) zur neuen Panoramakanzel unterhalb des Gasthofes Steinegg. Auch wenn es nach den wenigen Aufstiegsmetern für eine Pause noch früh ist, sollte man von diesem Aussichtspunkt den Blick auf den Meraner Talkessel und die Vinschger Bergwelt auf sich wirken lassen. Auf Weg Nr. 22 wandern wir durch einen dichten Wald bis zum Gasthof Mutkopf (1.684 m) und steigen von dort ein kurzes Stück in Richtung Mutspitze, bis rechts der Jägersteig (Nr. 22) abbiegt.
Der schöne, teilweise gepflasterte Höhenweg quert in leichtem Auf und Ab die steile Bergflanke, weit unten liegt das Spronser Tal. Nach einer kurzen steileren Stufe erreichen wir das Pfitscherjöchl auf 2.150 m. Am Ufer des Pfitschersees befinden sich die mystischen „Schalensteine", die aus vorgeschichtlicher Zeit stammen. Nun öffnet sich der breite sonnige Talkessel mit dem Kasersee und der Oberkaseralm (2.131 m).
Abstieg: Für den Abstieg folgt man dem Aufstiegsweg.

TAG 1: DIE KURZE HÜTTENTOUR

Auf die Spronser Seenplatte 2.384 m | Nach einer gemütlichen Rast in der Oberkaserhütte lohnt es sich, auf die Spronser Seenplatte aufzusteigen und die Schönheit dieser Bergseen zu bestaunen.
Von der Oberkaseralm (2.131 m) steigt man rechts vom Wasserfall über den steinigen Weg Nr. 6 mäßig steil bis zur Ruine der alten Meraner Hütte auf. Unmittelbar danach erreicht man die kleine Talsperre, die den Wasserabfluss des Grünsees regelt, leicht ansteigend

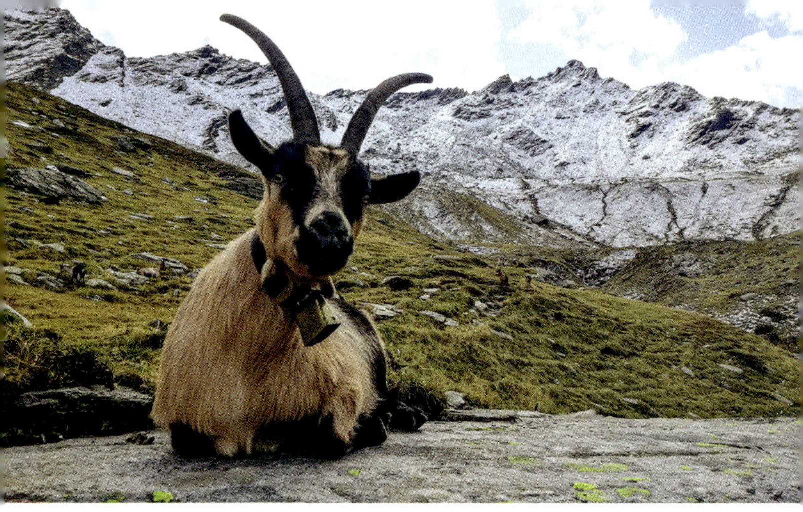

folgt man dem Weg Nr. 22 bis zum östlichen Ufer des Langsees, der seinem Namen alle Ehre macht.

Die Spronser Seen wurden von den eiszeitlichen Gletschern aus dem Gestein der alten Gneise geschliffen und bilden die größte hochalpine Gewässerplatte Südtirols. Die Seen (Grünsee, Langsee, Großer und Kleiner Milchsee, Kasersee, Pfitschersee, Mückensee, Schwarzsee, Schiefersee, Kesselsee) liegen auf unterschiedlichen Höhen und bieten heute noch einen natürlichen Wasserspeicher für die Menschen im Tal. Der größte von ihnen ist der Langsee (2.384 m).

Abstieg: Für den Abstieg folgt man dem Aufstiegsweg.

 TAG 2: BERGWANDERUNG UND ABSTIEG

Auf den Schwarzkopf 2.805 m | Auf dieser langen und landschaftlich besonders schönen Gipfelwanderung auf den relativ selten begangenen Schwarzkopf kann man die Spronser Seenplatte aus der Vogelperspektive betrachten und wandert beim Abstieg über mehrere Vegetationszonen.

Der Schwarzkopf, der sich eher zurückhaltend oberhalb des Schwarzsees erhebt, führt im Gegensatz zu den prominenten Erhebungen der östlichen Texelgruppe ein Schattendasein. Am Gipfel erlebt man ein grandioses Panorama und die Spronser Seen funkeln wie Juwelen herauf.

Von der Oberkaseralm (2.131 m) steigt man rechts eines Wasserfalls über eine Steilstufe bergan und wandert flacher, an Infotafeln zur ehemaligen Meraner Hütte vorbei, zu einer Weggabelung kurz vor dem Grünsee. Hier biegt man rechts auf den Steig Nr. 6 (Richtung Spronser Joch) ab, er schlängelt sich über steinige Grashänge bergauf. Bei einem flachen Hochmoor weist rechts am Weg eine Markierung auf den ausgetretenen Bergpfad hin, der über eine kleine

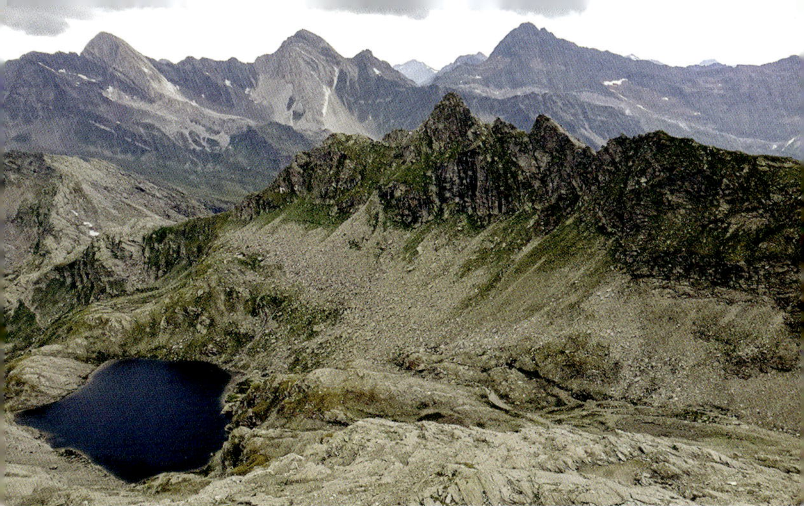

Felsstufe zum Schwarzsee führt. Vom Südufer des Sees wandert man links (orografisch rechts), quert ein Blockgelände und steigt leicht rechts über Geröll zum Grünjoch auf. Vom Joch folgt man den Steigspuren, die rechts (südliche Richtung) über Felsplatten und Geröll zum Gipfel des Schwarzkopf (2.805 m) führen.

Abstieg: Man folgt dem Aufstiegsweg bis zur Oberkaseralm und kehrt über den Jägersteig zur Hochmuth-Seilbahn zurück. Alternativ kann man ab der Oberkaseralm auch über das Spronser Tal nach Dorf Tirol (Tiroler Kreuz) absteigen.

WASSER UND LICHT: DER NATURPARK TEXELGRUPPE

Der Naturpark Texelgruppe ist mit 31.391 ha der größte der sieben Südtiroler Naturparks. Das Schutzgebiet erstreckt sich vom Alpenhauptkamm im Norden bis zu den Muthöfen im Süden, vom Schnalstal im Westen bis ins Passeiertal im Osten. Gegründet wurde der Naturpark Texelgruppe im Jahr 1976, er ist Teil des europäischen Schutzgebiet-Netzwerks Natura 2000. Neben der artenreichen Flora ist die hochalpine Spronser Seenplatte der landschaftliche Höhepunkt dieses Naturparks. Ein gut angelegtes Wanderwegnetz bietet die Möglichkeit, die Geheimnisse dieser Natur- und Kulturlandschaft kennenzulernen. Im „Naturparkhaus Texelgruppe" in Naturns kann man die verborgene Welt des Schutzgebietes anhand von Schaubildern und Mikroskopen entdecken.

Naturparkhaus Texelgruppe, Feldgasse 3, Naturns. Geöffnet von Ende März bis Ende Okt., Di.–Sa. 9.30–12.30 Uhr, 14.30–18 Uhr, im Juli, Aug. und Sept. auch So., Eintritt frei.

INFOS IN KÜRZE

TAG 1: AUFSTIEG UND HÜTTENTOUR

Aufstieg zur Oberkaseralm ab Bergstation Seilbahn
Aufstieg: 2 h 50 min, Abstieg: knapp 2 h
6,6 km
780 Hm im Aufstieg

Tour zum Grün- und zum Langsee
Einfache Bergwanderung ohne besondere technische Schwierigkeiten.

Aufstieg ab der Oberkaseralm: 1 h 30 min, Abstieg: 45 min
3,8 km
255 Hm Aufstieg und Abstieg

TAG 2: BERGWANDERUNG UND ABSTIEG

Oberkaseralm – Schwarzkopf und Abstieg nach Hochmuth
Anspruchsvolle Bergwanderung ohne technische Schwierigkeiten, die allerdings gute Sichtverhältnisse, Trittsicherheit und Orientierungsvermögen verlangt. Die Tour setzt, vor allem wegen des langen Abstieges, einiges an Kondition und Ausdauer voraus.

Ab der Oberkaseralm: 5 h 40 min
14 km
667 Hm Aufstieg, 1.448 Hm Abstieg
Achtung: Fahrplan der Seilbahn checken!

DIE HÜTTE

Schutzhütte Oberkaseralm (Oberolp)
Fam. Kathrin & Stephan Burger
Haslachstraße, Dorf Tirol
Tel. 0473 420452 (Sommer) oder 0473 923488 oder 349 0720957
www.oberkaseralm.it

Geöffnet von Anfang Juni bis Ende Okt., kein Ruhetag.
15 Betten in Vier- und Fünfbettzimmern, 25 Schlafplätze im Matratzenlager, komfortable Waschräume, getrennte WC-Anlagen, Mobilfunkempfang, kein WLAN, nur Bargeldzahlung.
Über die Brennerautobahn A22 nach Bozen oder über den Vinschgau nach Meran. Weiter nach Dorf Tirol. Durch den Ort bis zum Parkplatz an der Seilbahn Hochmuth.

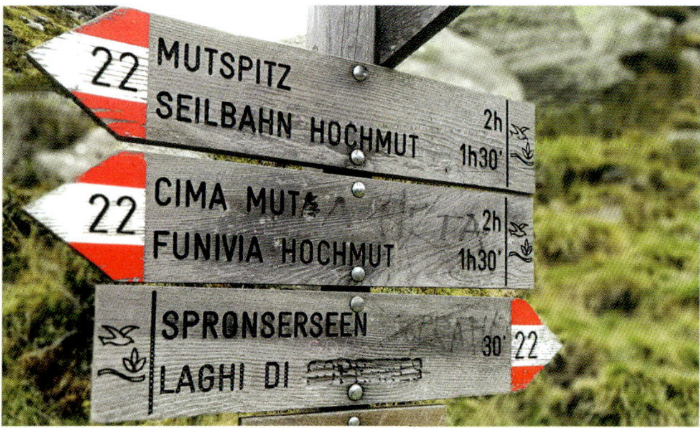

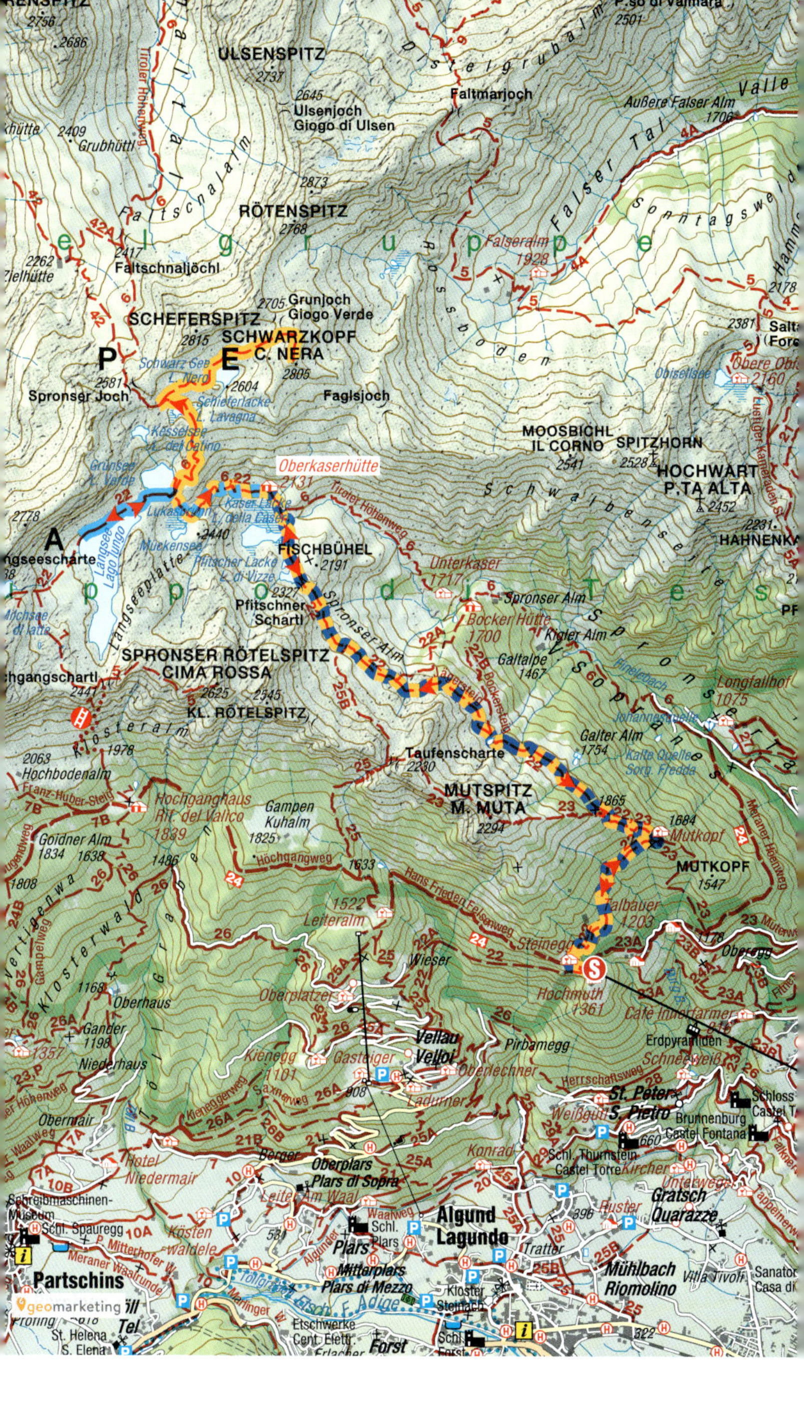

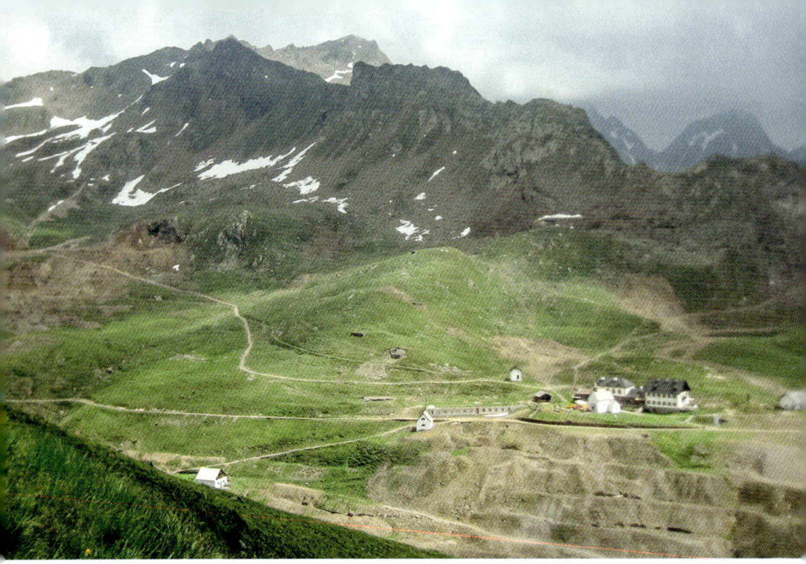

9 | Schutzhaus Schneeberg Passeier

Schneebergscharte | Timmelsschwarzsee

Abgelegen und nur zu Fuß erreichbar liegt in den Bergen des hinteren Passeiertals auf 2.355 m im ehemaligen Knappendorf St. Martin das Schutzhaus Schneeberg Passeier. Seit vielen Jahren wird im früheren Bergwerk kein Erz mehr abgebaut, heute ist es ein spannendes Freilichtmuseum. Eingebettet ist es in eine ursprüngliche Bergwelt, die wir im Rahmen von schönen Entdeckungstouren erwandern werden.

 DIE HÜTTE

Inmitten des Knappendorfes St. Martin am Schneeberg, mit seinem Maria-Schnee-Kirchlein und den ehemaligen Bergbauzweckbauten, steht das alte Herrenhaus, das 1995 in ein Schutzhaus samt Museum umfunktioniert wurde. Ein besonderer Höhepunkt ist das landschaftliche Szenario rund um die Hütte, die von Gürtelwand, Schneeberger und Moarer Weißen, Hohen First und Granatenkogel umgeben ist.
Direkt neben dem Schutzhaus vermittelt ein Schauraum die 800-jährige Bergbaugeschichte am Schneeberg. Wissenshungrige und Abenteurer können sich den Martinsstollen ansehen oder auf den Erlebnispfaden zu den einzelnen Schauplätzen wandern (siehe Tour Kaindljoch, S. 62).

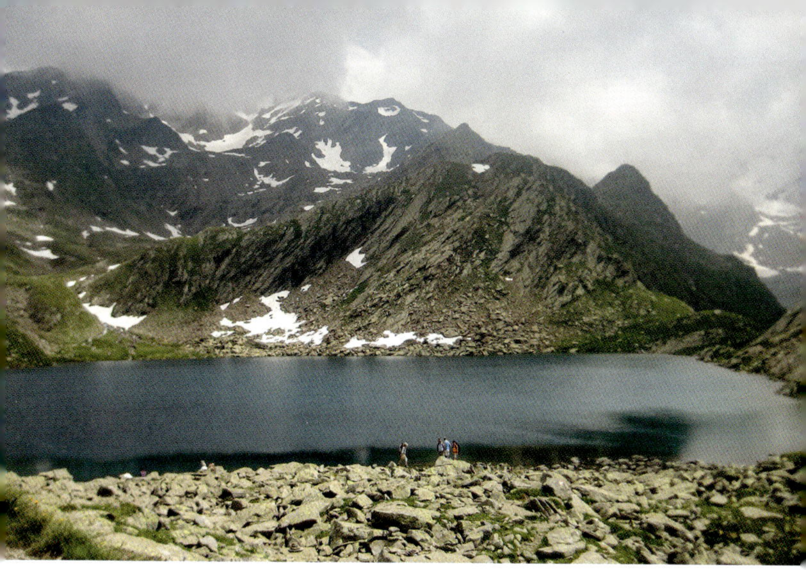

Das Schutzhaus, welches sich auf das ehemalige Herrenhaus und das Knappenwirtshaus ausdehnt, verfügt über drei gemütliche und beheizte Gaststuben, weiters bietet ein großer Freibereich mit Service ausreichend Platz zum Verweilen.

KULINARIK TIPP

Im Schutzhaus Schneeberg werden Tiroler Spezialitäten aufgetischt. Besonders beliebt sind die Schneeberger- und die Knappennudeln, der Ziegenbockbraten (das „Bockene") und der „Plentene Riebl". Den hausgemachten „Schneeberger", einen Heidelbeerlikör, sollte man unbedingt probieren!

TAG 1: AUFSTIEG ZUR HÜTTE

Das Knappendorf St. Martin am Schneeberg erreicht man über einen schönen Zustieg, der an der Timmelsbrücke im hintersten Passeiertal beginnt. Der Hüttenaufstieg bietet immer wieder faszinierende Blicke in die geheimnisvolle Bergwelt und vermittelt direkt am Weg die Geschichte des Bergbaus.
Der Zustieg zum Schutzhaus beginnt bei der Schneeberg- oder Timmelsbrücke (1.670 m) an der Timmelsjochstraße oberhalb von Moos in Passeier. Man folgt dem Weg Nr. 29, der zuerst zur Alm „Tomelekaser", dann etwas steiler durch den Wald und an der Waldgrenze um den Schönnerkofel führt. Bald öffnet sich das weite Hochplateau Seemoos, in dem der Schneeberger See (2.160 m) liegt. Einige aufgelassene Zweckbauten, Rampen und Schienen bezeugen, dass man sich bereits im Bergwerksgebiet Schneeberg-Passeier befindet. Gleich drei

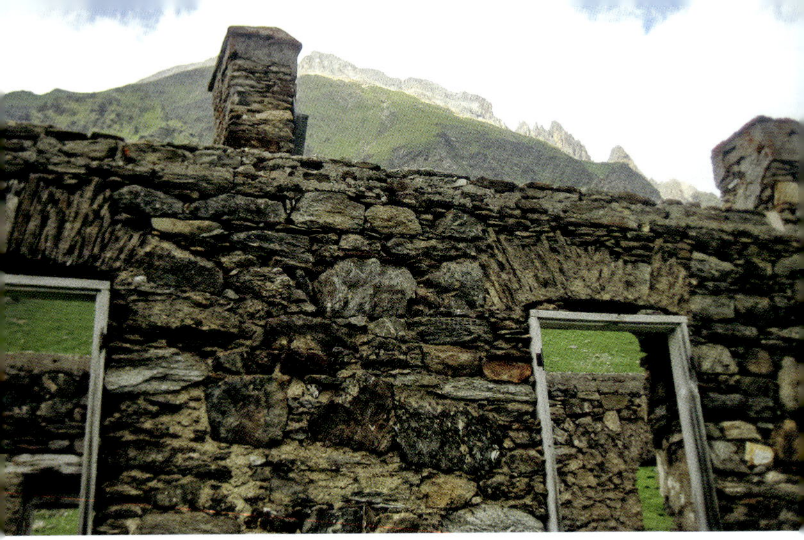

mäßig steile Wege führen nun zum Knappendorf St. Martin und zur Schneeberghütte (2.355 m) hinauf. Man hat die freie Wahl.
Abstieg: Für den Abstieg folgt man dem Aufstiegsweg oder einem der beiden anderen Wege.

 TAG 1: DIE KURZE HÜTTENTOUR

Kaindljoch 2.700 m | Nach dem Hüttenaufstieg lohnt es sich, noch zum Schartenübergang, dem Kaindljoch, aufzusteigen. Bei der kleinen Knappenhütte am Joch, zwischen der Sprinzenwand und der Rinnerspitze gelegen, überblickt man dieses hochalpine Gebiet, in dem 800 Jahre lang Bergbau betrieben wurde.

BERGBAUMUSEUM SCHNEEBERG PASSEIER

Das Bergwerk am Schneeberg war die größte Blei- und Zinklagerstätte Tirols. Erwähnt wurde das „gute Silber vom Schneeberg" bereits im Jahr 1237, der Förderbetrieb des Bergwerks wurde erst im Jahr 1967 eingestellt. In St. Martin am Schneeberg lebten, isoliert von der Außenwelt und unter extremen Lebensbedingungen, bis zu 1.000 Menschen. Das Bergknappendorf auf 2.355 m war bis in die 1960er-Jahre bewohnt und somit die höchstgelegene Dauersiedlung Europas. Noch heute durchziehen 150 km Stollen das Gebirge zwischen dem Passeier- und dem Ridnauntal, Teile davon können im Rahmen von geführten Touren begangen werden.
Geöffnet von Mitte Juni bis Mitte Okt. Info: www.bergbaumuseum.it

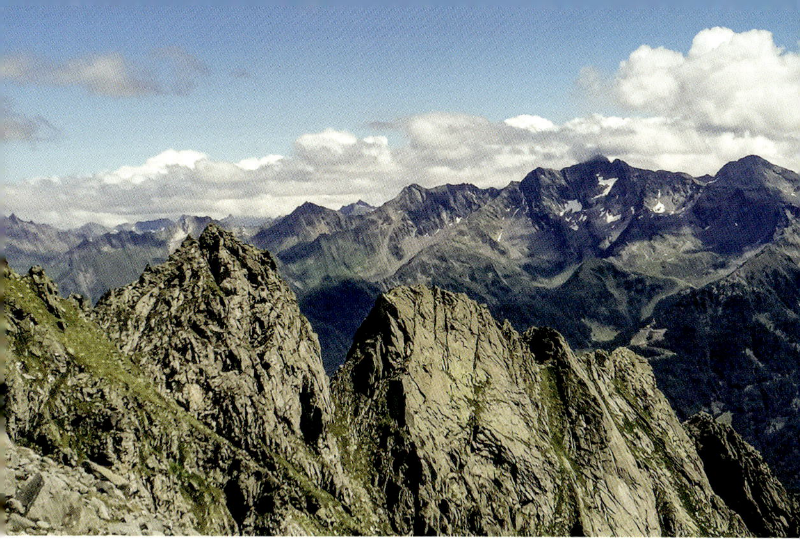

Vom Schutzhaus wählt man den gut angelegten Weg (Nr. 28), der nach rechts durch die sanft abfallenden Hänge führt, die vom Kaindljoch (auch Schneebergscharte genannt) in das Areal des Freilichtmuseums auslaufen. Der Weg geht in weiten Bögen und kurz unterhalb des Jochs ziemlich steil zum höchsten Punkt auf 2.700 m. Der Aufstieg macht sich besonders wegen der schönen Aussicht auf die Bergwelt und den Blick ins gegenüberliegende Ridnauntal bezahlt.

Abstieg: Absteigend hält man sich rechts und peilt ohne Orientierungsschwierigkeiten das Schutzhaus an (Rundwanderung).

TAG 2: BERGWANDERUNG UND ABSTIEG

St. Martin am Schneeberg – Großer Timmelsschwarzsee und Timmelsbrücke | Großartige Bergtour in das Quellgebiet der Passer, vom Bergknappendorf St. Martin am Schneeberg zum finsteren Timmelsschwarzsee am Fuße der Stubaier Dreitausender.

Nach einem Bergknappenfrühstück beginnt die Wanderung mit dem Aufstieg zur Karlsscharte (2.665 m). Man schlägt den Weg ein, der das ehemalige Herrenhaus mit der Ruine der Arbeiterkaue (Infopunkt 14) und der Unteren Kaue (Infopunkt 15) verbindet. Hier zweigt der Weg Nr. 29 nach links ab und führt über die Brücke des Schneebergbaches. Mäßig steil geht es zur Karlsscharte, auf der sich die Aussicht auf die Dreitausender der südlichen Stubaier und der Ötztaler Alpen sowie auf den Großen Timmelsschwarzsee öffnet. In leichtem Gefälle steigt man nun über die wasserreichen Böden zum Bergsee hinab, der bleiern in einem Becken am Fuße der mächtigen Erhebungen ruht. Im Oberkrumpwasser, einer Hochalmwiese um den Timmelsschwarzsee, gurgeln die Quellen und das Wasser fließt in rauschenden

Bächen talwärts. Beim See sollte man unbedingt verweilen und die Kraft der Natur auf sich wirken lassen.

Anschließend steigt man über den Wanderweg Nr. 30, vorbei am Südufer des Sees und unterhalb des „Hoachn Kopfs" (2.581 m), ziemlich steil talwärts. Nach der unauffälligen Hirtenhütte geht es deutlich bequemer zur Timmelsalm (1.979 m, einzige Einkehrmöglichkeit auf der Wanderung) und kurz danach zum Ausgangspunkt der Tour an der Kehre der Timmelsjochstraße.

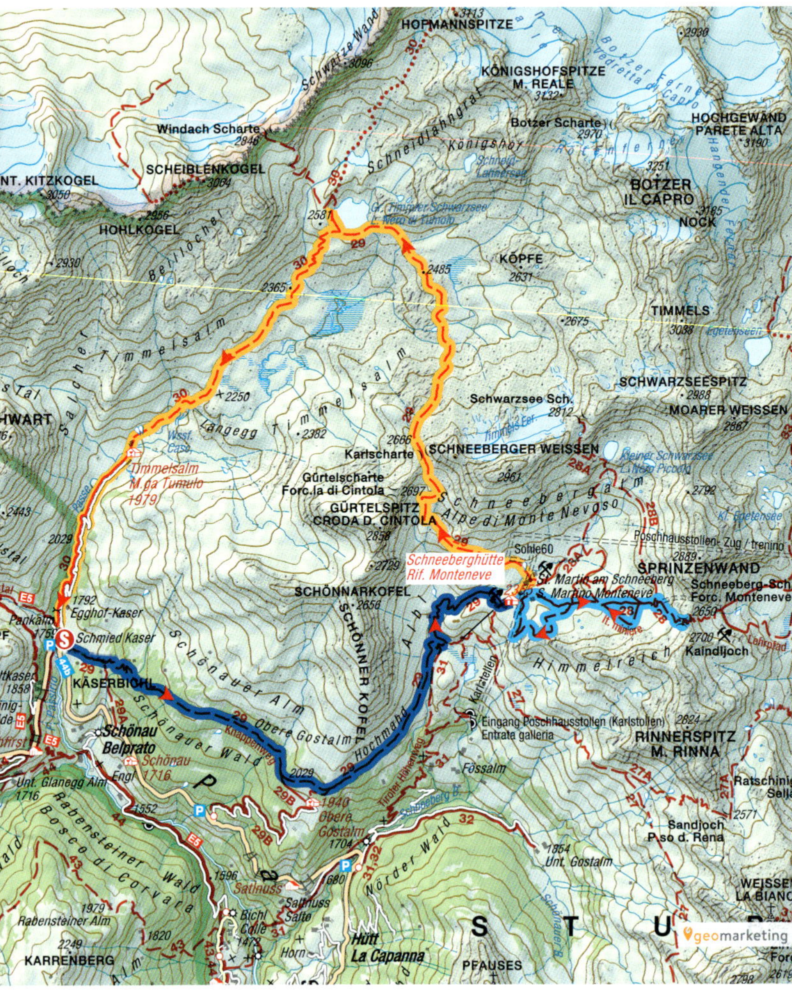

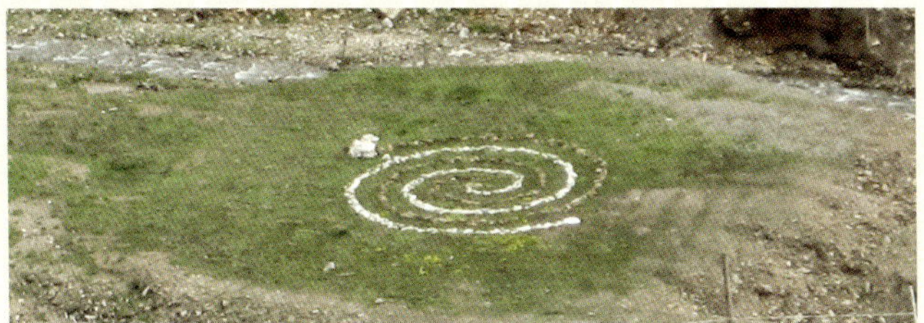

INFOS IN KÜRZE

TAG 1: AUFSTIEG UND HÜTTENTOUR

Aufstieg zum Schutzhaus Schneeberg
Aufstieg: 2 h 30 min, Abstieg: knapp 2 h
6,4 km
588 Hm im Aufstieg

Tour Kaindljoch/ Schneebergscharte
Mittelschwere Bergwanderung ohne besondere technische Schwierigkeiten. In unmittelbarer Nähe der Scharte erfordert die Tour etwas Trittsicherheit.

Aufstieg ab dem Schutzhaus Schneeberg: 1 h 50 min, Abstieg: 1 h 15 min
4,9 km
362 Hm Aufstieg und Abstieg

TAG 2: BERGWANDERUNG UND ABSTIEG

Schutzhaus Schneeberg – Karlsscharte, Großer Timmelsschwarzsee und Abstieg zur Timmelsalm und zum Ausgangspunkt

Mittelschwere Hochgebirgswanderung ohne technische Schwierigkeiten, die allerdings gute Sichtverhältnisse, etwas Trittsicherheit und Orientierungsvermögen verlangt.

Ab dem Schutzhaus Schneeberg: 4 h 15 min
11,1 km
418 Hm Aufstieg, 1.033 Hm Abstieg

DIE HÜTTE

Schutzhaus Schneeberg Passeier
Alexander Gasser
Gerberweg 6, St. Leonhard
Tel. 0473 932900 oder 371 1909841
www.schneeberg.org
schutzhuette@schneeberg.org

Geöffnet von Mitte Juni bis Mitte Okt.

23 Betten in Mehrbettzimmern, ein Zweibettzimmer und 65 Schlafplätze in den drei Matratzenlagern, sowie sechs Schlafplätze im Winterraum (100 m von der Hütte entfernt), Trockenraum, Schuhtrockner, Warmwasser, Duschen, WC-Anlagen, Liegestühle und Decken, TV, WLAN, Mobilfunkempfang, nur Barzahlung.

Von Meran ins Passeiertal bis nach Moos und weiter in Richtung Timmelsjoch bis zu einer scharfen Kehre „Timmelsbrücke" (Bushaltestelle) und rechts auf eine Schotterstraße, gleich wieder rechts zum Parkplatz.

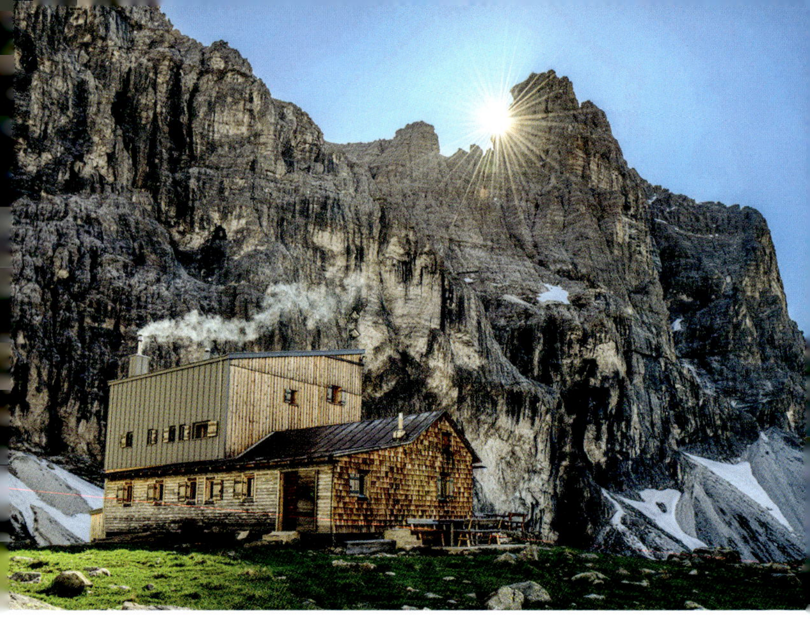

10 | Tribulaunhütte

Sandesjöchl oder Pflerscher Scharte | Hoher Zahn

Mächtig ragt der wuchtige Felsblock des Pflerscher Tribulaun im hintersten Pflerschtal in den Himmel und an dessen Fuß liegt am Sandessee die Südtiroler Tribulaunhütte. Zwei Wanderungen bieten die Gelegenheit, die wenig bekannten südlichen Stubaier Alpen kennenzulernen.

DIE HÜTTE

Die Tribulaunhütte am Sandessee befindet sich auf 2.368 m unterhalb des Pflerscher Tribulaun in den Stubaier Alpen. Wegen des langen Anstiegs aus dem Pflerschtal und nur durch anspruchsvolle Höhenwege erreichbar, ist die Tribulaunhütte nicht selten selbst das Tourenziel. Errichtet wurde das alpine Schutzhaus im Jahr 1892 von der Sektion Magdeburg des DuÖAV als unbewirtschaftete Unterkunft, damals bot es Platz für sieben Personen. Nach dem Ersten Weltkrieg wurde es der Sektion Sterzing des CAI übergeben. In den 1950er-Jahren begann man mit den Planungsarbeiten für die Erweiterung der Tribulaunhütte, bereits 1961 konnte die neue, dreistöckige Hütte ihrer Bestimmung übergeben werden. Nach den Sprengstoffanschlägen der

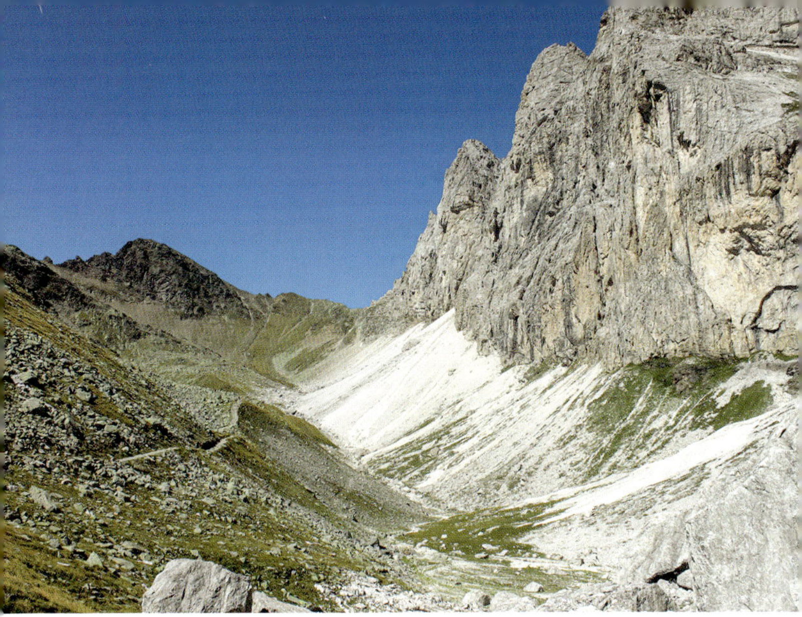

BAS-Aktivisten wurde das Schutzhaus 1964 vom italienischen Militär besetzt und erst 1972 dem CAI rückerstattet.
Knapp drei Jahrzehnte lang bewirtschafteten Paul und Maria Eisendle die Tribulaunhütte, seit dem Jahr 2000 führt deren Tochter Daniela mit ihrem Lebensgefährten Fabrizio diese Tradition weiter, vor Kurzem bauten auch sie die Hütte um und aus.

KULINARIK TIPP

Es hat sich herumgesprochen, dass man auf der Südtiroler Tribulaunhütte gut isst, von den Gästen besonders geschätzt werden die bodenständigen Gerichte. Und wenn man die selber gebackenen Kuchen und Mehlspeisen gekostet hat, dann möchte man gar nicht mehr ins Tal absteigen.

TAG 1: AUFSTIEG ZUR HÜTTE

Der Aufstieg zur Tribulaunhütte beginnt im Talschluss von Pflersch, im Südtiroler Wipptal westlich von Gossensass.
Vom Parkplatz im Weiler Stein (Hinterstein), am Talschluss des Pflerschtales, steigt man zum Bach hinab, überquert die Brücke und wandert in westliche Richtung. Bald erreicht man eine Abzweigung und biegt dort nach rechts in den Weg Nr. 8, der auch mit den Hinweisschildern „Tribulaunhütte" gekennzeichnet ist. Erbarmungslos führt der Weg in mehreren Serpentinen aufwärts. Es folgt eine längere Steilstufe, dann zieht der Weg leicht in östliche Richtung

(rechts), bis man den „Pflerscher Höhenweg“ (Nr. 7) erreicht. Man folgt dem Höhenweg nach links, in leichter Steigung gelangt man in den weiten Kessel unter den steilen Felswänden des Tribulaun. Anmutig steht auf einer kleinen Erhebung östlich des Sandessees die Tribulaunhütte (2.368 m).
Abstieg: Für den Abstieg folgt man dem Aufstiegsweg.

 TAG 1: DIE KURZE HÜTTENTOUR

Auf das Sandesjöchl 2.599 m | Nach dem Hüttenaufstieg kann man noch eine kurze Wanderung auf das Sandesjöchl (auch Pflerscher Scharte genannt) zwischen dem Pflerschtal und dem Tiroler Gschnitztal unternehmen.
Von der Tribulaunhütte (2.368 m) ausgehend wandert man auf dem Weg ins Kar und ignoriert dabei den Weg Nr. 7, der links abbiegt. Vielmehr folgt man dem Weg, der geradeaus bergwärts und schließlich über einige Serpentinen zum Sandesjöchl (2.599 m) führt.
Bei klarem Wetter hat man eine gute Aussicht auf den Habicht (3.277 m) und die Berge des Gschnitztals.
Abstieg: Für den Abstieg folgt man dem Aufstiegsweg.

DÉODAT GRATET DE DOLOMIEU, DER NAMENSGEBER DER DOLOMITEN

Der Name der Gesteinsart „Dolomit“ und somit der Gebirgsgruppe der Dolomiten geht auf das Jahr 1789 zurück und steht in enger Beziehung mit dem Tribulaun. Der französische Naturwissenschaftler Déodat Gratet de Dolomieu entdeckte im Rahmen seiner Reisen durch das südliche Tirol ein neues Gestein. Er fand u. a. am Fuße des Tribulaun eine ungewöhnliche Gesteinsart, die dem Kalkgestein ähnlich sieht. Zwei Jahre später übermittelte er dem Mineralogen Nicolas de Saussure mehrere Proben davon. Die Laboranalysen belegten, dass es sich um ein bis dahin unbekanntes Mineral handelte, das im Gegensatz zum Kalkgestein nicht aufbraust, wenn es mit Salzsäure beträufelt wird. Dolomieu schlug vor, dem Gestein den Namen „Tyrolensis“ zu geben, ging aber davon ab, da das neu entdeckte Mineral auch außerhalb Tirols gefunden wurde. Nachdem auch der irische Geologe und Chemiker Richard Kirwan das Gestein als eigenständiges Mineral anführte und es als „Dolomit“ bezeichnete, setzte sich diese Namensgebung durch.
Noch heute werden die Gesteinsformationen rund um den Tribulaun wegen ihrer geologischen Besonderheiten häufig von Fachleuten besucht.

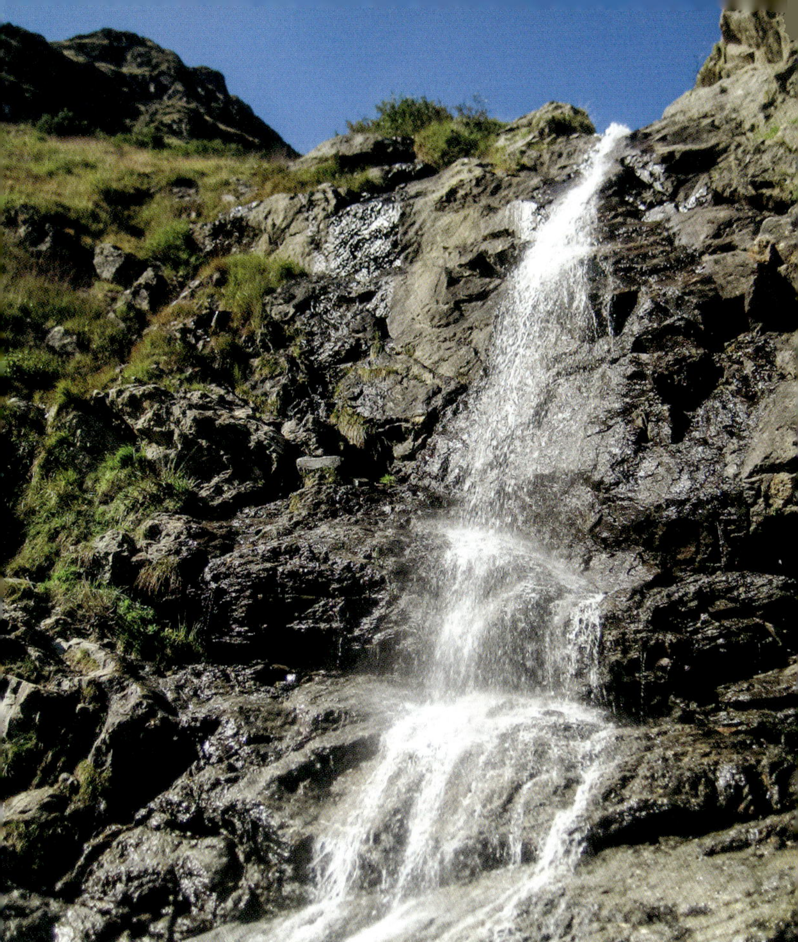

TAG 2: BERGWANDERUNG UND ABSTIEG

Auf den Hohen Zahn 2.924 m | Der Hohe Zahn ist ein markanter Aussichtsgipfel oberhalb der Tribulaunhütte, zwischen dem Sandesjoch und der Weißwandspitze.

Von der Tribulaunhütte (2.368 m) folgt man dem Weg, der ins Kar und in Richtung Sandesjoch führt. Bei der Weggabelung biegt man links ab und folgt der Nr. 7. Der Routenverlauf führt nun durch steilere Stufen und Flachstücke bergwärts und nähert sich dem Grenzkamm. Am Kamm hält man sich links und steigt über auffallende Gletscherschliffe, quert den Osthang, dreht etwas nach rechts und erreicht nach wenigen Höhenmetern den Gipfel des Hohen Zahns (2.924 m).

Abstieg: Für den Abstieg zur Tribulaunhütte und weiter zum Ausgangspunkt im Tal folgt man dem Aufstiegsweg.

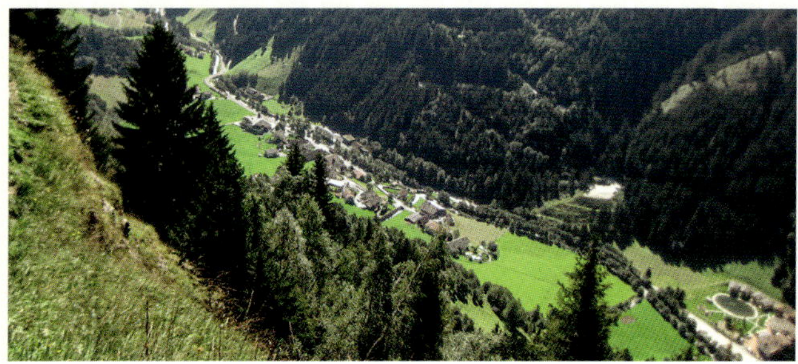

INFOS IN KÜRZE

TAG 1: AUFSTIEG UND HÜTTENTOUR

Aufstieg zur Tribulaunhütte
Aufstieg: 2 h 40 min, Abstieg: etwa 2 h 15 min
5,5 km
909 Hm im Aufstieg

Tour Sandesjöchl
Einfache Bergwanderung ohne besondere technische Schwierigkeiten. Die Scharte ist nicht nur eine Staatsgrenze, sondern öfters auch eine Wetterscheide.
Aufstieg ab der Tribulaunhütte: 1 h, Abstieg: 40 min
3,7 km
333 Hm Aufstieg und Abstieg

TAG 2: BERGWANDERUNG UND ABSTIEG

Tribulaunhütte – Hoher Zahn und Abstieg nach Innerpflersch
Mittelschwere Bergwanderung, ohne technische Schwierigkeiten, die allerdings gute Sichtverhältnisse, Trittsicherheit und etwas Ausdauer (langer Abstieg) verlangt.
Ab der Tribulaunhütte: 4 h 15 min
10,2 km
553 Aufstieg, 1.464 Abstieg

DIE HÜTTE

Südtiroler Tribulaunhütte (Rifugio Cesare Calciati al Tribulaun)
Daniela Eisendle und Fabrizio Ballerini
Pflersch, Gossensass
Tel. 0472 632470 oder 349 0548132
www.tribulaunhuette.com
info@tribulaunhuette.com

Geöffnet vom 1. Juli bis 30. Sept.
17 Betten in Vier-, Drei- und Zweibettzimmern (Stockbetten) ohne Dusche, zwei Matratzenlager mit jeweils zehn Schlafplätzen (Stockbetten). Zwei Waschräume mit Kaltwasser, Warmwasserdusche (gegen Gebühr). WC-Anlagen, Mobilfunkempfang im Freien, nur Barzahlung.

Auf der Brennerstaatsstraße vom Brenner oder von Sterzing bis nach Gossensass und in das Pflerschtal abbiegen. Nach 9 km erreicht man die Ortschaft St. Anton. Auf der linken Talseite fährt man weiter bis zum Weiler „Stein". Nach links auf der Schotterstraße (nicht über die Brücke) und dort weiter bis zum kleinen Parkplatz.

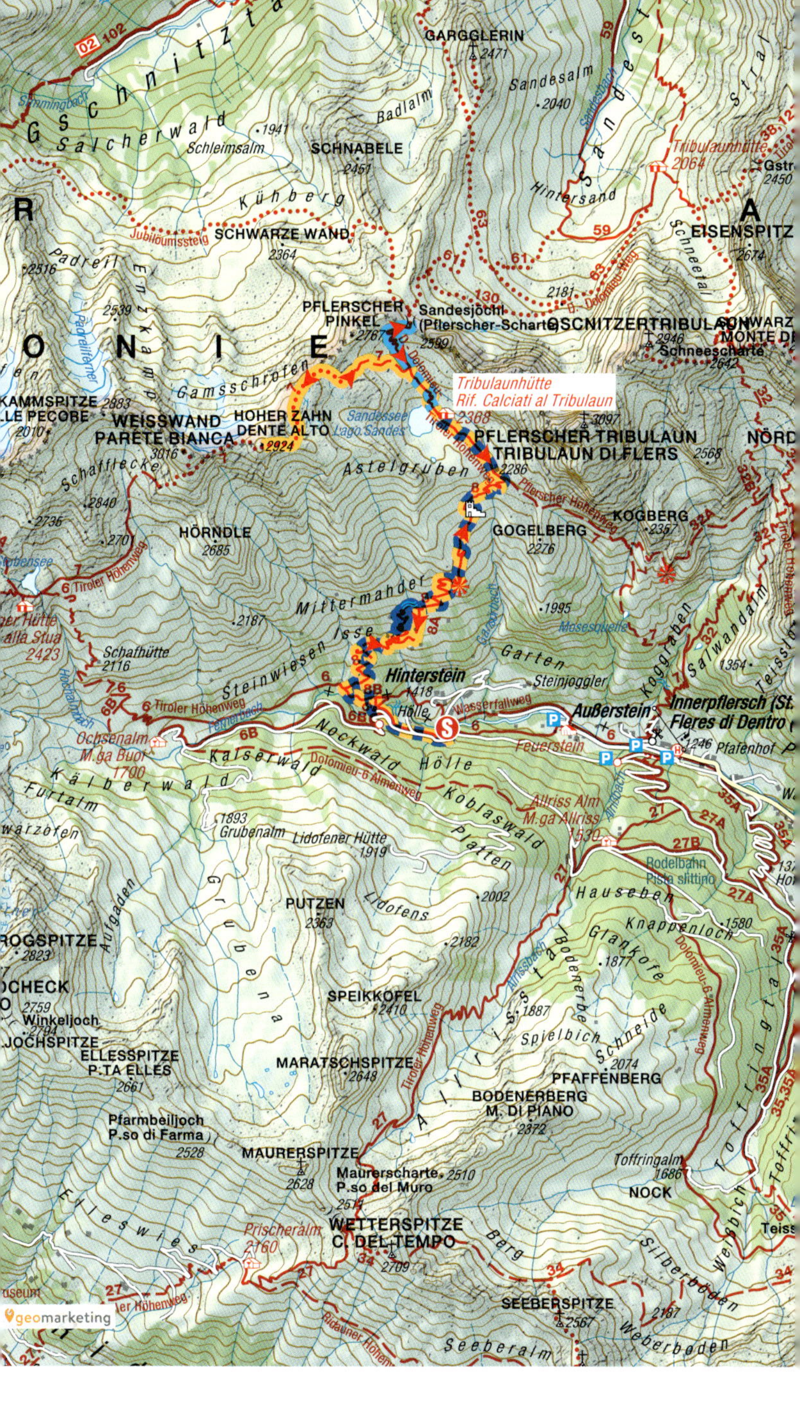

GARGGLERIN
Sandesalm
SCHNABELE
Schleimsalm
Salcherwald
Kühberg
SCHWARZE WAND
Jubiläumssteig
Tribulaunhütte
2064
Hintersand
EISENSPITZ
PFLERSCHER PINKEL
Sandesjöchl (Pflerscher-Scharte)
Schneescharte
Gamsschrofen
Tribulaunhütte
Rif. Calciati al Tribulaun
WEISSWAND
PARETE BIANCA
HOHER ZAHN
DENTE ALTO
Sandessee
Lago Sandes
PFLERSCHER TRIBULAUN
TRIBULAUN DI FLERS
Astelgruben
Schafflecke
HÖRNDLE
GOGELBERG
KOGBERG
Pflerscher Höhenweg
Mittermahder
Tiroler Höhenweg
Schafhütte
Steinwiesen
Garten
Steinjoggler
Hinterstein
Höllе
Wasserfallweg
Außerstein
Innerpflersch
Fleres di Dentro
Pfafenhof
Feuerstein
Ochsenalm
M.ga Buoi
1700
Nockwald
Kaiserwald
Kälberwald
Dolomieu-6 Almenweg
Koblaswald
Allriss Alm
M.ga Allriss
Grubenalm
Lidofener Hütte
Platten
Rodelbahn
Pista slittino
Hauseben
PUTZEN
Lidofens
Knappenloch
Glankofe
SPEIKKOFEL
Spielbich
Schneide
MARATSCHSPITZE
PFAFFENBERG
ELLESSPITZE
P.TA ELLES
BODENERBERG
M. DI PIANO
Pfarmbeiljoch
P.so di Farma
MAURERSPITZE
Maurerscharte
P.so del Muro
Toffringalm
NOCK
Prischeralm
WETTERSPITZE
C. DEL TEMPO
Berg
Silberboden
SEEBERSPITZE
Seeberalm
Weberboden
geomarketing

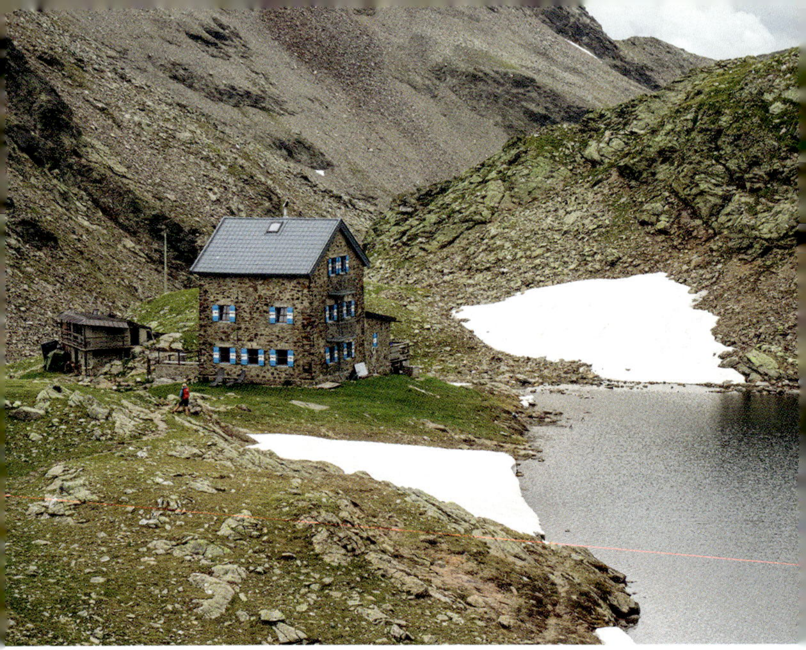

11 | Flaggerschartenhütte

Tagewaldhorn | Jakobsspitze und Schrotthorn

Die Flaggerschartenhütte am gleichnamigen See ist das „Basislager" für zwei schöne Entdeckungstouren am Ostkamm der Sarntaler Alpen, bei denen man gleich vier Gipfelerlebnisse genießen kann.

 DIE HÜTTE

Mitten in der ernsten Berglandschaft der Sarntaler Alpen, zwischen dem Durnholzer Tal im Westen und dem Flaggertal im Osten, steht auf der Flaggerscharte auf 2.481 m die Flaggerschartenhütte.
Dort oben trotzt das kleine steingemauerte Schutzhaus seit jeher den Wetterkapriolen und bietet seinen Gästen in getäfelten Zimmern eine behagliche Unterkunft. Gemütlich ausgestattet ist auch die Gaststube, und auf der kleinen Sonnenterrasse lässt es sich herrlich entspannen. Besonders nachdem die Tagesgäste wieder ins Tal gezogen sind, kann man den Reiz und die Romantik dieser kleinen Hütte in vollen Zügen genießen. Ruhe und Erholung findet man bei Schönwetter zudem am Ufer des bezaubernden Hüttensees.
Die Flaggerschartenhütte, auch unter dem Namen Marburg-Siegener Hütte bekannt, wird seit dem Jahr 1914 mit Unterbrechungen bewirtschaftet. Ein leichtes Unterfangen ist das nicht, denn sie ist nur

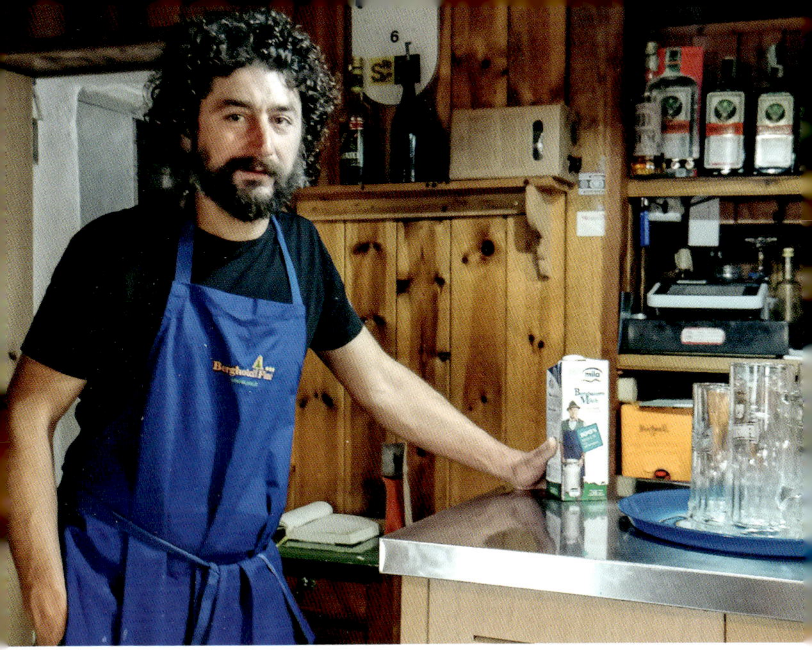

zu Fuß über lange Zustiegswege erreichbar, der Materialtransport erfolgt ausschließlich mit dem Hubschrauber oder mühevoll mit Rückentragen.

Seit zwei Jahren stellt sich das Hüttenwirtepaar Maura Dalbosco und Mauro Ghizzi dieser Herausforderung, sie führen das Schutzhaus mit Herzblut und überraschen mit einer ausgezeichneten Küche.

Da die Flaggerschartenhütte ein wichtiger Stützpunkt auf der „Hufeisentour" ist, sollte man den Aufenthalt vorzeitig reservieren.

KULINARIK TIPP

Maura und Mauro setzen auf eine einfache Küche mit erstklassigen Produkten. Wer den Abend mit einer guten Flasche Wein abrunden möchte, der wird sich beim Blick in die Weinkarte freuen.

TAG 1: AUFSTIEG ZUR HÜTTE

Vom malerischen Durnholzer See wandert man an der Flanke des urigen Seebachtals entlang, bis man am Fuße des Hörtlaners und der Jakobsspitze die Flaggerscharte erreicht, die auf 2.436 m den Übergang zum Flaggertal bildet.

Wir wandern am westlichen Ufer des Durnholzer Sees (1.558 m) entlang und folgen dem Weg Nr. 16. Leicht ansteigend erreichen wir, zuerst über die Höfezufahrt und dann ab der Straßenkehre geradeaus dem Forstweg folgend, das Seebachtal. Nun steigen wir mäßig steil

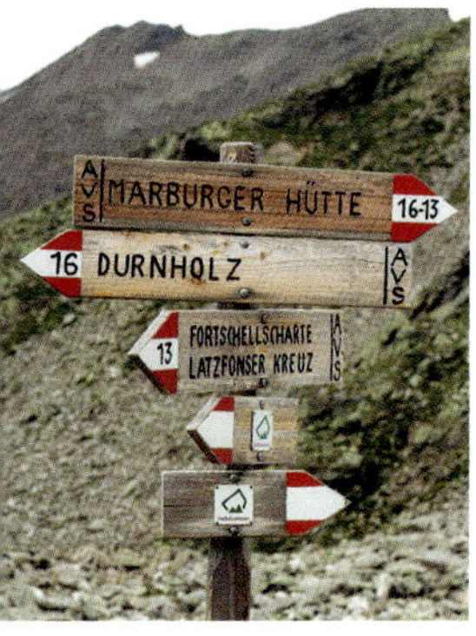

durch den Wald bis zur Seebachalm auf (1.808 m) und wandern, ohne technische Schwierigkeiten und immer noch dem Weg Nr. 16 folgend, an der Talflanke entlang. Oberhalb der Baumgrenze queren wir Latschenfelder und einen offenen Talkessel und steigen über Blockwerk bis zur Flaggerscharte auf. Hier gehen wir nach links und gelangen in wenigen Minuten zur Flaggerschartenhütte am gleichnamigen See (2.481 m).
Abstieg: Für den Abstieg folgt man dem Aufstiegsweg.

TAG 1: DIE KURZE HÜTTENTOUR

Tagewaldhorn 2.708 m | Eine kurze, aber knackige Gipfelwanderung in unmittelbarer Nähe der Hütte, auf der man auf das geheimnisvolle Gipfelszenario der Sarntaler Alpen blicken kann.
Von der Flaggerschartenhütte wandert man auf Weg Nr. 13 in nördliche Richtung. Kurz vor einem Sattel (rechts von der Hörtlanerspitze) zweigt der Steig Nr. 15A relativ flach nach rechts ab. Der felsige Weg führt dann über Schutt und Geröll zum Ostgrat des Tagewaldhorns. Etwas ausgesetzt steigt man über den Grat ohne besondere technische Schwierigkeiten in eine Scharte und zum Gipfel des 2.708 m hohen Berges empor.
Abstieg: Für den Abstieg folgt man dem Aufstiegsweg.

DIE HUFEISENTOUR

Die mehrtägige „Hufeisentour“ in den Sarntaler Alpen ist ein alpiner Klassiker, der in den letzten Jahren einen wohlverdienten Aufschwung erlebt hat. Die Route verläuft von Hütte zu Hütte und durch (meist) menschenleere Gebirgslandschaften nördlich der Landeshauptstadt Bozen.
In sieben Etappen wandert man über das Rittner Horn zum Latzfonser Kreuz und weiter über die Flaggerscharte ins Sarntal bis nach Meran 2000. Die Route verläuft durch felsiges Gelände, dichte Latschenfelder und urige Almen, stets von traumhaften Panoramen begleitet, über die Hochfläche des Salten bis nach Jenesien und nach Bozen. Voraussetzung für die Tour sind eine gute körperliche Verfassung, individuelle Tourenplanung sowie eine rechtzeitige Vormerkung auf den Schutzhütten. Zwischen Juni und Ende September bieten sich die meisten Einzeletappen auch als Tageswanderung an.
Info: www.sarntal.com, Stichwort: Höhenweg „Hufeisentour“

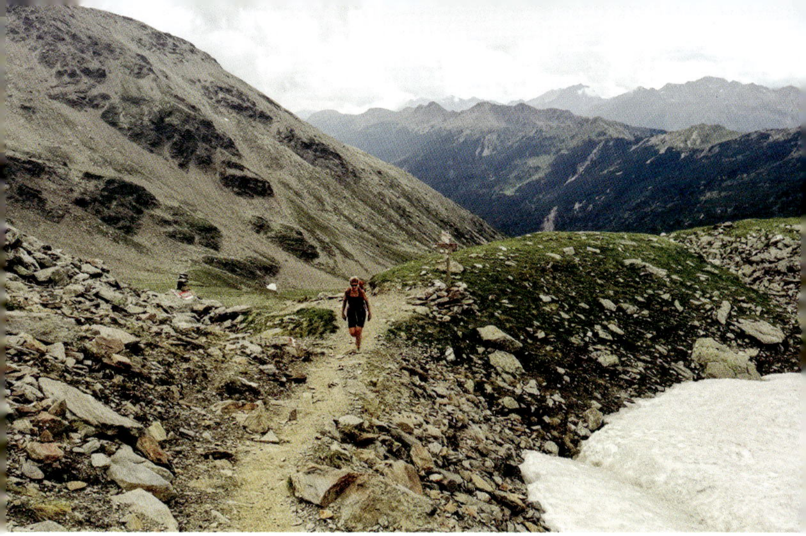

TAG 2: BERGWANDERUNG UND ABSTIEG

Flaggerschartenhütte – Jakobsspitze und Gebirgskammüberschreitung mit Abstieg nach Durnholz | Die lange und technisch nicht anspruchsvolle Gebirgskammüberschreitung in den Sarntaler Alpen beginnt an der Flaggerscharte und verläuft über die Jakobsspitze, das Tellerjoch, die Foltschenaispitze und die Leierspitze bis zum Schrotthorn. Von hier geht es zurück nach Durnholz.

Nach dem Frühstück steigen wir von der Flaggerschartenhütte über den Grat zum Gipfel der Jakobspitze auf. Der Steig Nr. 13B, auf dem man etwa 300 Höhenmeter überwindet, ist technisch nicht schwierig, er verlangt aber Trittsicherheit, auch sollte man keine Angst bei Tiefblicken haben. Nachdem man die anspruchsvollste (mit Stahlseil gesicherte) Stelle überwunden hat, ist die höchste Erhebung der Tour, die Jakobsspitze auf 2.742 m erreicht.

Vom Gipfel folgt man der Markierung Nr. 5A und steigt über den SW-Grat zum Tellerjoch (2.520 m). Hier zweigt man nach links und weiter in leichtem Gefälle (Weg Nr. 13, Hufeisentour) zur nahe gelegenen Foltschenaispitze (2.403 m). Der Wanderweg führt über die schöne weite Alm, die früher für militärische Schießübungen (Mörsergranaten) genutzt wurde.

Bald erreichen wir die Pfannscharte (2.381 m) und nach einem kurzen Aufstieg die Leierspitze (2.542 m). Bei unsicherer Witterung kann man hier eine Abkürzung nach rechts wählen und am Weg Nr. 13 absteigen.

Nach der Leierspitze folgt man der Markierung 4B und erreicht das 2.500 m hohe Schrotthorn. Anschließend steigt man hinab zur Schalderer Scharte, biegt nach rechts (Nr. 4) und wandert an der Flanke des Großalmtales (Weg Nr. 5) bis zum Bachmannhof und hinunter zum Parkplatz unterhalb des Durnholzer Sees.

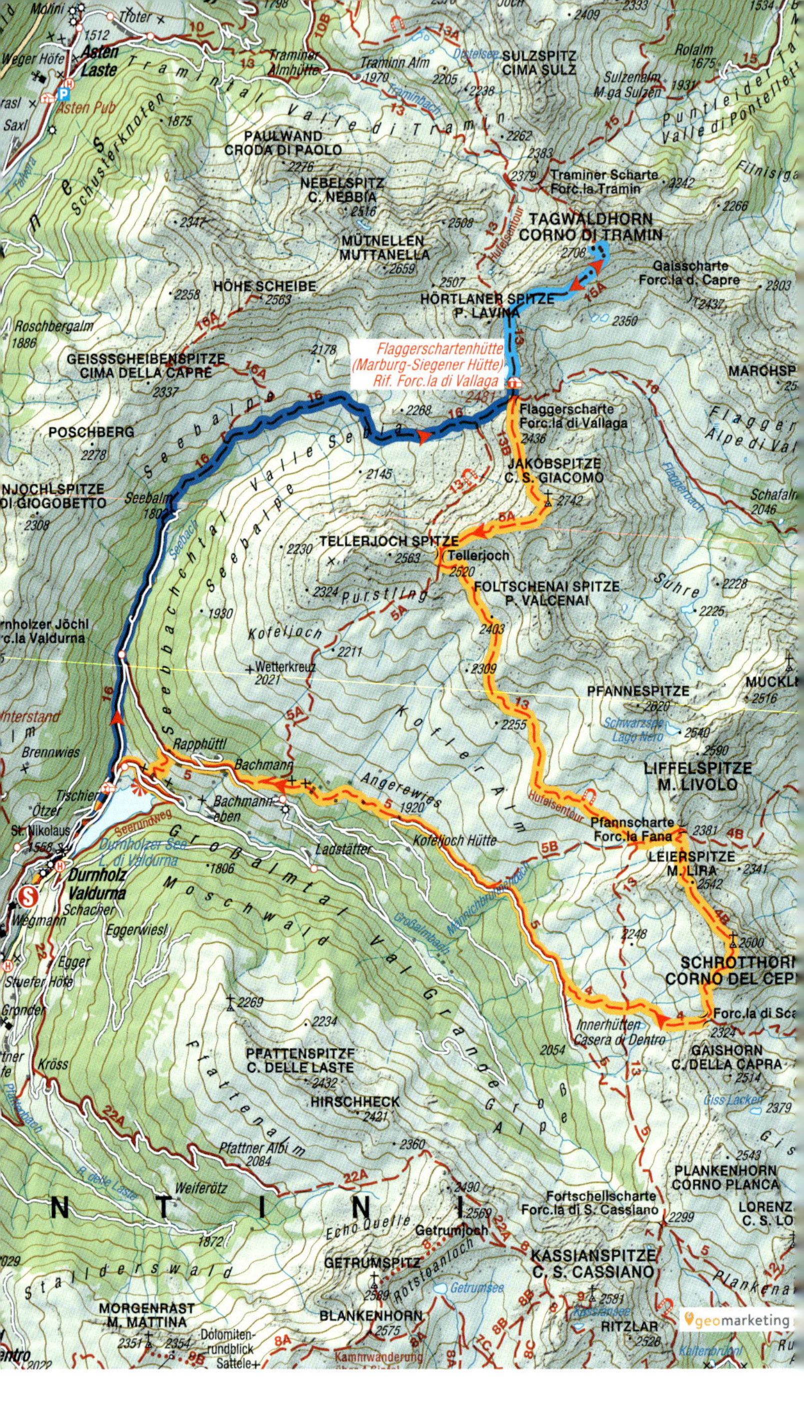

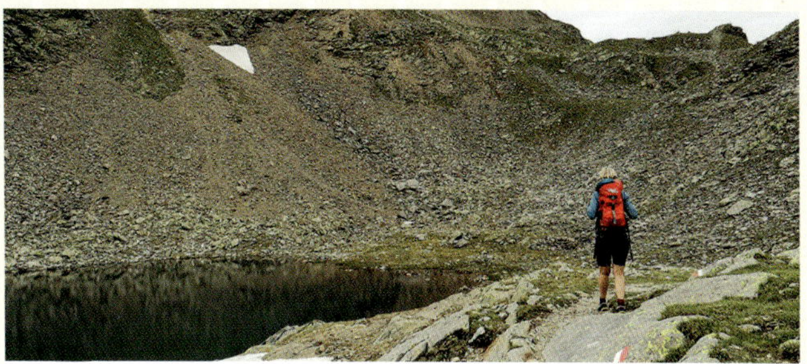

INFOS IN KÜRZE

TAG 1: AUFSTIEG UND HÜTTENTOUR

Aufstieg zur Flaggerschartenhütte
Aufstieg: 3 h 15 min, Abstieg: knapp 2 h
7,2 km
975 Hm im Aufstieg

Tour Tagewaldhorn
Mittelschwere Bergtour ohne besondere technische Schwierigkeiten. Trittsicherheit und Schwindelfreiheit im ausgesetzten Gelände erfordert der Weg unterhalb des Gipfels.

Aufstieg ab der Flaggerschartenhütte: 1 h, Abstieg: etwa 30 min
3,4 km
338 Hm Aufstieg und Abstieg

TAG 2: BERGWANDERUNG UND ABSTIEG

Flaggerschartenhütte – Jakobsspitze – Schrotthorn und Abstieg zum Durnholzer See
Mittelschwere Hochgebirgswanderung, ohne technische Schwierigkeiten, die allerdings in einigen Passagen Schwindelfreiheit, Trittsicherheit und Orientierungsvermögen verlangt.

Ab der Flaggerschartenhütte: 5 h 50 min
15,8 km
698 Hm Aufstieg, 1.672 Hm Abstieg

DIE HÜTTE

Flaggerschartenhütte (Marburg-Siegener Hütte, Rifugio Forcella Vallaga)
Maura Dalbosco und Mauro Ghizzi
Tel. 347 8284867 oder 340 9372144
www.flaggerscharten.it
Kontaktformular auf der Website.

Geöffnet von Mitte Juni bis Mitte Okt.

14 Betten in Mehrbettzimmern (4 und 2 Betten) und 20 Schlafplätze im Matratzenlager. Hüttenschlafsäcke sind Pflicht, Duschmöglichkeit vorhanden, schlechter Mobilfunkempfang, nur Barzahlung.

Über die Brenner-Autobahn oder über die Schnellstraße MeBo von Meran nach Bozen. Durch mehrere Tunnels ins Sarntal bis zum gebührenpflichtigen Parkplatz unterhalb des Durnholzer Sees. Alternativ: Von Sterzing über die kurvenreiche Straße über das Penser Joch bis nach Astfeld und Durnholz.

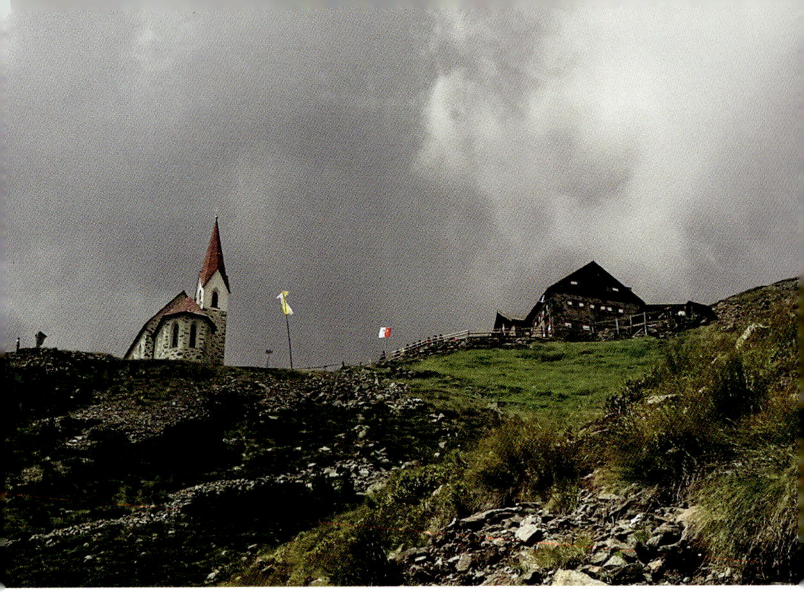

12 | Schutzhaus Latzfonser Kreuz

Getrumsee | Kassian- und Samspitze

Beim Latzfonser Kreuz spürt man nicht nur die Erhabenheit der Gebirgslandschaft, sondern auch die Glaubenskraft, die dieser Ort am Übergang zwischen dem Eisack- und dem Sarntal, ausstrahlt. Für Bergwanderer ist das Schutzhaus der ideale Ausgangspunkt für eine Tour zum Getrumsee und zu den aussichtsreichen Berggipfeln.

 DIE HÜTTE

Das Schutzhaus am Latzfonser Kreuz (2.311 m) ist eigentlich eine Pilgerherberge, die Wallfahrtskirche und der Kreuzweg werden täglich von ins Gebet vertieften Gläubigen besucht. Diese stärken sich in der Hütte mit einer kräftigen Mahlzeit und ziehen wieder talwärts. In vielen Reiseführern ist das Latzfonser Kreuz als die „höchstgelegene Wallfahrtskirche Europas" angeführt. Ob dies wirklich stimmt, darf bezweifelt werden. Aber spektakulär ist der Wallfahrtsort jedenfalls und sein Dolomitenpanorama ebenso.

„Gipfelstürmer" zieht es auf das Latzfonser Kreuz, da sie ab der Hütte in drei bis vier Stunden Gehzeit gleich drei Berggipfel besteigen können: die Kassianspitze (2.581 m) und ihre beiden Nebengipfel Samspitze (2.563 m) und Ritzlar (2.528 m).

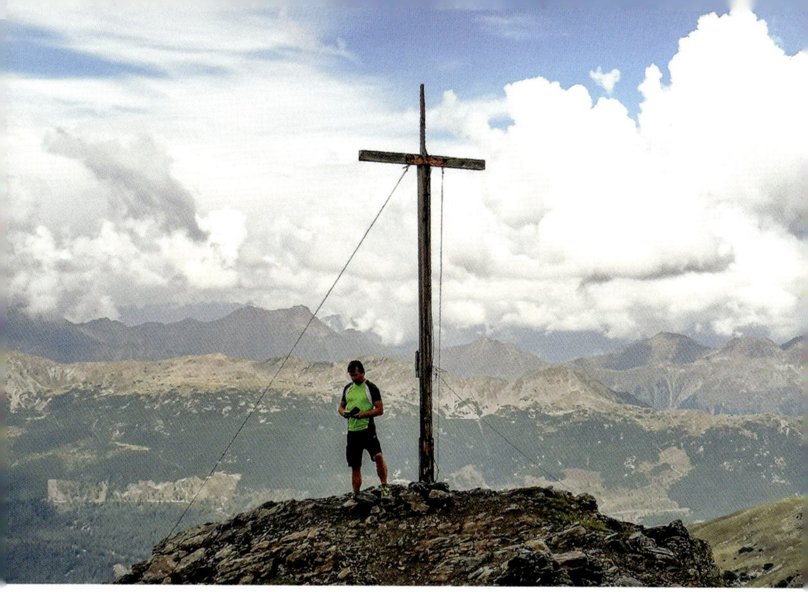

Das ursprüngliche Schutzhaus wurde bereits am Beginn des 19. Jh. als einfaches Pilgerhospiz erbaut, brannte 1850 bis auf die Grundmauern nieder und wurde als einfache Hütte wieder aufgebaut, diese verfiel jedoch ebenfalls. 1947 kaufte der Latzfonser Pfarrer die Ruine und baute sie mit der Hilfe von Freiwilligen sowie Geld- und Sachspenden wieder auf, 1952 konnte der Hüttenbetrieb wieder aufgenommen werden.
Seit Sommer 2018 wird das Schutzhaus von Katja und Klaus Gietl bewirtschaftet. Es bietet in seinen Gaststuben und auf der großen Sonnenterrasse jede Menge Platz für die Gäste.

KULINARIK TIPP

Die neuen Hüttenwirte sind bestrebt, die Tradition ihrer Vorgänger weiterzuführen und bereiten Tiroler Speisen wie Knödel, Gerstensuppe und Lammeintopf täglich frisch zu. Die Gäste schätzen das vorzügliche „Bergsteigermenü“ und die regionalen Weine.

TAG 1: AUFSTIEG ZUR HÜTTE

Der Aufstieg zum Latzfonser Kreuz beginnt am Parkplatz Kühhof (1.550 m) oberhalb von Latzfons im unteren Eisacktal.
Der bequeme Wanderweg (Markierung Nr. 1) führt vom Parkplatz sanft ansteigend durch einen schönen Wald zur Klausner Hütte (1.923 m). Nach der Hütte folgen wir der Almstraße und wandern über einige Kehren bis zu den Runggerer Hütten und von dort weiter bis zum Beginn der „Via Crucis“, der 15 Stationen folgen. Beim

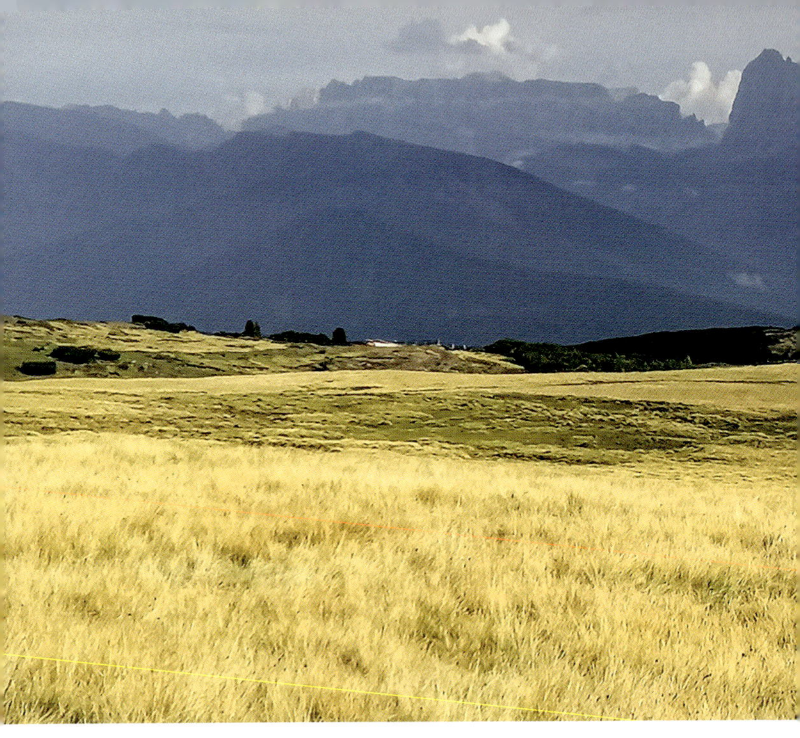

Kaltenbrünnl überquert der Weg den Plankenbach, führt anschließend steil bis zur 15. Station des Kreuzweges und zur Wallfahrtskirche auf 2.311 m Höhe. Das Schutzhaus mit seiner schönen Aussichtsterrasse liegt nur wenige Meter oberhalb der Kirche.
Abstieg: Für den Abstieg folgt man dem Aufstiegsweg.

DER SCHWARZE HERRGOTT AM LATZFONSER KREUZ

Die Tradition der Verehrung des Schwarzen Herrgotts vom Latzfonser Kreuz begann im Jahre 1700, als man am Fuße des Ritzlar ein mit Ochsenblut und Pech bemaltes Kruzifix, den „Schwarzen Herrgott", aufstellte. Der Ort wurde bald ein viel besuchtes Ziel von Wallfahrern und Bittgängern, etwa vierzig Jahre später errichtete man eine Kapelle. In der Mitte des 19. Jh. wurde diese erweitert, seither leuchtet das Bergkirchlein mit seiner weißen Fassade und dem rostroten Dach, dass man es auch von der Ferne gut erkennen kann.
Im Laufe des Sommers finden verschiedene Bittgänge zum Latzfonser Kreuz statt, das sich stolz als „höchster Wallfahrtsort Europas" bezeichnet.

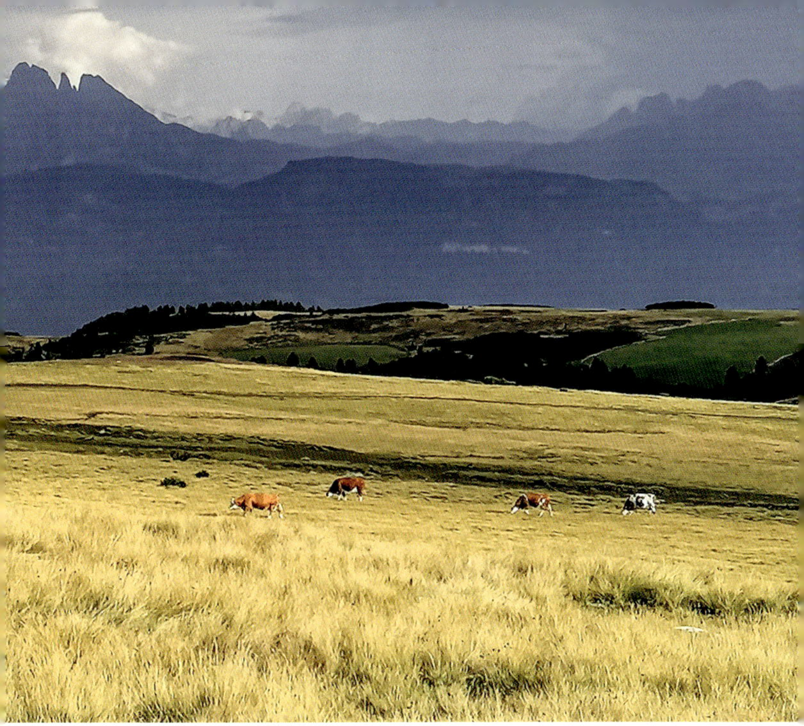

 TAG 1: DIE KURZE HÜTTENTOUR

Zum Getrumsee 2.425 m | Eine kurze Wanderung vom Schutzhaus Latzfonser Kreuz über das „Lückl" (2.370 m) und über die Almwiesen zum Getrumsee unterhalb der Getrumspitze und des Plankenhorns.
Vom Schutzhaus (2.311 m) schlägt man den Weg Nr. 7 ein, der nach Westen zur Gratsenke des „Lückl" (2.370 m) führt. Vom Grat steigt man in leichtem Gefälle über den steinigen Weg bis zur ersten Abzweigung und folgt den markanten Steigspuren nach rechts (nicht immer gut erkennbar mit Nr. 7C markiert) bis zur zweiten Gabelung mit Weg Nr. 8A. Auf diesem steigen wir die letzten Höhenmeter zum schönen Getrumsee auf 2.425 m, der in eine Mulde gebettet am Fuße der Getrumspitze und des Plankenhorns liegt.
Abstieg: Für den Rückweg folgt man dem Aufstiegsweg.

 TAG 2: BERGWANDERUNG UND ABSTIEG

Dreigipfelrunde: Überschreitung von Ritzlar, Kassianspitze und Samspitze, Rückkehr zum Kühhof | Die Überschreitung des Ritzlar (2.528 m), der Kassianspitze (2.581 m) und der Samspitze (2.563 m) ab der Schutzhütte am Latzfonser Kreuz ist eine klassische Bergwanderung in den Sarntaler Alpen.

Links vom Schutzhaus beginnt der Steig über den steilen Grat, den man in leichter Kletterei (I. Grad/Drahtseilsicherung) und mit etwas Trittsicherheit problemlos überwindet. Nach etwa zehn Minuten steht man am ersten Gipfel, dem Ritzlar (2.528 m). Von hier steigt man über den Grat wenige Höhenmeter in eine kleinere Scharte hinab und folgt erneut dem Grat zum Gipfelkreuz der Kassianspitze (2.581 m). Am höchsten Punkt dieser Wanderung sollte man eine ausgedehnte Rast einlegen und und das Dolomitenpanorama genießen. Besonders schön ist der Blick zur Geislergruppe.

Von der Kassianspitze führt der Weg Nr. 9 in westliche Richtung in eine tiefer gelegene Scharte und von dort leicht ansteigend über den schmalen Grat bis zur Samspitze (2.563 m). Von hier geht es zurück in die Scharte und über den Weg Nr. 9 nach rechts, vorbei am Kassiansee und hinunter zum Schutzhaus.

Vom Latzfonser Kreuz steigt man über die Aufstiegsroute wieder zur Klausener Hütte ab und wandert gemütlich über den Forstweg zurück zum Parkplatz Kühhof.

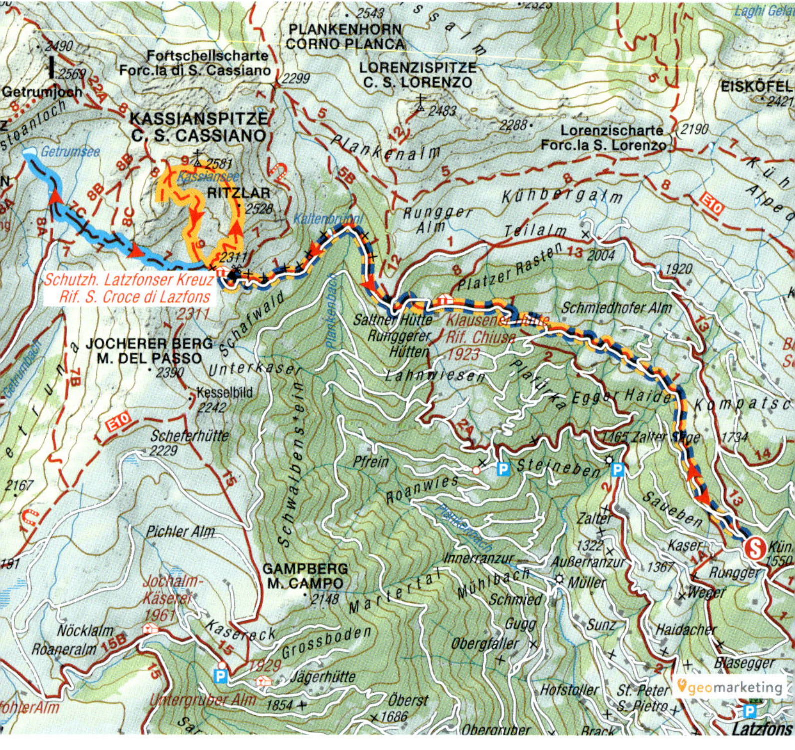

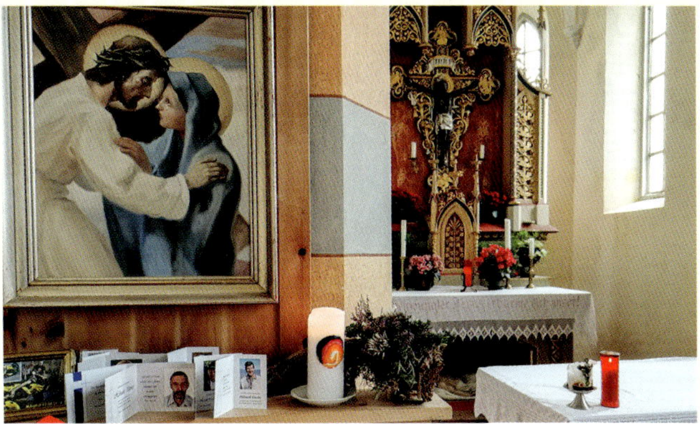

INFOS IN KÜRZE

TAG 1: AUFSTIEG UND HÜTTENTOUR

Aufstieg zum Latzfonser Kreuz
Aufstieg: 2 h 45 min, Abstieg: knapp 2 h
6,3 km
744 Hm im Aufstieg

Tour zum Getrumsee
Einfache Bergwanderung
Hinweg ab Schutzhaus Latzfonser Kreuz: 45 min, Rückweg: 45 min
4,3 km
238 Hm Aufstieg und Abstieg

TAG 2: BERGWANDERUNG UND ABSTIEG

Schutzhaus Latzfonser Kreuz – Ritzlar, Kassianspitze und Samspitze, Abstieg zum Kühhof
Mittelschwere Tour, für trittsichere und schwindelfreie Bergwanderer geeignet. Der Aufstieg über den Grat zum Ritzlar erfolgt in leichter Kletterei über felsiges Gelände (I. Grad – Stahlseilsicherungen).
Ab dem Schutzhaus Latzfonser Kreuz: 3 h 30 min
9,2 km
329 Hm Aufstieg, 1.071 Hm Abstieg

DIE HÜTTE

Schutzhaus Latzfonser Kreuz (Heiligkreuzhütte)
Klaus Gietl
Mooswiesenweg 3
Feldthurns
Tel. 0472 545017 oder 334 1145608
www.latzfonserkreuz.com
info@latzfonserkreuz.com

Geöffnet von Anf. Juni bis Ende Okt.
13 Betten in drei Doppelzimmern, einem Sechsbett- und einem Einzelzimmer, 30 Schlafplätze im Matratzenlager, Gemeinschaftswaschraum mit Warmwasserdusche, nur Barzahlung.
Über Brixen nach Klausen und weiter über Feldthurns nach Latzfons. Dort folgt man der Beschilderung zum gebührenfreien Parkplatz „Kühhof“.

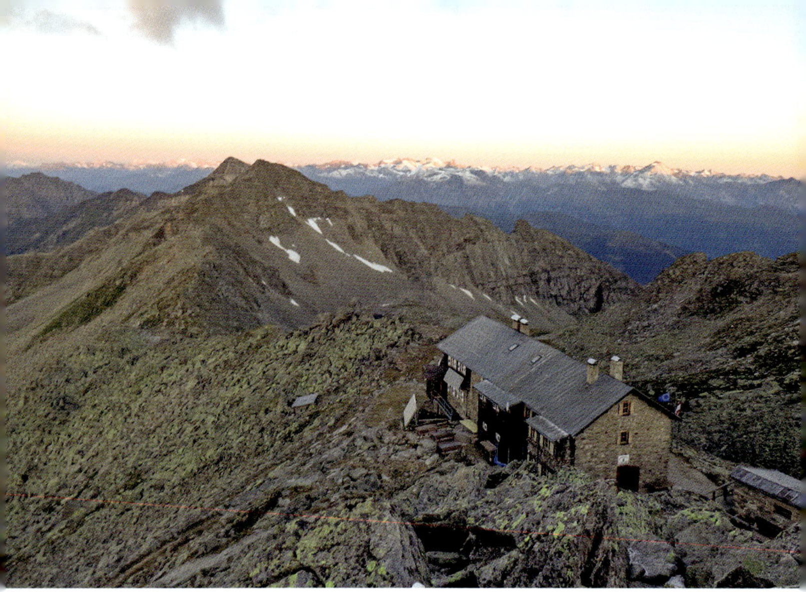

13 | Europahütte

Wildseespitz | Kraxentrager

Der Aufenthalt in der Europahütte, ehemals Landshuter Hütte, ist im wahrsten Sinne des Wortes eine Grenzerfahrung, denn die Staatsgrenze zwischen Italien und Österreich verläuft genau durch den Gastraum der Hütte. Von der Europahütte erreicht man bequem die Wildseespitze und den nahe gelegenen Dreitausender, den Kraxentrager.

 DIE HÜTTE

Die Europahütte ist ein alpines Schutzhaus auf 2.693 m Höhe zwischen dem Südtiroler Pfitschtal und dem Nordtiroler Venntal. Dazwischen und sogar mitten durch die Hütte verläuft die Grenze zwischen Italien und Österreich.

Das Schutzhaus wurde Ende des 19. Jh. von der Sektion Landshut des DuÖAV errichtet und immer wieder erweitert und erneuert. Nach mehreren Jahrzehnten des langsamen Verfalls wurde die Hütte, oder besser gesagt ein Teil davon, zu Beginn der 1970er-Jahre wiedereröffnet. Die Hütte wird seit 1989, ganz im Sinne der europäischen Zusammenarbeit, von der DAV-Sektion Landshut und der Sektion Sterzing des CAI gemeinsam verwaltet und von der Familie Holzer aus dem Pfitschtal geführt. Kürzlich hat der legendäre Hüttenwirt Helmuth Holzer die Führung an seinen Sohn Florian übergeben.

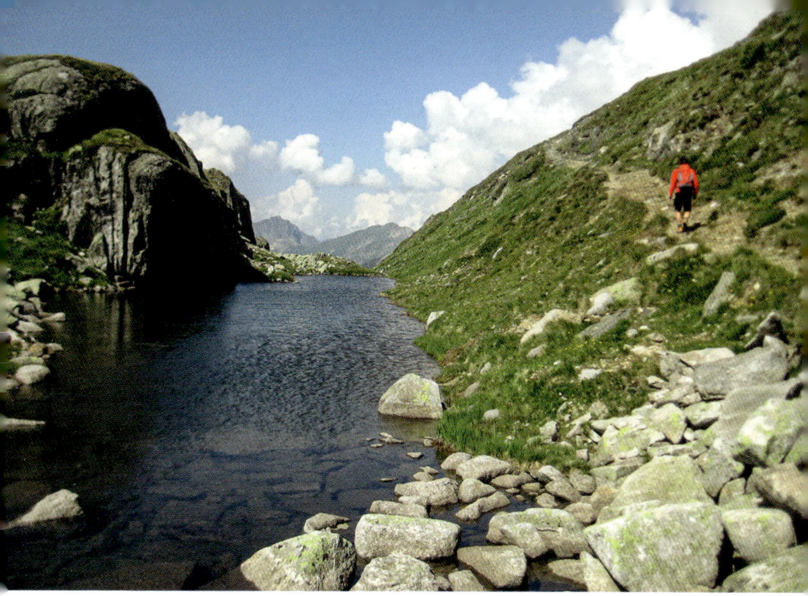

KULINARIK TIPP

Die Wirtsleute bereiten bodenständige, traditionelle Gerichte und Klassiker der italienischen Küche. Grenzenlos gut schmecken hier auf der Europahütte besonders der Kaiserschmarrn und das Knödel-Tris.

TAG 1: AUFSTIEG ZUR HÜTTE

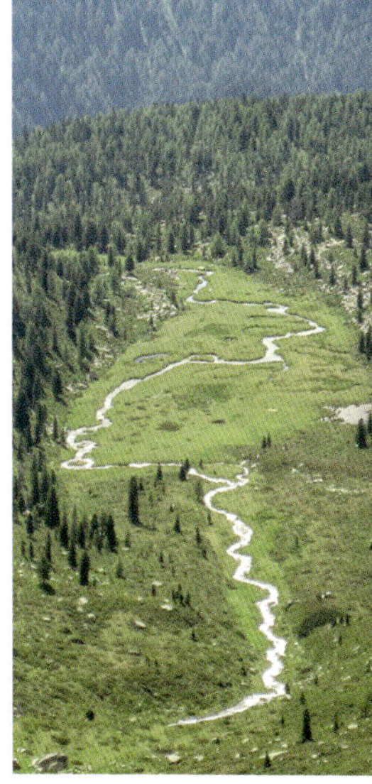

Die Europahütte erreicht man über den steilen Anstieg von St. Jakob in Pfitsch im Südtiroler Wipptal über die Beilsteinalm und den Landshuter Höhenweg.

Von St. Jakob im hinteren Pfitscher Tal (1.449 m, Parkmöglichkeit in der Nähe des Sportplatzes) geht man von der Landstraße in die Ortsmitte und steigt über den bewaldeten Hang, dem Verlauf des Naglerbaches folgend, ziemlich steil (Weg Nr. 3B) bergwärts bis zur Beilsteinalm (2.019 m). Nachdem man die Alm überquert hat, überwindet man eine weitere Stufe (immer noch Weg Nr. 3B) und erreicht den Landshuter Höhenweg (Nr. 3), der nach links zur Europahütte und rechts zum Pfitscher Joch führt. Man folgt dem Weg in westliche Richtung (links) und gelangt über Schrofen und Felsblöcke zur Europahütte, die erhaben auf der Gratkuppe der Friedrichshöhe auf 2.693 m steht.

Abstieg: Für den Abstieg folgt man dem Aufstiegsweg.

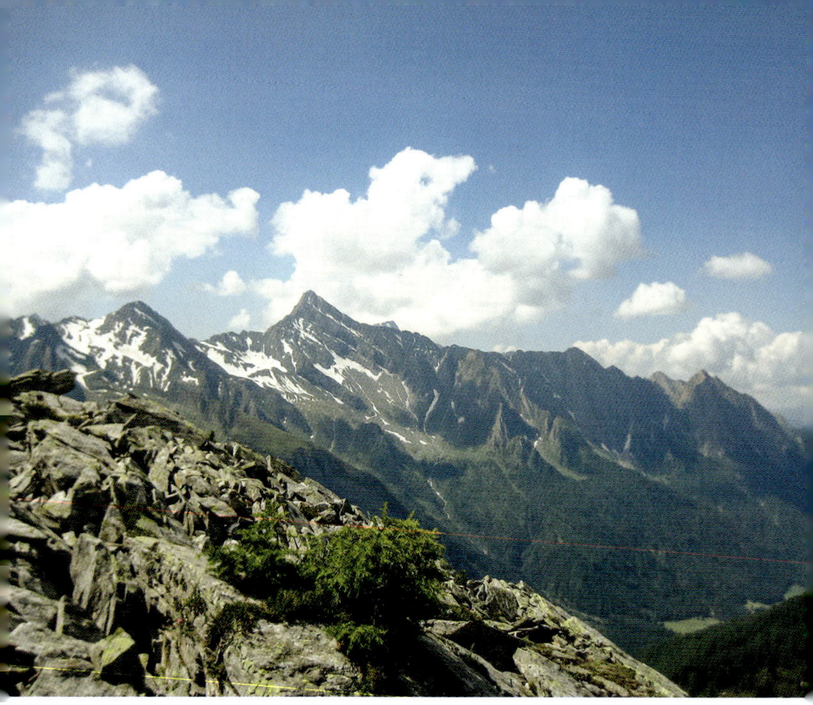

TAG 1: DIE KURZE HÜTTENTOUR

Auf die Wildseespitze 2.733 m | Wenn die Kraft und die Zeit nach dem Hüttenaufstieg noch vorhanden sind, kann man von der Europahütte über den felsigen Kamm noch zur Wildseespitze wandern.

Der Weg Nr. 3 folgt von der Hütte dem italienisch-österreichischen Grenzverlauf über den flachen Kamm und dann über Blockgelände in westliche Richtung. Wir queren die Nordflanke der Wildseespitze und steigen über den drahtseilgesicherten Steig bergauf. Nachdem wir einen gut sichtbaren Absatz erreicht haben, queren wir unter dem Gipfel der Wildseespitze nach Westen und gelangen zu einem Bergrücken (Wegweiser). Hier steigen wir nach rechts zum Gipfel der Wildseespitze (2.733 m) auf.

Abstieg: Für den Abstieg folgt man dem Aufstiegsweg.

TAG 2: BERGWANDERUNG UND ABSTIEG

Europahütte – Kraxentrager, Landshuter Höhenweg, Abstieg nach St. Jakob | Der Kraxentrager ist ein einfacher „Fast-Dreitausender", den man über eine unschwierige Gratwanderung ab der Europahütte erreicht.

Auf der Nordseite der Europahütte achtet man auf die Markierung 3A und folgt dem Weg, zuerst durch eine leichte Gratsenke, dann mäßig steil über Felsblöcke bis auf einen Rücken. In etwa 2.750 m führt der gut gekennzeichnete Steig nach rechts in nordöstliche Richtung, dann über Schutt und Schrofen immer am Grat entlang bis zum Vorgipfel (Steinmann). Nun verläuft er ein Stück an der Nordseite des Grates (Stahlseilsicherungen) zunächst abwärts, und wechselt dann über eine Felsstufe (Sicherungen) erneut auf die Südseite des Grates. Wir erreichen wieder die Kammhöhe und steigen ohne nennenswerte Schwierigkeiten über Platten und Schotter zum Gipfel des Kraxentragers (2.998 m) auf.

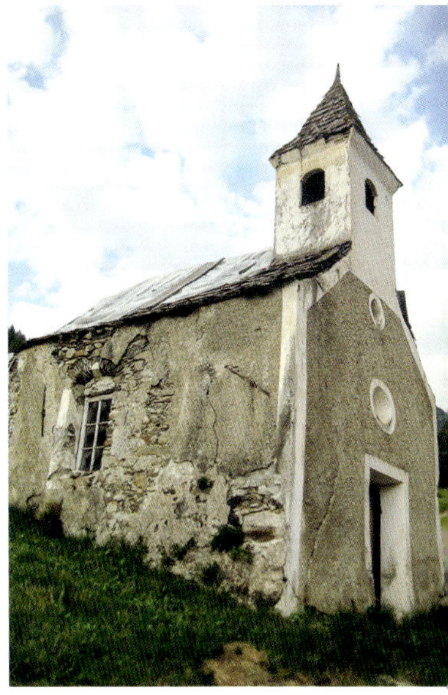

Abstieg: Der Abstieg zur Europahütte erfolgt über die Aufstiegsroute.
Kurz vor der Europahütte biegen wir nach links in den Landshuter Höhenweg (Nr. 3) und folgen diesem in östliche Richtung, bis rechts der Weg Nr. 4A zur Grieblalm abbiegt. Nach der Alm nehmen wir Wanderweg Nr. 4 bis zur Kehre der Pfitscherjochstraße auf 1.806 m Höhe. Wir wandern ein kurzes Stück die Straße hinab und biegen rechts in den Weg Nr. 3 ein, der zum Weiler Stein (1.508 m) führt. Von Stein geht es auf dem „Hintertolweg" bis nach St. Jakob hinab.

DIE BRENNERGRENZE

Die wohl bekannteste Besonderheit an der Europahütte ist, dass die Staatsgrenze zwischen Italien und Österreich genau durch die Hütte verläuft und dass sich die Küche und die Gaststube in zwei verschiedenen Ländern befinden.
Nach der italienischen Offensive bei Vittorio Veneto und dem überstürzten Rückzug der österreichischen Waffenverbände Ende Oktober 1918 rückten die italienischen Truppen im November 1918 bis zum Brenner und bis nach Innsbruck vor.
Italien zählte zu den Siegernationen des Ersten Weltkrieges, die Regierung und die Öffentlichkeit hielten am Grenzverlauf an der Wasserscheide am Brenner fest. Gezogen wurde die „Brennergrenze" schließlich im Vertrag von Saint Germain am 10. September 1919, das südliche Tirol wurde Italien zugewiesen.

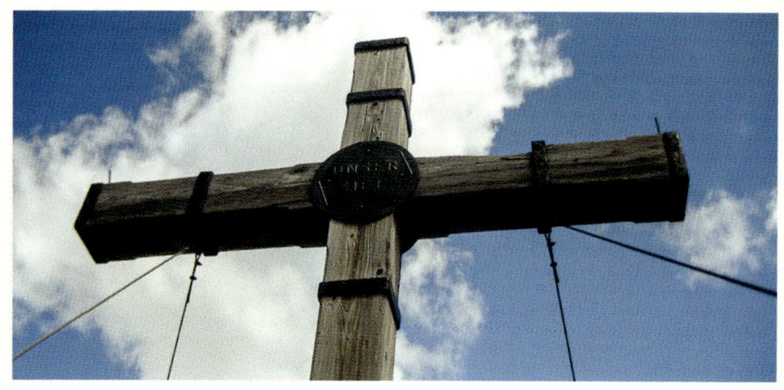

INFOS IN KÜRZE

TAG 1: AUFSTIEG UND HÜTTENTOUR

Aufstieg zur Europahütte

Aufstieg: 2 h 50 min, Abstieg: knapp 2 h

6,7 km

860 Hm im Aufstieg

Tour Wildseespitz

Mittelschwere Bergtour ohne besondere technische Schwierigkeiten, Trittsicherheit bei der Blockkletterei und Schwindelfreiheit sind notwendig.

Aufstieg ab der Europahütte: 45 min, Abstieg: 45 min

3,3 km

210 Hm Aufstieg und Abstieg

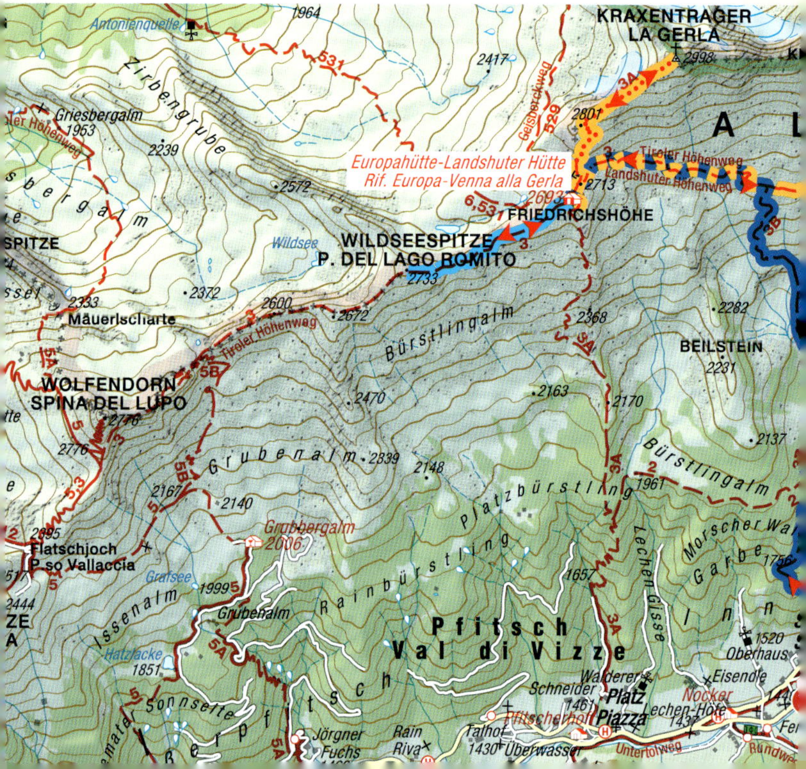

TAG 2: BERGWANDERUNG UND ABSTIEG

Europahütte – Kraxentrager und Abstieg nach St. Jakob/Pfitsch

Anspruchsvolle Hochgebirgswanderung ohne große technische Schwierigkeiten, die im Kammbereich zum Kraxentrager Trittsicherheit verlangt. Vorsicht ist bei den Schneefeldern in der Nähe des Grates geboten.

Ab der Europahütte: 4 h 30 min

11 km

359 Hm Aufstieg, 1.623 Hm Abstieg

DIE HÜTTE

Europahütte (Landshuter Europahütte, Rifugio Venna alla Gerla, Rifugio Europa)

Florian Holzer
St. Jakob, Pfitsch
Tel. 0472 646076 oder 338 2124738
www.europahuette.it
info@europahuette.it

Geöffnet von Anf. Juni bis Ende Sept.

28 Betten in Vier- und Fünfbettzimmern mit Dusche, 60 Schlafplätze im Matratzenlager und 10 Notschlafplätze im nicht beheizbaren Winterraum, Mobilfunkempfang.

Über die Brennerautobahn A22 nach Sterzing und weiter ins Pfitscher Tal bis nach St. Jakob.

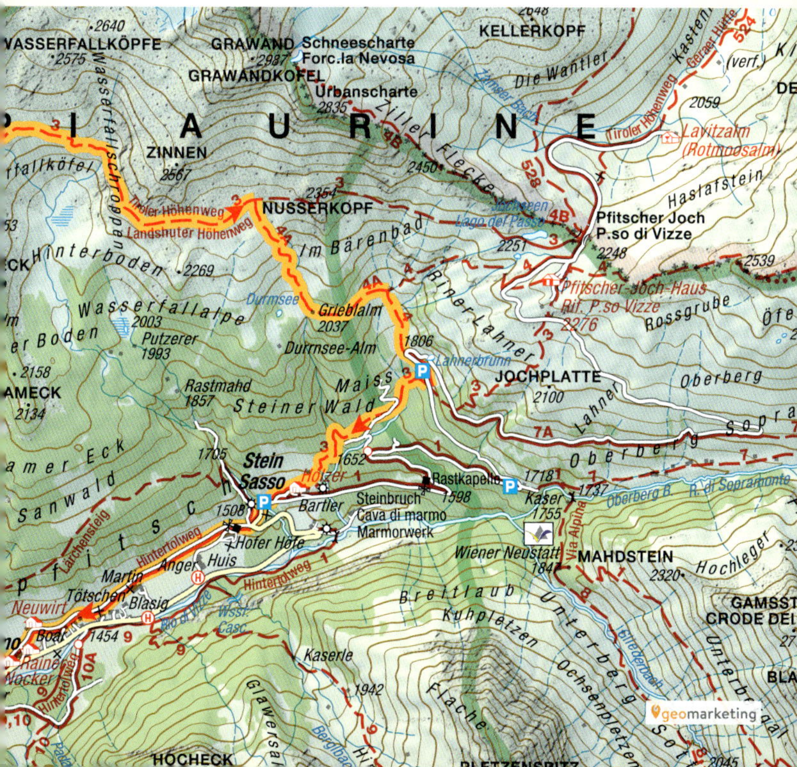

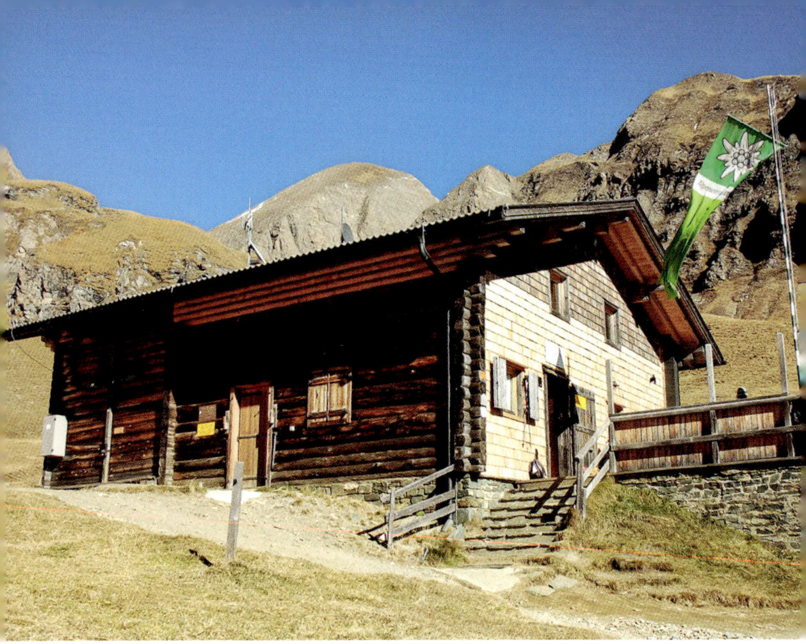

14 | Brixner Hütte

Sandjöchl | Wilde Kreuzspitze

Oberhalb der märchenhaften Fanealm in den Pfunderer Bergen ist die Brixner Hütte der ideale Stützpunkt für lohnende Höhenwanderungen. Ein schöner Dreitausender ist die Wilde Kreuzspitze, deren Besteigung nicht so „wild" ist, wie es ihr Name vermuten lässt. Auch der nahe gelegene Wilde See zeigt sich stets von seiner milden Seite.

 DIE HÜTTE

Die Brixner Hütte liegt am Rand der Pfannalm in den Pfunderer Bergen. Das Schutzhaus des Südtiroler Alpenvereins ist ein beliebtes Ausflugsziel für Familien und ist von Vals über die malerische Fanealm leicht erreichbar.

Am heutigen Standort der Hütte eröffnete die Sektion Brixen des DuÖAV bereits im Jahr 1909 eine kleine Unterkunft als Stützpunkt in den Pfunderer Bergen. Nach dem Ersten Weltkrieg verfiel die Hütte zur Ruine. Erst Anfang der 1970er-Jahre begann die Sektion Mühlbach des AVS mit der Planung und dem Bau eines neuen Schutzhauses, das im Jahr 1973 fertiggestellt wurde. Zwanzig Jahre später wurde das in Blockbauweise errichtete Schutzhaus saniert und erweitert.

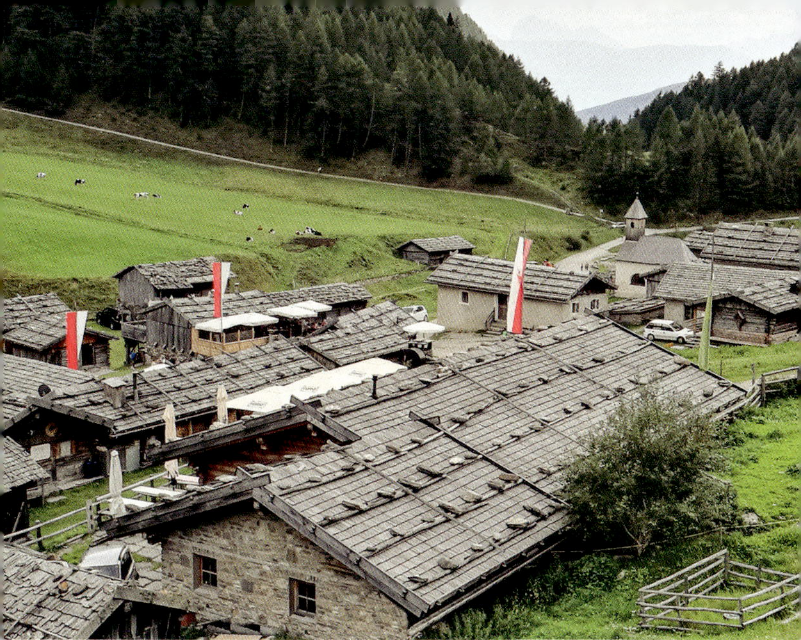

KULINARIK TIPP

Wer in der Brixner Hütte einkehrt, der sollte unbedingt die Buchweizen- und Leberknödel probieren. Man sagt, dass viele Wanderer eigens wegen dieser Hüttenspezialität hier heraufkommen.

TAG 1: AUFSTIEG ZUR HÜTTE

Der Hüttenaufstieg beginnt am Parkplatz in unmittelbarer Nähe der Fanealm (ca. 1.700 m), im Valsertal in den Pfunderer Bergen.
Wer früh mit dem Auto anreist, der kann von Vals am großen Parkplatz hinter der Talstation der Bergbahnen (1.396 m) taleinwärts fahren und erreicht über eine steile Straße den Parkplatz vor der Fanealm auf etwa 1.700 m. Die Fanealm (1.739 m, Einkehrmöglichkeit) erreicht man zu Fuß über einen bequemen Fahrweg. Nun folgt man der breiten Almzufahrt (Markierung Nr. 17) oberhalb der Schlucht, der „Schramme", durch die sich der Valler Bach sein steiles Bett gegraben hat.
Man verlässt die Almstraße und wandert geradeaus weiter, stets dem Weg Nr. 17 folgend (links führt der breite Weg zur Labesebenalm), und quert die Pfannalm (2.141 m), die unter den steilen Hängen der Wurmaulspitze liegt. Nun überwindet man die letzten Höhenmeter und erreicht den flachen Talboden, in dem die Brixner Hütte (2.282 m) liegt.
Abstieg: Für den Abstieg folgt man dem Aufstiegsweg.

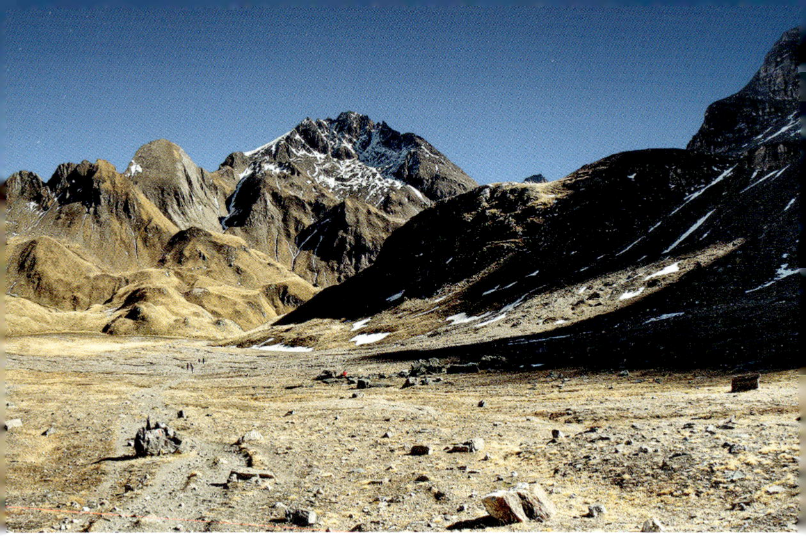

 TAG 1: DIE KURZE HÜTTENTOUR

Auf das Sandjöchl 2.642 m | Nach dem Hüttenaufstieg lohnt es sich, auf das Sandjoch aufzusteigen und den Ausblick auf die steilen Grashänge und schroffen Gipfel der Pfunderer Berge zu genießen.

Von der Brixner Hütte (2.282 m) wandert man auf dem Weg Nr. 17 in nördliche Richtung. Bei der Weggabelung, oberhalb der ebenen Böden der „Pfann", biegt man links ab (Weg Nr. 17) und steigt über die steilen Grashänge in nordwestliche Richtung, bis der Steig durch steiniges Gelände zum Sandjoch hinaufführt. Am Joch angekommen überblickt man das enge Tal mit seinen steilen Grashängen zwischen der Wurmaulspitze und der Wilden Kreuzspitze.

Abstieg: Für den Abstieg folgt man dem Aufstiegsweg.

 TAG 2: BERGWANDERUNG UND ABSTIEG

Brixner Hütte – Wilde Kreuzspitze und Abstieg über den Wilden See zur Fanealm | Auf dieser hochalpinen Wanderung überschreitet man das Rauhtaljoch, steigt auf die Wilde Kreuzspitze und wandert zum beeindruckenden Wilden See ab. Der Abstieg zur Fanealm führt an der Labesebenalm vorbei. Es ist eine erlebnisreiche Tour für Bergwanderer mit Kondition, die endlich einen Dreitausender besteigen wollen.

Von der Brixner Hütte (2.282 m) folgt man dem „Pfunderer Höhenweg" in einem weiten Bogen nach links (Markierung Nr. 17B) und wandert zuerst über die Almwiesen und später über einen steinigen Pfad durch Schutt und Geröll (auch im Sommer noch Schneefelder!) bis zum Rauhtaljoch (2.808 m).

Nach einer kurzen Verschnaufpause steigt man über den steilen, schottrigen Steig (Markierung Nr. 18) bergwärts und nach einer

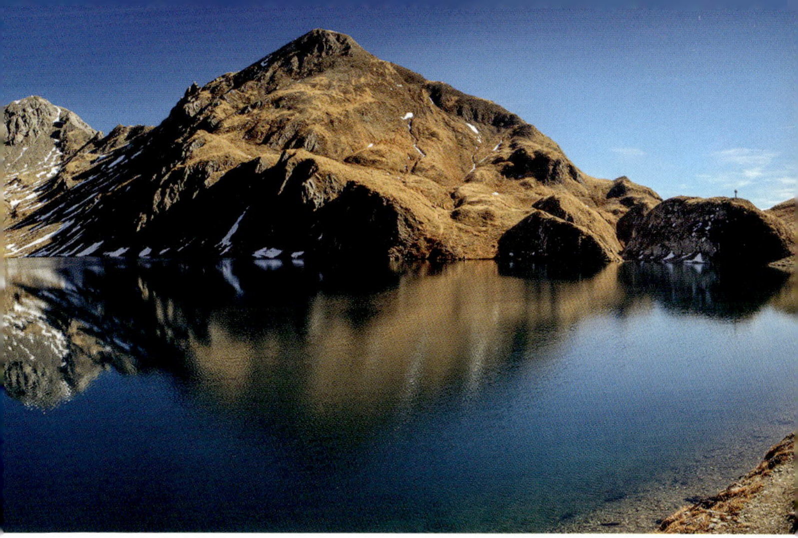

letzten Steilstufe erreicht man den Gipfel der Wilden Kreuzspitze (3.132 m), der höchsten Erhebung der Pfunderer Berge. Nach einer Rast mit grandiosem Rundblick auf die Zillertaler Alpen gelangt man über den Aufstiegsweg zum Rauhtaljoch. Dort folgt man in leichtem Gefälle dem Steig Nr. 18, wandert dann nach rechts (Weg Nr. 22) zum Ufer des Wilden Sees (2.532 m) hinab und kommt am Südufer wieder auf den Weg Nr. 18, der zur Labesebenalm (2.138 m, Einkehrmöglichkeit) führt. Von der Alm wandert man über den breiten Fahrweg (Weg Nr. 18) bis zum Weg Nr. 17, der über die „Schramme" des Valser Baches bis zur Fanealm und zum Parkplatz geht.

DIE FANEALM

Almdörfer sind in Südtirol keine Seltenheit, aber die Fanealm oberhalb von Vals in der Gemeinde Mühlbach kann auf eine bewegte Geschichte zurückblicken, die bis ins Mittelalter zurückreicht. Die Bauern verrichteten hier ihre Heuarbeit und verbrachten bis vor einigen Jahrzehnten den Sommer in den schindelgedeckten Almhütten oberhalb der wilden „Valler Schramme", die der Valser Bach über Jahrtausende ausgespült hat. Das Almdorf, so erzählen Überlieferungen, soll im Mittelalter als Lazarett für Pestkranke errichtet worden sein. Urkundlich festgehalten ist der Bau der kleinen Kirche im Jahr 1898, den eine Stiftung finanzierte. Erst gegen Ende der 1960er-Jahre wurde die steile Zufahrt gebaut und wenige Jahre später die teilweise zerfallenen Almhütten erneuert. In der Almsennerei wird der Bergkäse, das begehrte „Valler Gold", hergestellt.

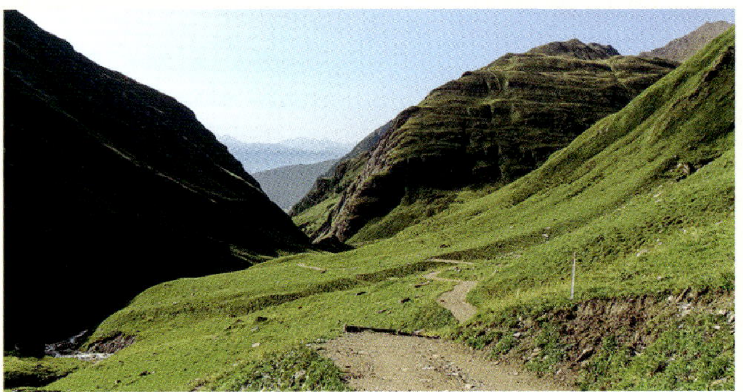

INFOS IN KÜRZE

TAG 1: AUFSTIEG UND HÜTTENTOUR

Aufstieg zur Brixner Hütte
Aufstieg: 1 h 50 min, Abstieg: knapp 1 h
4,3 km
565 Hm im Aufstieg

Tour auf das Sandjöchl
Kurze Wanderung ohne besondere technische Schwierigkeiten. Kurz vor der Scharte verlangt das steinige Gelände etwas Trittsicherheit.
Aufstieg ab der Brixner Hütte: 1 h, Abstieg: etwa 45 min
4,5 km
369 Hm Aufstieg und Abstieg

TAG 2: BERGWANDERUNG UND ABSTIEG

Brixner Hütte – Wilde Kreuzspitze, Wilder See, Labiseben und Abstieg zur Fanealm
Anspruchsvolle Bergwanderung ohne besondere technische Schwierigkeiten, die allerdings Kondition, Trittsicherheit und Schwindelfreiheit verlangt. Vorsicht ist unterhalb des Rauhtaljochs in den Firnfeldern und am steinigen Weg unterhalb des Gipfels geboten.
Ab der Brixner Hütte: 5 h 15 min
13 km
852 Hm Aufstieg, 1.417 Hm Abstieg

DIE HÜTTE

Brixner Hütte
Simon Baumgartner & friends
Mühlbach, Vals
Tel. 351 5073333
www.brixnerhuette.it
info@brixnerhuette.it

Geöffnet von Anf. Juni bis 2. So. im Okt.
37 Schlafplätze im Matratzenlager, 3 Schlafplätze im Winterraum, Waschmöglichkeit, Strom, schwacher Mobilfunkempfang, nur Barzahlung.
Brennerautobahn A22 bis zur Ausfahrt Brixen-Pustertal und weiter Richtung Bruneck. Nach etwa 5 km vor dem Tunnel rechts abbiegen und von Mühlbach nach Meransen/Vals abbiegen und weiter bis nach Vals/Talschluss oder Auffahrt bis zum Parkplatz kurz vor der Fanealm.

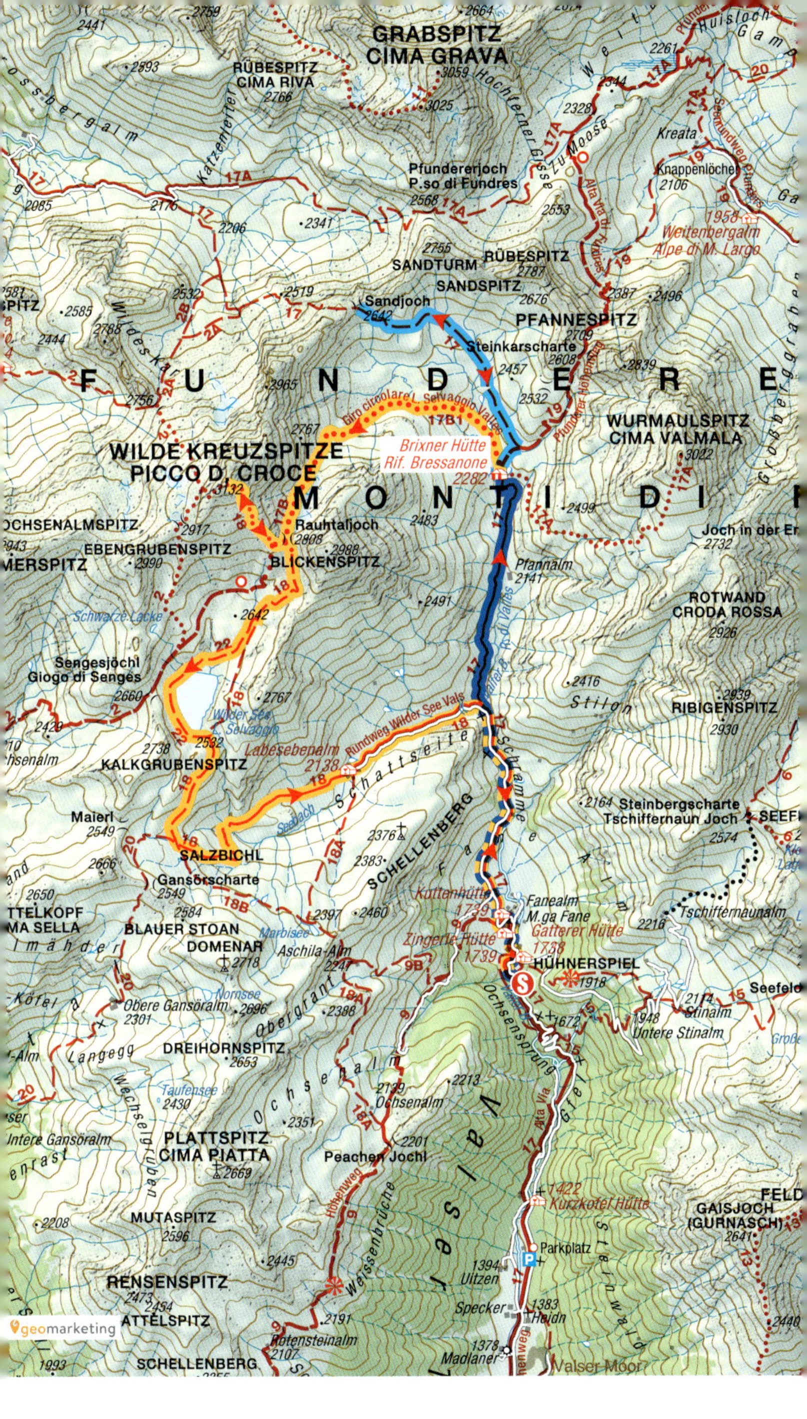
GRABSPITZ
CIMA GRAVA
RÜBESPITZ
CIMA RIVA
2766
Pfundererjoch
P.so di Fundres
2568
Hochferner
Kreata
Knappenlöcher
2106
Weitenbergalm
Alpe di M. Largo
Zu Moose
SANDTURM
RÜBESPITZ
SANDSPITZ
Sandjoch
2642
PFANNESPITZ
Steinkarscharte
2608
F U N D E R E R
WURMAULSPITZ
CIMA VALMALA
3022
Giro circolare L. Selvaggio Valles
Brixner Hütte
Rif. Bressanone
2282
WILDE KREUZSPITZE
PICCO D. CROCE
3132
M O N T I D I
OCHSENALMSPITZ
EBENGRUBENSPITZ
2990
Rauhtaljoch
2808
BLICKENSPITZ
Pfannalm
2141
Joch in der Er
2732
ROTWAND
CRODA ROSSA
2926
Schwarze Lacke
Sengesjöchl
Giogo di Senges
2660
Wilder See
L. Selvaggio
2532
Stilon
RIBIGENSPITZ
2930
Rundweg Wilder See Vals
Labesebenalm
2138
Schattseite
KALKGRUBENSPITZ
Maierl
2549
SALZBICHL
Gansörscharte
2549
SCHELLENBERG
Steinbergscharte
Tschiffernaun Joch
2574
Kottenhütte
1739
Fanealm
M.ga Fane
Gatterer Hütte
1738
Zingerle Hütte
1739
HÜHNERSPIEL
1918
Tschiffernaunalm
BLAUER STOAN
DOMENAR
Aschila-Alm
2718
Nornsee
Obere Gansöralm
2301
Seefeld
Stinalm
Untere Stinalm
Ochsensprung
DREIHORNSPITZ
2653
Langegg
Obergrant
Ochsenalm
Taufensee
2430
Wechselgraben
Untere Gansöralm
PLATTSPITZ
CIMA PIATTA
2669
Peachen Jochl
2201
Kurzkofel Hütte
1422
GAISJOCH
(GURNASCH)
2641
MUTASPITZ
2596
Weissenbrüche
Parkplatz
Ultzen
1394
RENSENSPITZ
2473
ATTELSPITZ
Specker
Heidn
1383
Madlaner
1378
Valser Moor
Rotensteinalm
2107
SCHELLENBERG
Valser Jaufen
geomarketing

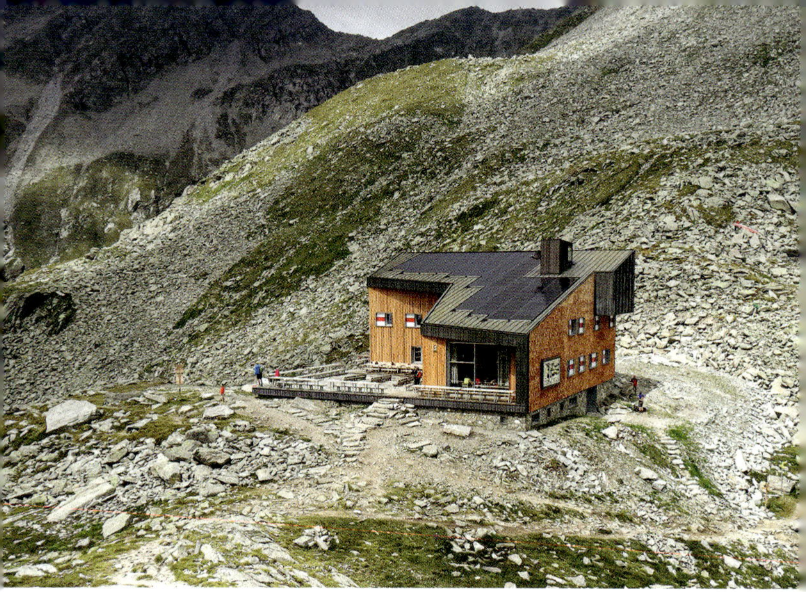

15 | Edelrauthütte

Napfspitze | Neveser Höhenweg

Wie ein Monument steht die neue Edelrauthütte am steinigen Eisbruggjoch, dem Übergang zwischen dem Lappacher und dem Pfunderer Tal. Durch die großen Panoramafenster der warmen Gaststube hat man einen grandiosen Blick auf die Zillertaler Alpen und die Pfunderer Berge.

 DIE HÜTTE

Die schöne Edelrauthütte befindet sich auf 2.545 m Höhe. Benannt wurde sie nach ihrem Gründerverein, der „Alpinen Gesellschaft Edelraute" des Österreichischen Alpenclubs, der sie zwischen 1906 und 1908 errichtete. Die Namensgeberin der Erbauergesellschaft wiederum ist die gelbe Edelraute, eine Hochgebirgsblume, die man heute noch am Eisbruggjoch findet.

Nach dem Ersten Weltkrieg wurde die Hütte der Sektion Brixen des CAI übergeben, die es bis 1964 führte. 1974 übernahm die Familie Weissteiner die Bewirtschaftung des Schutzhauses.

Nach dem Abriss und dem Wiederaufbau im Sommer 2015 ist die Edelrauthütte ein begehrtes Ziel für Wanderer und ein wichtiger Stützpunkt für Bergsteiger. Das neue Schutzhaus ist ein moderner, L-förmiger Holzbau und besteht aus drei Stockwerken. Im Erdgeschoss befindet sich die großzügige Stube mit den Panoramafenstern.

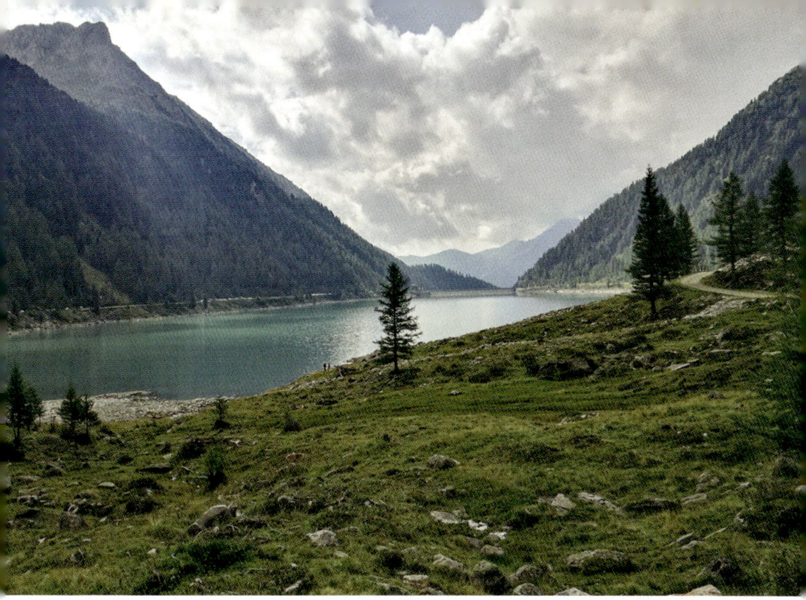

KULINARIK TIPP

Die Küche auf der Edelrauthütte ist wegen ihrer guten Suppen bekannt. Die Gerstensuppe mit einer großen Portion Selchfleisch ist dabei besonders empfehlenswert, ebenso die Knödelsuppen. Auf der Karte findet man Pastagerichte mit Kräutern aus dem Garten im Tal, die zweimal pro Woche zu Fuß vom Tal heraufgebracht werden. Speck, Kaminwurzen und Almkäse werden dem Hüttenwirt von den Bauern aus Lappach und Pfunders geliefert.

TAG 1: AUFSTIEG ZUR HÜTTE

Der Aufstieg zur Edelrauthütte beginnt am Parkplatz am Neves-Stausee (1.860 m) oberhalb von Lappach und führt durch das Pfeifholder Tal bis auf das Eisbruggjoch.

Nachdem man von Lappach über die gebührenpflichtige Zufahrtsstraße den Parkplatz am Neves-Stausee erreicht hat, wandert man auf Weg Nr. 24 bis zur Untermaurer Alm (1.860 m) und zur Brücke, die am Nevesboden über den Ursprungbach geht. Auf Weg Nr. 26A geht es weiter zur Gemeindealm, dort schwenkt man rechts (Westen) in den Wanderweg Nr. 26.

Dieser führt zuerst etwas steil durch ein Waldstück und anschließend in leichter Steigung durch die Almböden des Pfeifholder Tales. Mit zunehmender Höhe verläuft der Steig durch magere Wiesen, später durch Schutt und Geröll bis zur weithin sichtbaren Edelrauthütte am Eisbruggjoch auf 2.545 m Höhe.

Abstieg: Für den Abstieg folgt man dem Aufstiegsweg.

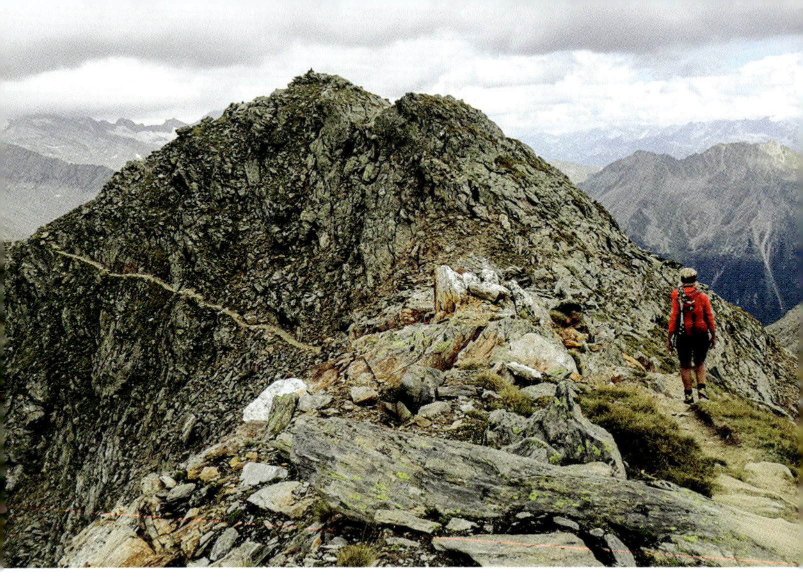

TAG 1: DIE KURZE HÜTTENTOUR

Napfspitze 2.888 m | Nach dem Hüttenaufstieg kann man noch den Hausberg der Hütte, die Napfspitze auf 2.888 m besteigen. Der Anstiegsweg beginnt direkt vor der Terrasse der Edelrauthütte.
Man steigt über den Pfad, der mit der Nr. 6 markiert ist, über gut gestuftes Gelände, Blockwerk und Schrofen und erreicht ohne nennenswerte Schwierigkeiten die Pfeifholderspitze (2.826 m). Nun verläuft der etwas ausgesetzte Steig ca. 50 m nach Südwesten bis zum Gipfelgrat der Napfspitze. Nach einem weiteren kurzen Anstieg erreicht man das Gipfelkreuz der Napfspitze auf 2.888 m.)
Abstieg: Für den Abstieg folgt man dem Aufstiegsweg.

TAG 2: BERGWANDERUNG UND ABSTIEG

Edelrauthütte – Neveser Höhenweg, Chemnitzer Hütte und Abstieg zum Nevesstausee | Der Neveser Höhenweg verläuft von der Edelrauthütte bis zur Chemnitzer Hütte und bietet fantastische Ausblicke auf die Gletscherwelt der Zillertaler Alpen. Der Höhenweg ist Teil der alpenüberquerenden „Via Alpina".
An der Edelrauthütte am Eisbruggjoch (2.545 m) zweigt der Neveser Höhenweg nach rechts ab und führt gleichmäßig und ohne nennenswerten Höhenunterschied, stets der Markierung Nr. 1 folgend, in östliche Richtung bis zur Chemnitzer Hütte. Der Weg ist sehr gut angelegt und bietet immer wieder wunderschöne Ausblicke. Unterhalb der Talstufen, bei der Einmündung des Weges Nr. 24A, wurde ein neuer Weg angelegt, der in Kehren bergwärts bis zu einem Gletschersee am Nevesferner führt. Nach dem Gletschersee wandert man in leichtem Gefälle in östliche Richtung und nach kürzeren Abstiegen und Gegen-

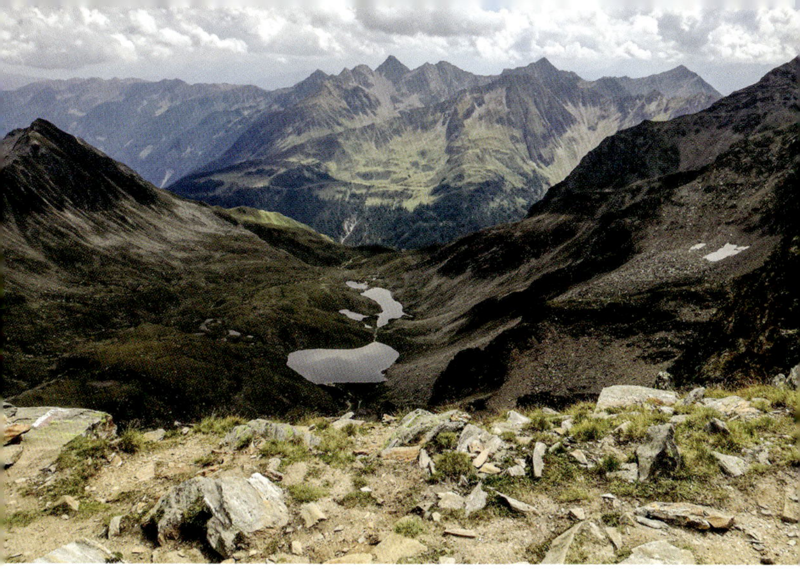

anstiegen erreicht man eine schmale Brücke, die über den Gletscherbach führt. Nach einem weiteren Anstieg und über eine langgestreckte Linkskurve kommen wir zur Chemnitzer Hütte (2.419 m) auf dem Nevesjoch (2.407 m). Hier beginnt rechts der Abstieg über den Weg Nr. 24 bis zur oberen Nevesalm und zur Untermaurer Alm (1.860 m). In wenigen Minuten erreicht man den Parkplatz am Stausee.

ZEITGEMÄSSE ARCHITEKTUR IN DEN BERGEN

Nicht unumstritten war das Vorhaben der Südtiroler Landesregierung im Jahr 2011, einen Architekturwettbewerb für den Neubau der Edelraut-, der Schwarzenstein- und der Weißkugelhütte auszuschreiben. Dabei standen wesentliche Fragen im Raum: Sollte die architektonische Entwicklung nicht auch alpine Schutzhütten einbeziehen? Warum sollte Innovation an der Baumgrenze Halt machen?
Technische Neuerungen sind in allen schützenswerten Gebieten, so auch im Hochgebirge, essenziell. Besonders die Bautechnik, die Gewinnung erneuerbarer Energie, der Energiehaushalt und die Entsorgung der Abwässer spielen dabei eine zentrale Rolle. Zeitgemäß ist auch die Architektur und die Ästhetik der „neuen Hütten". So wurde die neue Edelrauthütte mit dem internationalen Iconic-Award für Architektur 2019 ausgezeichnet.
Aber eines hat das Schutzhaus des 21. Jh. mit seinen Vorgängern aus der Gründerzeit immer noch gemeinsam: Es bietet den Bergsteigern ein Dach über dem Kopf sowie Verpflegung und Schutz im Gebirge.

INFOS IN KÜRZE

TAG 1: AUFSTIEG UND HÜTTENTOUR

Aufstieg zur Edelrauthütte
Aufstieg: 2 h 20 min, Abstieg: knapp 2 h
5,5 km
687 Hm im Aufstieg

Tour Napfspitze
Mittelschwere Gipfeltour ohne besondere technische Schwierigkeiten. Der Steig am Grat verlangt Trittsicherheit und Schwindelfreiheit. Bei Nässe oder Schnee sollte man auf diese kurze Tour verzichten.
Aufstieg ab der Edelrauthütte: 45 min, Abstieg: 40 min
2,6 km
347 Hm Aufstieg und Abstieg

TAG 2: BERGWANDERUNG UND ABSTIEG

Edelrauthütte – Neveser Höhenweg, Chemnitzer Hütte und Abstieg zum Neves Stausee
Mittelschwere Hochgebirgswanderung, ohne technische Schwierigkeiten, die allerdings gute Witterungsverhältnisse, Trittsicherheit und etwas Schwindelfreiheit (Brücke und abschüssiges Gelände) erfordert. Ausreichend Sonnenschutz mitführen.
Ab der Edelrauthütte: 4 h 20 min
12,6 km
246 Hm Aufstieg, 930 Hm Abstieg

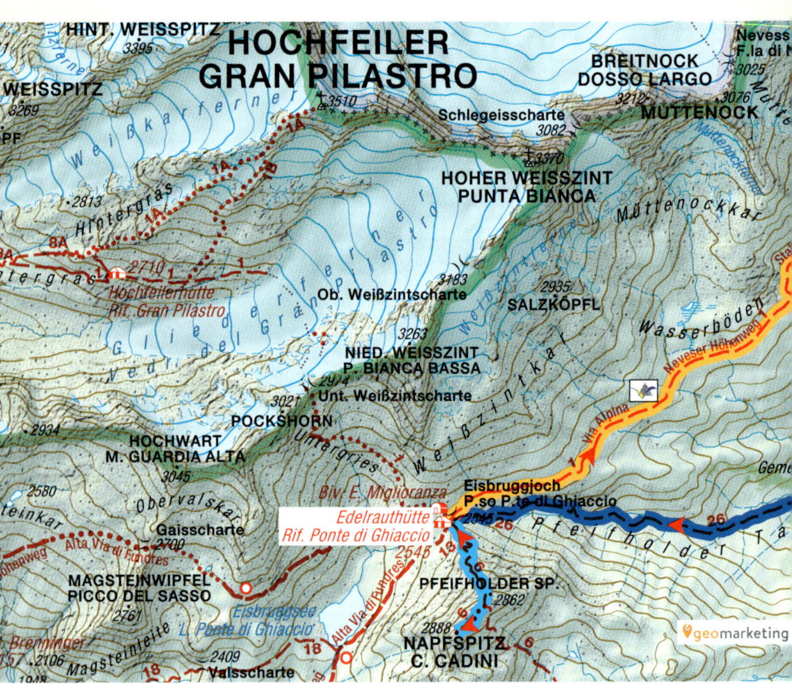

DIE HÜTTE

Edelrauthütte (Eisbruggjochhütte, Rifugio Passo Ponte di Ghiaccio)
Much und Anton Weissteiner
Ortnerweg 2, Brixen
Tel. 0474 653230 oder 340 6604738
www.edelrauthuette.it
info@edelrauthuette.it

Geöffnet von Anf. Juni bis Anf. Okt.

18 Betten in Mehrbettzimmern und 32 Schlafplätze im Matratzenlager, acht Not-Schlafplätze im nicht beheizbaren Winterraum, schlechter Mobilfunkempfang, nur Barzahlung.

In das Tauferer Ahrntal geht es von Bruneck auf der SS621. Bruneck erreicht man vom Westen als auch vom Osten über die Pustertaler Straße, die SS49. Von Bruneck bis Mühlen und ins Mühlwaldertal bis Lappach und zum Nevesstausee hinauf. Anmerkung zur Auffahrt zum Nevesstausee: Die Straße ab der Mautstation ist sehr schmal und bis zu 22% steil, mit engen und kaum überschaubaren Kurven. In der Hauptsaison ist jedoch ein Ampelverkehr ab der Mautstation bis zur Staumauer in Betrieb. Der Höhenunterschied beträgt 1.004 m.

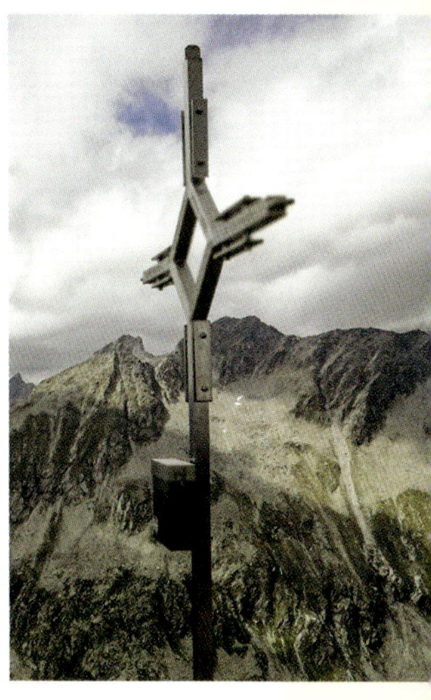

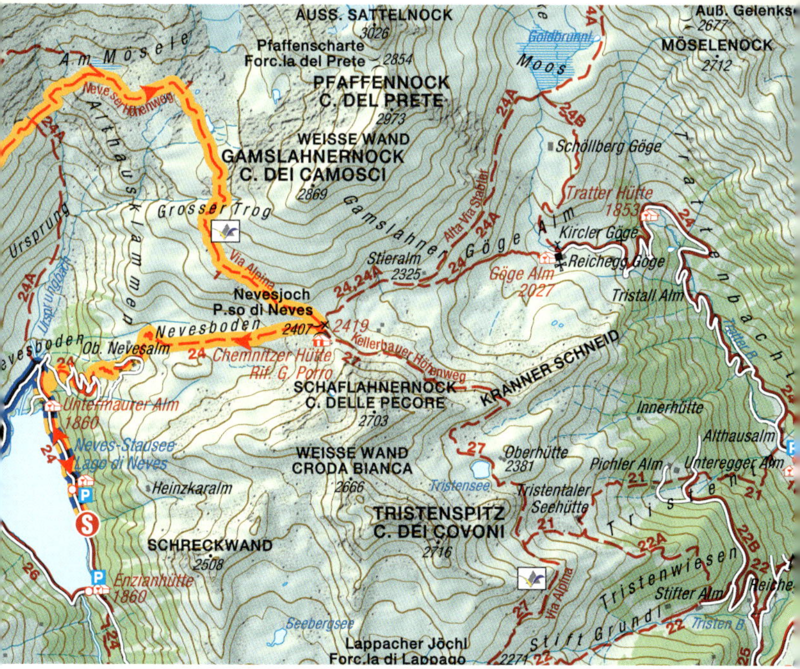

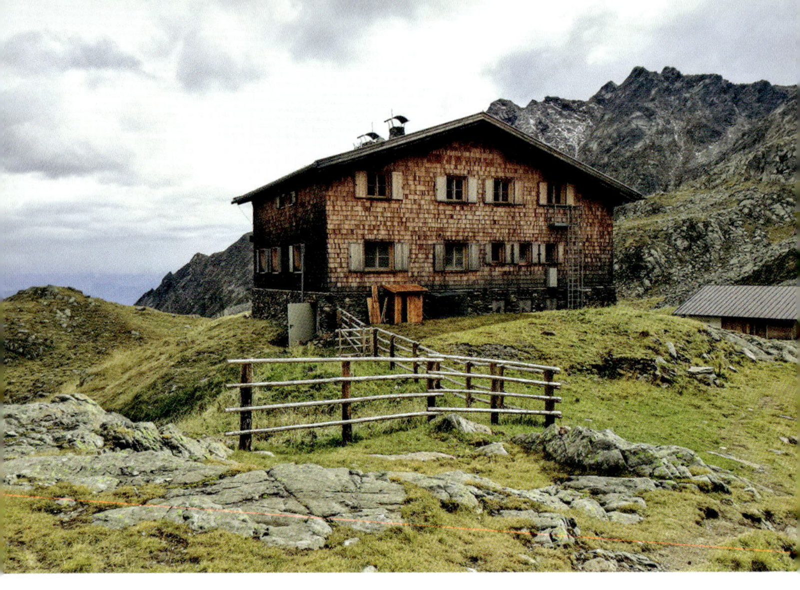

16 | Tiefrastenhütte

Kempspitze | Eidechsspitze

Die Tiefrastenhütte ist eine komfortable Alpenvereinshütte in den Pfunderer Bergen, die wegen des malerischen Tiefrastensees besonders bei Familien mit Kindern beliebt ist. Das Schutzhaus ist der ideale Ausgangspunkt für einfache Wanderungen und ein wichtiger Stützpunkt am bekannten Pfunderer Höhenweg.

DIE HÜTTE

Hoch oberhalb von Terenten, am Talschluss des Winnebachtals, liegen auf einem Hochkar die Tiefrastenhütte und der gleichnamige See.
Im Jahr 1912 errichtete die DuÖAV-Sektion Brixen das erste Schutzhaus am Tiefrastensee, die „Fritz-Walde-Hütte". Der Namensgeber war ein Brixner Kaufmann, der sich für den Bau der Hütte stark gemacht hatte und einen Großteil der Baukosten finanzierte. Die Freude an der bewirtschafteten Hütte war jedoch nur von kurzer Dauer, denn nach zwei Saisonen beendete der Erste Weltkrieg den Hüttenbetrieb. In den Wirren des Zweiten Weltkrieges wurde die Hütte geplündert und in Brand gesteckt. Erst zu Beginn der 1970er-Jahre erwachte der Gedanke, an der Stelle der Ruine ein neues Schutzhaus zu errichten. Im Jahr 1975 begann man mit den Bauarbeiten, 1978 wurde die Tiefrastenhütte eröffnet, im Jahr 2004 wurde sie renoviert.

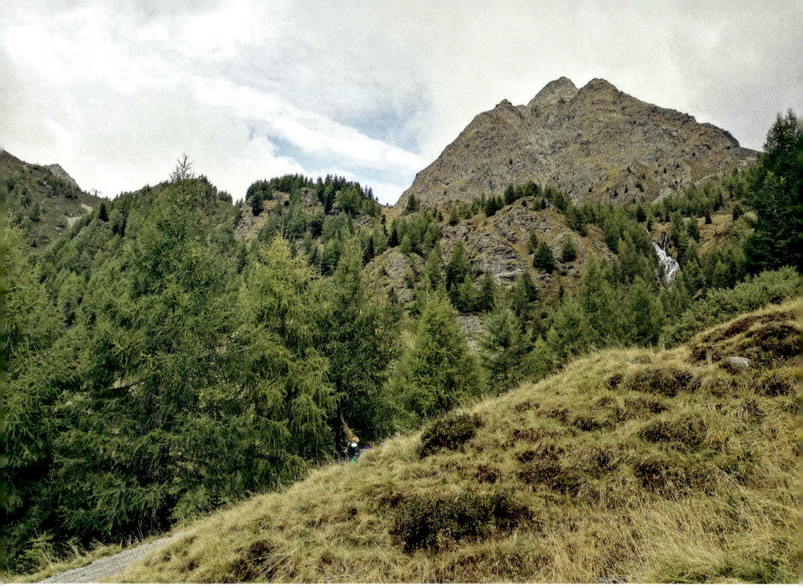

Bewirtschaftet wird die Tiefrastenhütte vom rührigen Hüttenwirt Stefan Oberhollenzer, der allen Wetterkapriolen zum Trotz die Sommersaison vor allen anderen alpinen Schutzhäusern beginnt und bis spät in den Herbst hinein noch Gäste empfängt.

KULINARIK TIPP

Auch auf der Tiefrastenhütte steht die Regionalität der Speisen im Vordergrund. Stefan Oberhollenzer überrascht dabei immer wieder mit interessanten Spezialitätenabenden (z. B. Wildgerichte, Pressknödel u. a.). Ein besonderes Highlight für Übernachtungsgäste ist das reichhaltige Frühstück.

DER PFUNDERER HÖHENWEG

Die Tiefrastenhütte ist ein wichtiger Stützpunkt am Pfunderer Höhenweg. Dieser führt von Sterzing durch die abgeschiedene Gebirgslandschaft der Pfunderer Berge bis nach St. Georgen bzw. Pfalzen bei Bruneck. Auf einer Strecke von etwa 70 km überwindet man in fünf Tagesetappen ca. 5.900 Höhenmeter. Der anspruchsvolle Höhenweg für trainierte und erfahrene Bergwanderer verläuft durch alpines und hochalpines Gelände (teilweise drahtseilgesichert). Vom Pfunderer Höhenweg blickt man auf die leuchtende Gebirgswelt der Dolomiten im Süden und die Gletscher am Alpenhauptkamm.

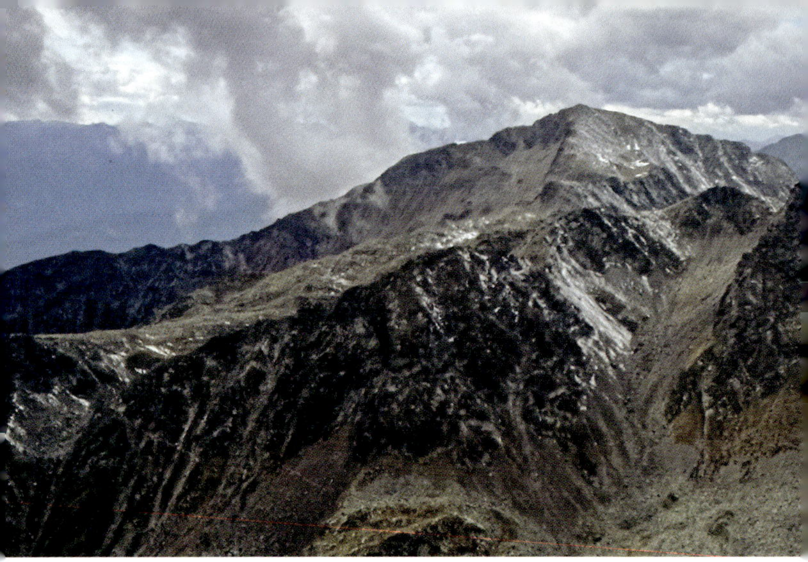

 TAG 1: AUFSTIEG ZUR HÜTTE

Der Ausgangspunkt für den Aufstieg zur Tiefrastenhütte befindet sich am Parkplatz Winnebach östlich von Terenten.
Am östlichen Ortsende von Terenten fährt man über eine asphaltierte Straße ins Winnebachtal bis zum Parkplatz. Die Wanderung beginnt auf dem breiten Forstweg (Nr. 23) und verläuft mäßig steil in nördliche Richtung bis zur Astner-Bergalm (1.641 m). Immer gleichmäßig ansteigend führt der Fahrweg an der Talstation der Materialseilbahn der Tiefrastenhütte vorbei und windet sich als Steig (Nr. 23) durch den Lärchenwald, dann durch einen dichteren Wald und über Almwiesen bergauf. Wir kommen an einem Wasserfall vorbei und erreichen das kleine Tiefrastenhüttl (2.028 m), das wir im wahrsten Sinne des Wortes links liegen lassen. Der Steig führt uns über einen schönen Almboden und windet sich rechts über einige Geländestufen hinauf zur Tiefrastenhütte und dem dunkelgrünen Tiefrastensee (2.312 m).
Abstieg: Für den Abstieg folgt man dem Aufstiegsweg.

 TAG 1: DIE KURZE HÜTTENTOUR

Kempspitze 2.704 m | Von der Tiefrastenhütte lohnt es sich, auf die nahe Kempspitze aufzusteigen, die wie ein Aussichtsturm inmitten dieser geheimnisvollen Erhebungen – den Pfunderer Bergen – steht. Der Aufstieg zur Kempspitze beginnt gleich hinter der Hütte. Der Wanderweg (Nr. 25) verläuft rechts vom See über einen Rücken bergwärts, wo man einen markanten Felsblock als Orientierungspunkt anpeilt. Nun führt der Steig nach rechts und geht in nordöstliche Richtung, bis wir den Rücken erreichen, der sich von der Kempspitze

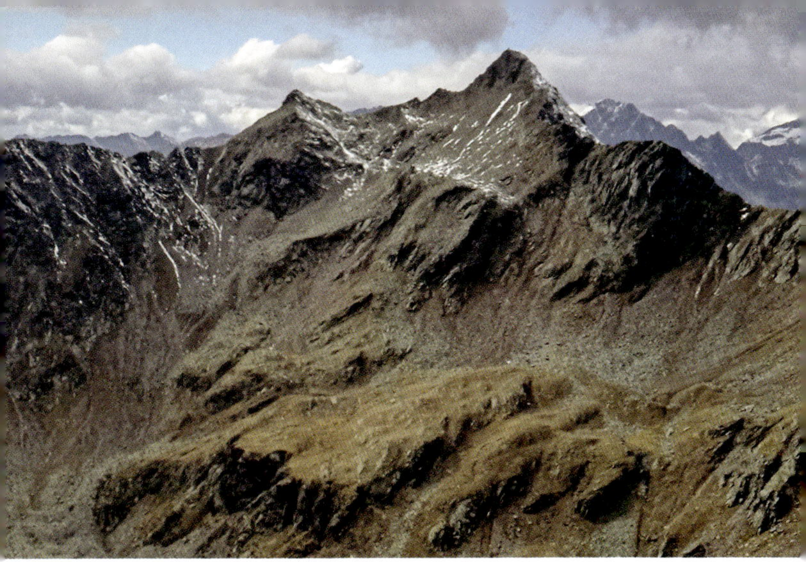

nach Westen ausbreitet. In mehreren Serpentinen überwinden wir die letzten Höhenmeter und steigen ein kurzes Stück in südliche Richtung bis zur markanten Kempspitze (2.704 m).
Abstieg: Für den Abstieg folgt man dem Aufstiegsweg.

 TAG 2: BERGWANDERUNG UND ABSTIEG

Tiefrastenhütte – Eidechsspitze und Abstieg über die Englalm zum Parkplatz Winnebach | Die Wanderung von der Tiefrastenhütte zur Gipfelpyramide der Eidechsspitze vermittelt tiefe Eindrücke in der geheimnisvollen Gebirgslandschaft der Pfunderer Berge. Die Aussicht von der Eidechsspitze in das tief darunter liegende Pfunderer Tal ist beeindruckend.
Nach einem zünftigen Frühstück im Schutzhaus hat man die Kräfte gesammelt und steigt über den steinigen Weg Nr. 22 auf die Kompfossscharte (ca. 2.400 m), oberhalb des gleichnamigen Sees. Der gut sichtbare Pfad (Nr. 22) verläuft gerade und später dem Grat folgend, teilweise über gut gestufte Felsen, zum Gipfel der Eidechsspitze (2.738 m).
Abstieg: Für den Abstieg wählt man den Weg, der unterhalb des Gipfels den Hang in östliche Richtung quert (Nr. 22) und steigt zur unbewirtschafteten Kompfosshütte (2.181 m) und zur Englalm (1.826 m, Hirtenhütte ohne Einkehrmöglichkeit) ab.
Östlich der Englalm überquert man den Terner Bach und wandert auf dem bequemen Weg Nr. 8, dem „Alpenrosensteig“, um einen breiten bewaldeten Bergrücken bis zur Astner Bergalm (1.641 m, Einkehrmöglichkeit) im Winnebachtal. Hier biegt man scharf rechts ab und schlendert gemütlich über Weg Nr. 23 (Hüttenaufstieg) zum Parkplatz hinab.

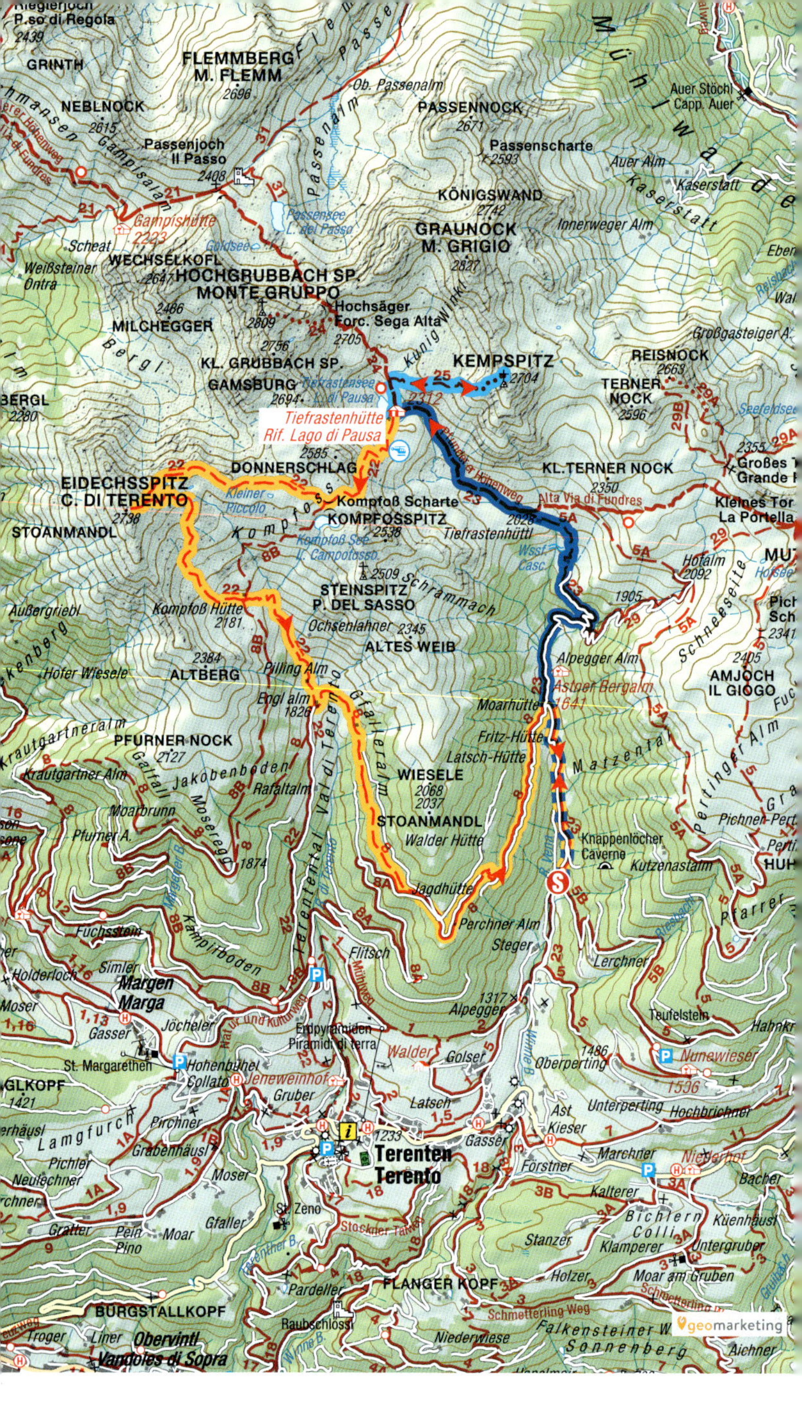

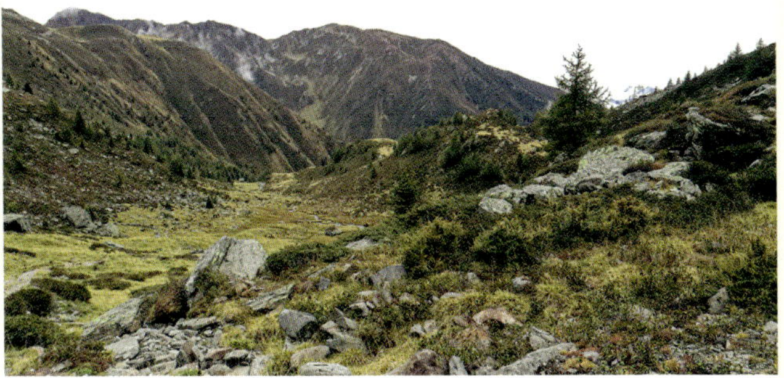

INFOS IN KÜRZE

TAG 1: AUFSTIEG UND HÜTTENTOUR

Aufstieg zur Tiefrastenhütte
Aufstieg: 2 h 30 min, Abstieg: knapp 2 h
5,2 km
900 Hm im Aufstieg

Tour Kempspitze
Mittelschwierige Gipfeltour ohne besondere technische Schwierigkeiten. Trittsicherheit und Schwindelfreiheit sind in den letzten Metern kurz vor dem Gipfel notwendig.
Aufstieg ab der Tiefrastenhütte: 1 h, Abstieg: 45 min
2,9 km
400 Hm Aufstieg und Abstieg

TAG 2: BERGWANDERUNG UND ABSTIEG

Tiefrastenhütte – Eidechsspitze und Abstieg über die Englalm zum Parkplatz Winnebach
Anspruchsvolle Bergwanderung, die neben etwas Ausdauer im Bereich der Kompfossscharte Trittsicherheit und im Gipfelbereich der Eidechsspitze auch Schwindelfreiheit verlangt.
Ab der Tiefrastenhütte: 4 h 40 min
12,2 km
440 Hm Aufstieg, 1.338 Hm Abstieg

DIE HÜTTE

Tiefrastenhütte
Stefan Oberhollenzer
Terenten
Tel. 334 9896370
www.tiefrastenhuette.it
info@tiefrastenhuette.it

Geöffnet von Mitte Apr. bis Anf. Nov.
12 Betten in Mehrbettzimmern, 38 Schlafplätze im Matratzenlager, zwei im Winterraum, Waschräume und Duschen mit Warmwasser, getrennte WC-Anlagen, guter Mobilfunkempfang, nur Barzahlung. Ein Gepäcktransport auf die Hütte ist nach Absprache mit dem Hüttenwirt möglich.
Durch das Pustertal nach Terenten, zwischen Mühlbach und Bruneck. Am östlichen Ortsende Richtung Norden ins Winnebachtal zum Parkplatz fahren.

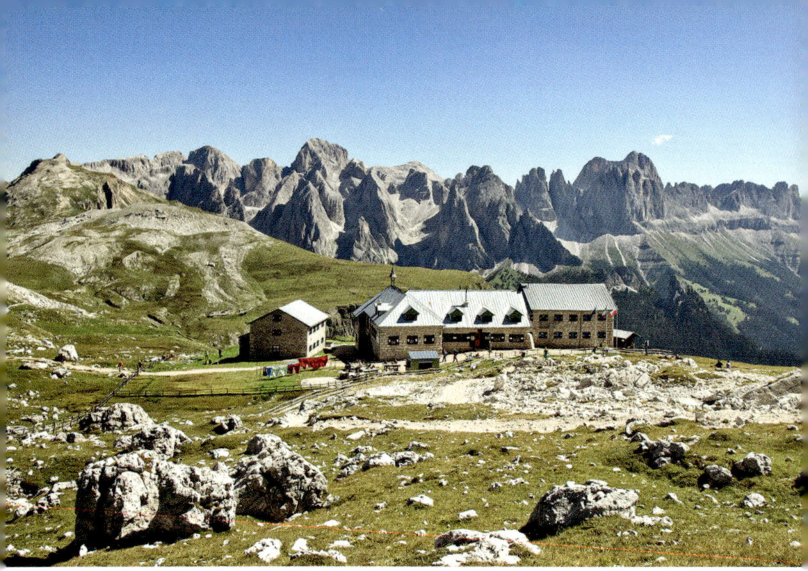

17 | Schlernhaus

Petz | Tierser Alpl und Rosszahnscharte

Auf der Hochfläche des Schlern, des Symbolbergs von Südtirol, steht in majestätischer Lage das Schlernhaus. Wer hier oben den Sonnenaufgang oder das abendliche Alpenglühen des Rosengartens erlebt, nimmt bleibende Eindrücke mit ins Tal.

 DIE HÜTTE

Das Schlernhaus (oft auch als „Schlernhäuser" bezeichnet) besteht aus mehreren miteinander verbundenen Gebäuden, die ein Ganzes bilden. Bereits in der zweiten Hälfte des 19. Jh. bestand die Absicht, auf dem Schlern ein Schutzhaus zu errichten. Im Jahr 1883 begann man, auf den Vorschlag des Alpinisten Johann Santner hin, mit dem Bau des ersten Gebäudes auf einer ebenen Stelle südlich des Petz, der höchsten Erhebung am Schlern. Auch nach fast 140 Jahren strahlt das rustikale Schlernhaus das Flair der Gründerzeit des alpinen Tourismus aus. Vielleicht ist es gerade deshalb ein lohnendes Ziel und ein begehrter Standort für Bergwanderer.

Verwaltet wird die Schutzhütte von der Sektion Bozen des CAI und seit 1976 von der Familie Gasser bewirtschaftet. „Ich bin hier oben aufgewachsen, setze die Tradition der alpinen Gastlichkeit aus Überzeugung fort und biete den Gästen behaglichen Schutz bei plötzlichen Wetterkapriolen", sagt Harald Gasser, der mit seiner Frau Silvia die Hütte seit zwanzig Jahren führt.

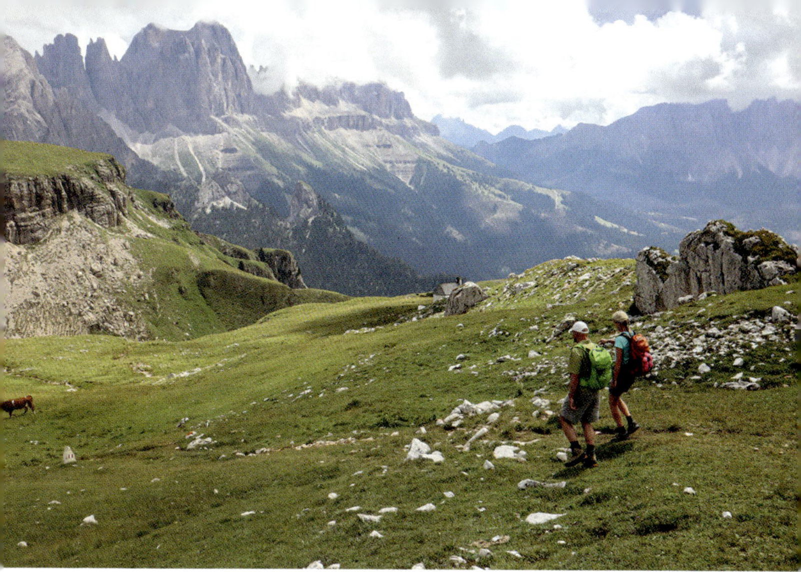

Das Hüttenwirtepaar erinnert seine Gäste gerne an die drei „Hs", die sie mit auf die Hütte bringen sollen: den Hüttenschlafsack, das Handtuch und die Hausschuhe.

KULINARIK TIPP

Das Hüttenwirtepaar Silvia und Harald verwöhnt die Gäste mit gutem Essen. Eine Besonderheit am Schlernhaus sind die hausgemachten Kuchen und der Apfelstrudel. Auch das Angebot an glutenfreien Speisen kann sich sehen lassen.

TAG 1: AUFSTIEG ZUR HÜTTE

Der bequemste Zustieg zum Schlernhaus erfolgt ab der Bergstation der Seiser-Alm-Umlaufbahn in Kompatsch über den sogenannten „Touristensteig".
Von der Bergstation der Umlaufbahn bzw. vom Parkplatz in Kompatsch wandert man auf dem breiten Weg (Nr. 10) über die Seiser Alm in südliche Richtung. An der Wegkreuzung mit dem Wanderweg Nr. 5 biegt man nach links bis zur Saltner Hütte (1.850 m, Einkehrmöglichkeit) am Fuße der steilen Hänge, die auf die Schlernhochfläche führen. Man überquert den Bach und wandert zunächst sanft ansteigend am „Touristensteig" (Markierung Nr. 5 und dann Nr. 1) und später in steileren Serpentinen durch die Latschenhänge und Almwiesen auf die Hochebene des Schlern. Über leicht kupierte Almwiesen geht es gemütlich zum Schlernhaus (2.450 m), das man bereits von der Ferne sieht.
Abstieg: Für den Abstieg folgt man dem Aufstiegsweg.

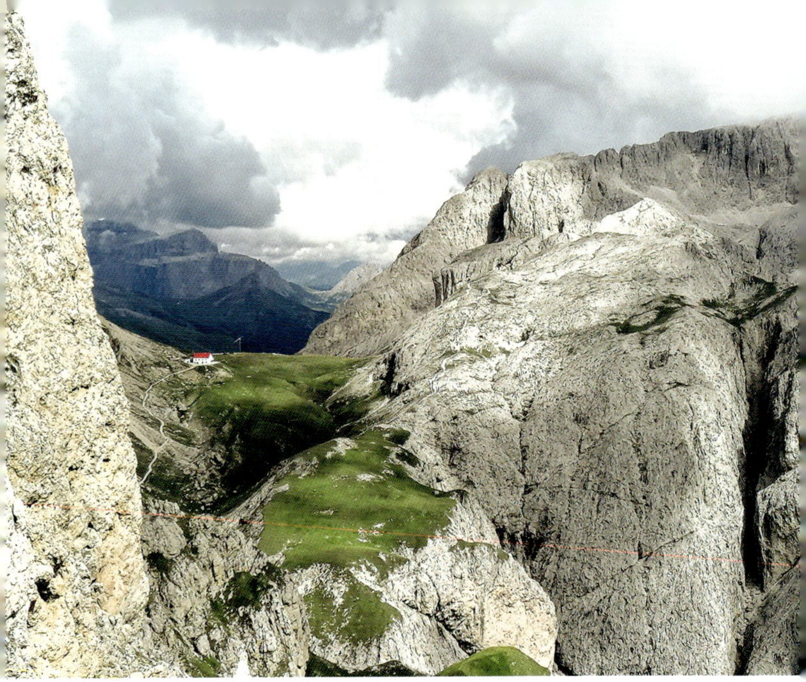

TAG 1: DIE KURZE HÜTTENTOUR

Auf den Petz 2.564 m | Nach dem Hüttenaufstieg sollte man den kurzen Abstecher auf die höchste Erhebung des Schlern, den Petz, und einen Spaziergang zum Burgstall unternehmen.

Vom Haupteingang des Schlernhauses (2.450 m) wandert man auf dem gut sichtbaren und viel begangenen Steig zum höchsten Punkt des Schlern, dem Petz oder Monte Pez (2.564 m).

Lohnend ist auch der kurze Abstecher zum Burgstall (2.515 m), der nördlichsten Kuppe des Schlernmassivs. Von hier oben blickt man auf die beiden Schlernzacken, die Euringer- und Santnerspitze hinab und kann den Kletterern beim Abseilen zuschauen. Großartig ist auch der Ausblick auf die Seiser Alm, die Langkofelgruppe und die Geißlerspitzen.

Abstieg: Für den Abstieg folgt man dem Aufstiegsweg.

TAG 2: BERGWANDERUNG UND ABSTIEG

Schlernhaus – Tierser Alpl, Rosszahnscharte, Seiser Alm | Die Wanderung über die Schlernhochfläche zu den Rosszähnen und über die Seiser Alm bietet Dolomitengenuss bis zum Abwinken.

Vom Schlernhaus wandert man über den Aufstiegsweg ein Stück zurück, bis der Wanderweg Nr. 4 die gesamte Schlernhochfläche in östliche Richtung quert. Der gut angelegte Bergpfad führt, sanft ansteigend, auf den westlichen Rücken der Roterdspitze. Dort, am höchsten Punkt der Wanderung auf 2.560 m, biegt man leicht nach rechts ab und steigt über den einfachen Steig in mehreren Serpentinen (Drahtseilsicherung) zum Wandfuß der Roterdspitze hinab. Besonders schön ist der Blick zum Molignon und in das Felsenmeer des Rosengartens. Ein bequemer Weg (Nr. 4) verläuft unterhalb der Hänge der Rosszähne zur Tierser-Alpl-Hütte (2.440 m, Einkehrmöglichkeit) und von dort hinauf zur Rosszahnscharte (2.499 m). Der steile, steinige Abstieg über mehrere Serpentinen zur Seiser Alm wird leicht bewältigt, anschließend wandert man über die schönen Almwiesen (Weg Nr. 2) in Richtung Goldknopf und Grunser Bühel. Über den Wanderweg Nr. 13A und Nr. 13 gelangt man zur Laurinhütte (2.005 m, Einkehrmöglichkeit) und von dort über den Weg Nr. 5B und rechts absteigend über den Weg Nr. 10 bis nach Kompatsch (Parkplatz und Bergstation).

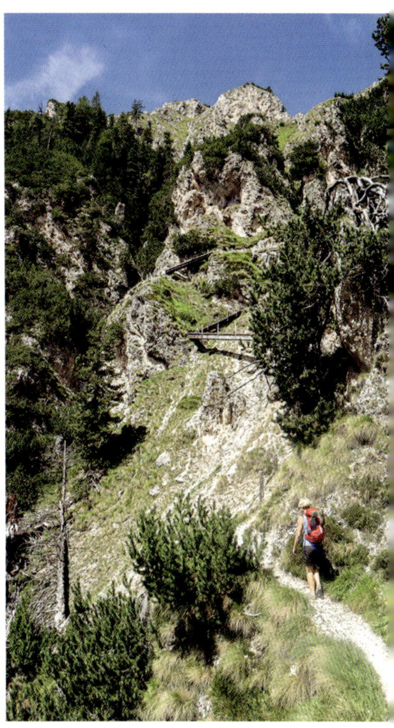

VORGESCHICHTLICHE FUNDE AUF DER SCHLERNHOCHFLÄCHE

Das Schlernplateau war in der Vorgeschichte besiedelt. Dies bezeugt der wohl bekannteste Brandopferplatz im Hochgebirge, am Burgstall auf etwa 2.500 m Höhe. An dieser nördlichsten Kuppe der Hochfläche entdeckten Heimatforscher eine Asche-Kohlen-Schicht, Knochen und mehrere grobe und feinere Keramikscherben, die sich auf das 11.–9. Jh. v. Chr. datieren lassen. Weitere Opferplätze wurden im Jahr 1945 am Nordwesthang der Roterdspitze entdeckt. Hier wurden mehrere Silexgeräte gefunden, die sich mit großer Wahrscheinlichkeit in die späte Jungsteinzeit einordnen lassen, auch wurde eine eisenzeitliche Armbrustfibel gefunden. Eine interessante Fundstelle befand sich in der Nähe einer Quelle auf der Hochfläche des Schlern. Für die Menschen damals musste das Quellwasser, das in 2.500 m aus dem Geröll sprudelte, ein Zeichen Gottes gewesen sein.

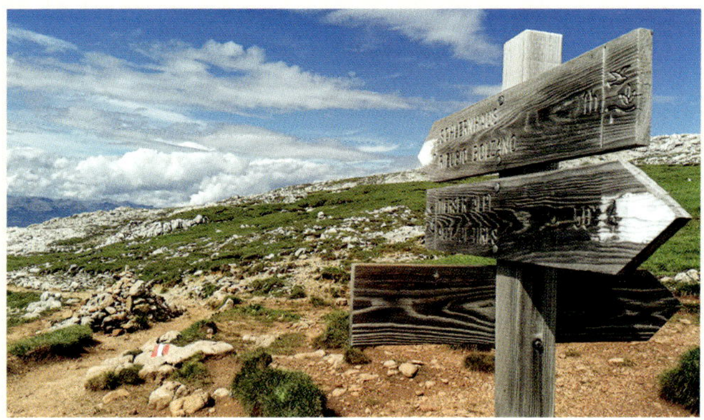

INFOS IN KÜRZE

TAG 1: AUFSTIEG UND HÜTTENTOUR

Aufstieg zum Schlernhaus
Aufstieg: 2 h 50 min, Abstieg: knapp 2 h
6,7 km
860 Hm im Aufstieg

Tour auf den Petz und Burgstall
Einfache Bergwanderung ohne besondere Schwierigkeiten.
Aufstieg bzw. Hinweg ab Schlernhaus: 45 min, Rückweg: 45 min
3,1 km
215 Hm Aufstieg und Abstieg

TAG 2: BERGWANDERUNG UND ABSTIEG

Schlernhaus – Tierser Alpl, Rosszahnscharte, Seiser Alm
Mittelschwere Bergwanderung ohne technische Schwierigkeiten, die allerdings etwas Ausdauer und Trittsicherheit verlangt.
Ab dem Schlernhaus: 4 h 40 min
13,7 km
361 Hm Aufstieg, 980 Hm Abstieg

DIE HÜTTE

Schlernhaus (Rifugio Bolzano al Monte Pez)
Silvia und Harald Gasser
Umser Straße 7, Völs
Tel. 0471 612024
www.schlernhaus.it
info@schlernhaus.it

Geöffnet von Mitte Juni bis Mitte Okt.
30 Betten in Ein- und Zweibettzimmern und Familienzimmern mit 3–9 Betten, 90 Schlafplätze in unterschiedlich großen Matratzenlagern, Waschräume mit Quellwasser und auch warmen Wasser, Duschen mit warmen Wasser (Münzautomat) auf der Etage. Der Winterraum ist nur im Winter für Wanderer, die in Not geraten, offen.
Zufahrt zur Seiser Alm ab Seis am Schlern mit der Umlaufbahn oder mit dem Bus. Die Zufahrt zum gebührenpflichtigen Parkplatz mit dem eigenen Auto ist nur bis 9 Uhr gestattet.

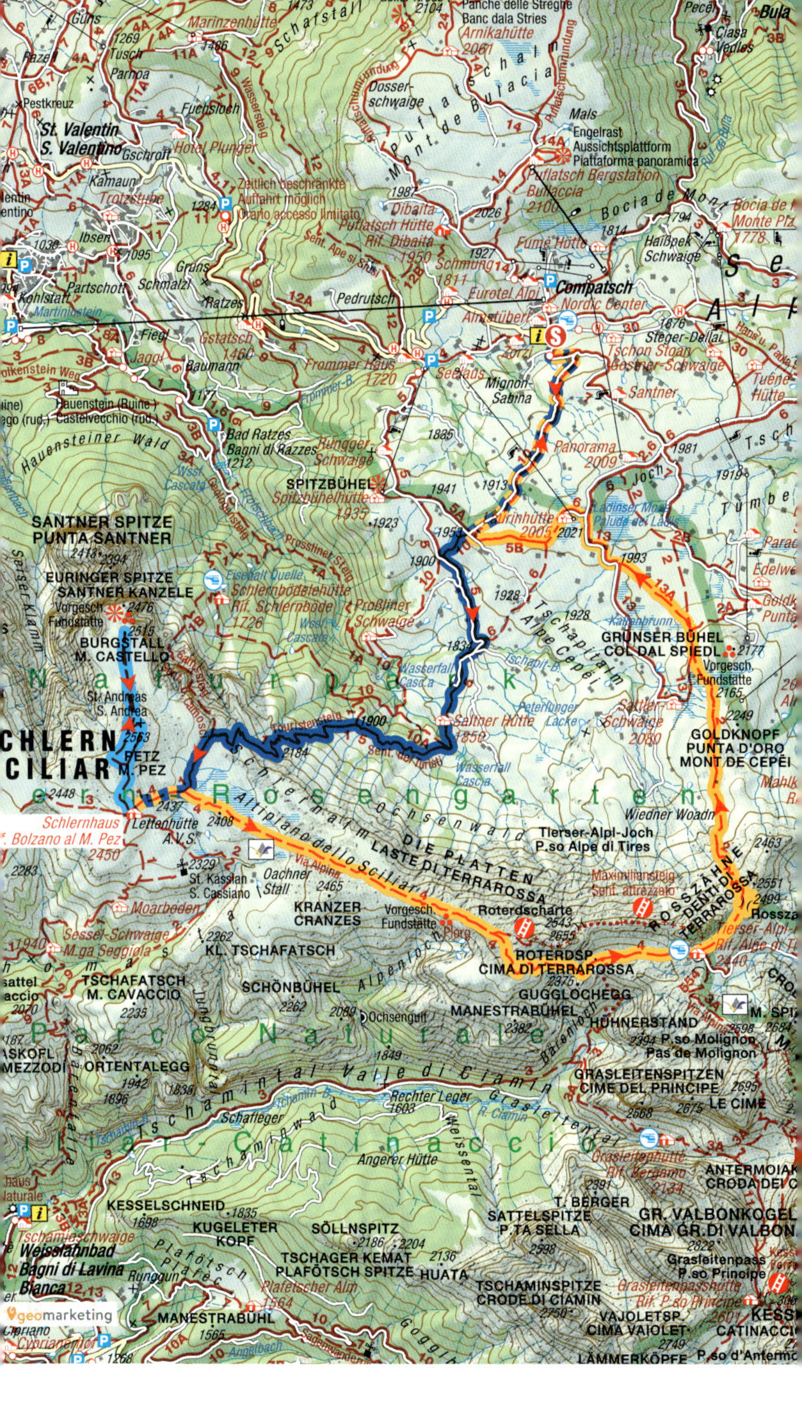

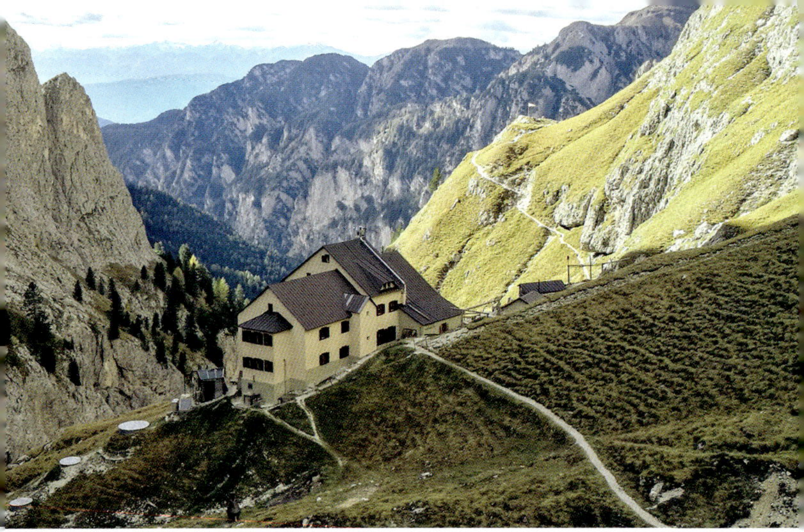

18 | Grasleitenhütte

Grasleitenpass | Tierser Alpl, Schlern und Bärenfalle

Inmitten einer Bilderbuchlandschaft, umgeben von bizarren Felsnadeln und schwindelerregenden Türmen, zwischen Molignon und Rosengarten, steht seit fast 140 Jahren die Grasleitenhütte. Die Hütte ist Ausgangspunkt und Ziel für die schönsten Wanderungen zwischen dem Tschamintal und der Schlernhochfläche.

 DIE HÜTTE

Am Fuße des Großen Valbonkogels und der Grasleitenspitzen steht in 2.165 m Höhe die urige Grasleitenhütte mit ihren heimeligen Gaststuben und den holzgetäfelten Zimmern. Bereits beim Betreten der Hütte spürt man die Geschichte des schönen Mauerwerks.

Geplant und errichtet wurde das Schutzhaus im Jahr 1887 von der Sektion Leipzig des DuÖAV. Die Bauherren ließen sich vom Bozner Bergsteiger Johann Santner über die Wahl des Standortes beraten, der Baugrund wurde von der Gemeinde Tiers kostenlos zur Verfügung gestellt.

Bereits damals schätzten die Hüttengäste die gute Kost auf der Hütte. In einem Schneespeicher wurde neben Wein, Bier und Konserven auch frisches Fleisch eingelagert. Im alten Gästebuch steht vermerkt, dass die Hütte im ersten Jahr von 96 Personen besucht wurde. Im Zuge des Hüttenbaus wurde auch das Wegenetz, die wichtigste Infrastruktur für den alpinen Tourismus, errichtet.

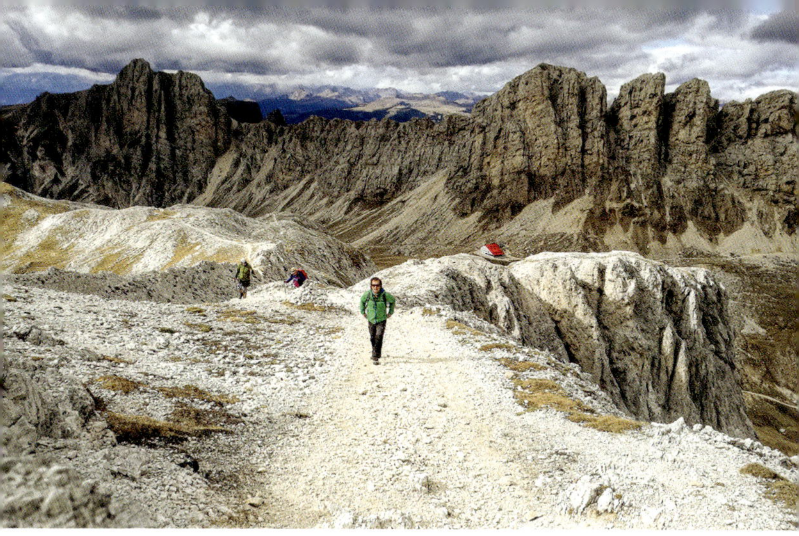

Hansjörg Resch und Margot Federer sind Hüttenwirte aus Leidenschaft, immer wieder bekommen sie Besuch aus dem Tal. Manchmal sind auch Musiker darunter, dann wird musiziert, getanzt oder einfach nur Karten gespielt.

KULINARIK TIPP

Wenn man die Grasleitenhütte betritt, kann es sein, dass einen der Duft von frisch gebackenem Apfelstrudel empfängt, denn der ist die weithin bekannte Spezialität auf der Grasleitenhütte und für viele Stammgäste der Grund, immer wieder heraufzukommen. Auch garantiert frisch: Vor dem Frühstück geht der Hüttenwirt seine Ziegen melken. Wer Lust hat, ihn zu begleiten, kann ihm sogar dabei helfen.

UNESCO-WELTERBE DOLOMITEN

Am 26. Juni 2009 wurden die Dolomiten vom Welterbekomitee der UNESCO wegen ihrer einzigartigen landschaftlichen Schönheit und ihrer geomorphologischen und geologischen Bedeutung in die Liste des Welterbes der Menschheit aufgenommen. Das Dolomitengebiet erstreckt sich über 142.000 Hektar. In Südtirol sind die Naturparks Schlern-Rosengarten, Drei Zinnen, Fanes-Sennes-Prags, Puez-Geisler, der Gebirgsstock Latemar und das Naturdenkmal Bletterbach Teile der Welterbestätte Dolomiten. Die Auszeichnung verpflichtet die Provinzen und Regionen im Dolomitengebiet zum Schutz und zur nachhaltigen Entwicklung dieser außergewöhnlichen Gebirgsregion.

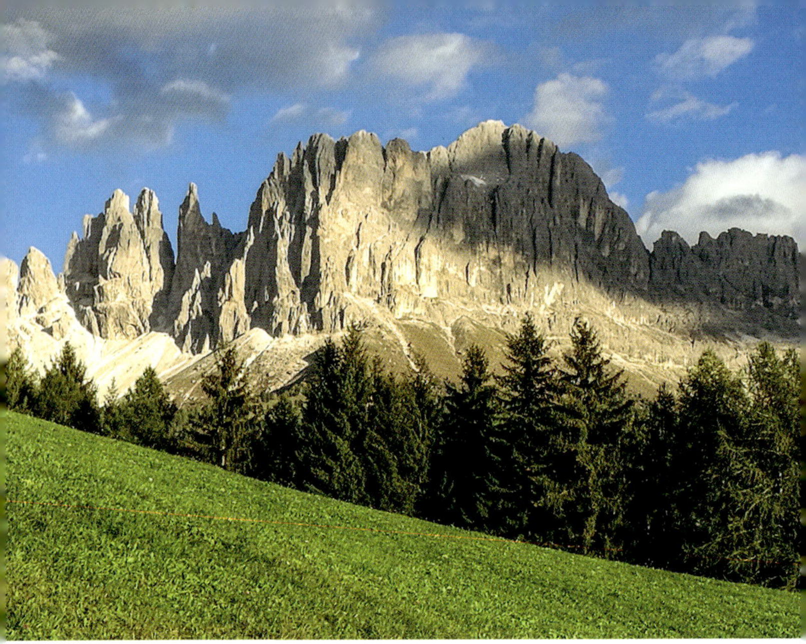

 TAG 1: AUFSTIEG ZUR HÜTTE

Der Zustieg zur Grasleitenhütte beginnt am Parkplatz Weißlahnbad, oberhalb von St. Zyprian in Tiers (1.150 m) beim Naturparkhaus an der Tschaminschwaige, am Eingang des zauberhaften Tschamintals. Der Wanderweg Nr. 3 führt zum sehenswerten Naturparkhaus bei der Tschaminschwaige (1.173 m, Einkehrmöglichkeit) und überwindet gleich am Anfang die erste Steilstufe oberhalb des Tierser Baches. Der Steig mündet nun in den breiten Forstweg, der leicht ansteigend ins Tal führt. An zwei Stellen überquert man den Tschaminbach, den man ab der Tschaminschwaige als Wildbach wahrnimmt und der taleinwärts beim Rechten Leger in einem breiten Schotterfeld unterirdisch verläuft. Etwas oberhalb des Rechten Legers (1.603 m) steigt der Wanderweg in Richtung Bärenloch und biegt unterhalb der Grasleitenspitzen rechts ab (Nr. 3A). Mäßig steil führt der Weg durch Wald und Latschenfelder, quert die abfallenden Grashänge und überwindet mühelos die letzten Höhenmeter bis zur Grasleitenhütte auf 2.134 m.

Abstieg: Für den Abstieg folgt man dem Aufstiegsweg.

 TAG 1: DIE KURZE HÜTTENTOUR

Zum Grasleitenpass 2.601 m | Wer einen neugierigen Blick ins Vajolettal werfen möchte, kann von der Grasleitenhütte über das Schuttkar zum Grasleitenpass aufsteigen. Von der kleinen Hütte am Grasleitenpass kann man gemütlich auf diese Bergkulisse blicken.

Hinter der Grasleitenhütte folgt man der Markierung Nr. 3A bis zu einer Weggabelung, wo der Weg Nr. 11 rechts abzweigt und über das Schuttkar bergwärts führt. Abenteuerlich und kurzweilig ist der Steig, der unterhalb der senkrechten Felswände des Valbon-, des Antermoia- und des Kesselkogels zum Grasleitenpass (2.601 m) führt. **Abstieg:** Für den Abstieg folgt man dem Aufstiegsweg.

TAG 2: BERGWANDERUNG UND ABSTIEG

Grasleitenhütte – Tierser Alpl, Schlernhaus, Abstieg über die Bärenfalle nach Weißlahnbad/Tiers | Bei dieser schönen, langen Wanderung überschreitet man die nahezu unentdeckte Seite des Schlernmassivs zwischen dem Molignon und dem Tschafatsch-Kamm, oberhalb des Tschamintals.

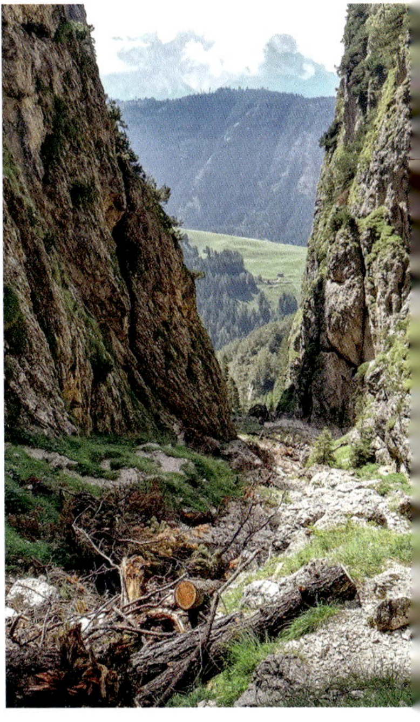

Nach einem genussreichen Frühstück beginnt die lange Tour gleich hinter der Grasleitenhütte auf 2.134 m. Der Weg Nr. 3A führt mäßig steil in das große Kar und geht dann nach links an der Ostseite der Grasleitenspitzen über steile Schuttkare bis zum Molignonpass (2.598 m) und anschließend (zuerst mit Nr. 3A und vor dem Tierser Alpl mit Nr. 554 markiert) bis zur Tierser-Alpl-Hütte (2.440 m, Einkehrmöglichkeit), deren rotes Dach man bereits aus der Ferne sehen kann. Der Weg Nr. 4 biegt nun nach links ab und verläuft am Wandfuß der Rosszähne und der Roterdspitze bis zum Aufstieg auf die Schlernhochfläche. In leichtem Gefälle geht es über das schöne Plateau bis zum Schlernhaus (2.450 m). Nun zweigt man links ab (Weg Nr. 2) und steigt zur unbewirtschafteten Lettenhütte hinab. Noch ist der sanfte Abstieg knieschonend. Am Tschafatsch-Sattel (2.070 m) sollte man vor dem Abstieg durch die steile Bärenfalle eine Rast einlegen. Hier öffnet sich der Blick auf den Rosengarten und den gegenüberliegenden Latemar. Der Abstieg führt in engen Kehren, Schotter, gut gestuften Felsen und Brücken bis zum Parkplatz am Weißlahnbad (1.150 m) oder zur Tschaminschwaige. Das kalte Wasser des Tschaminbachs bietet sich für ein wohltuendes Fußbad an.

INFOS IN KÜRZE

TAG 1: AUFSTIEG UND HÜTTENTOUR

Aufstieg zur Grasleitenhütte
Aufstieg: 2 h 50 min, Abstieg: knapp 2 h
6,7 km
860 Hm im Aufstieg

Tour Grasleitenpass
Mittelschwerer Aufstieg in Schutt und Geröll, der ein wenig Trittsicherheit und Ausdauer erfordert.

Aufstieg ab der Grasleitenhütte: 1 h 20 min, Abstieg: 45 min
3,9 km
470 Hm Aufstieg und Abstieg

TAG 2: BERGWANDERUNG UND ABSTIEG

Grasleitenhütte – Tierser Alpl, Schlernhaus, Abstieg über die Bärenfalle nach Weißlahnbad/Tiers

Mittelschwere, aber lange Bergwanderung, die Trittsicherheit (im Schotter und Geröll) sowie Schwindelfreiheit (Abstieg über die Bärenfalle) erfordert.

Ab der Grasleitenhütte: 6 h
15,3 km
800 Hm Aufstieg, 1.729 Hm Abstieg

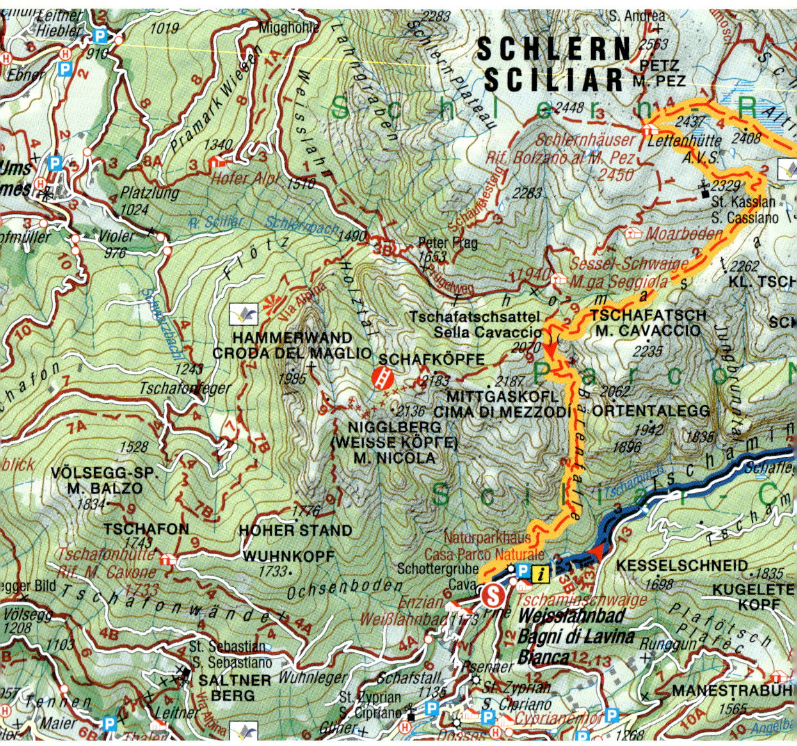

DIE HÜTTE

Grasleitenhütte (Rifugio Bergamo)
Hansjörg Resch und Margot Federer
Weißlahn 20, Tiers
Tel. 0471 1632320 oder
347 0894997 (Margot)
348 4115891 (Hansjörg)
www.grasleitenhuette.com
info@grasleitenhuette.com

Geöffnet vom 2. Sa. im Juni bis Anf. Okt.
40 Betten in Zwei-, Vier-, Fünf- oder Achtbettzimmern, 15 Schlafplätze im Matratzenlager und acht Not-Schlafplätze im Winterraum.
Die schlicht gehaltenen Zimmer sind sehr geräumig und jeder Stock ist mit je einem Waschraum und Toiletten ausgestattet. Eine gebührenpflichtige Dusche mit Warmwasser gibt es im Erdgeschoss. Strom aus Dieselaggregat und Batterien vorhanden. Mobilfunkempfang (netzabhängig). Hüttenschlafsack ist Pflicht, Bezahlung in bar oder mit Karte möglich. Hunde werden in der Hütte nicht aufgenommen.
Über die Staatsstraße SS12 durch das Eisacktal oder über die A22 Brenner-Autobahn zur Abfahrt Bozen-Nord und Richtung Norden nach Blumau und weiter über Völser Aicha in Richtung Tiers. Weiter nach Tiers und nordöstlich des Ortes bis zum gebührenfreien Parkplatz in Weißlahnbad.

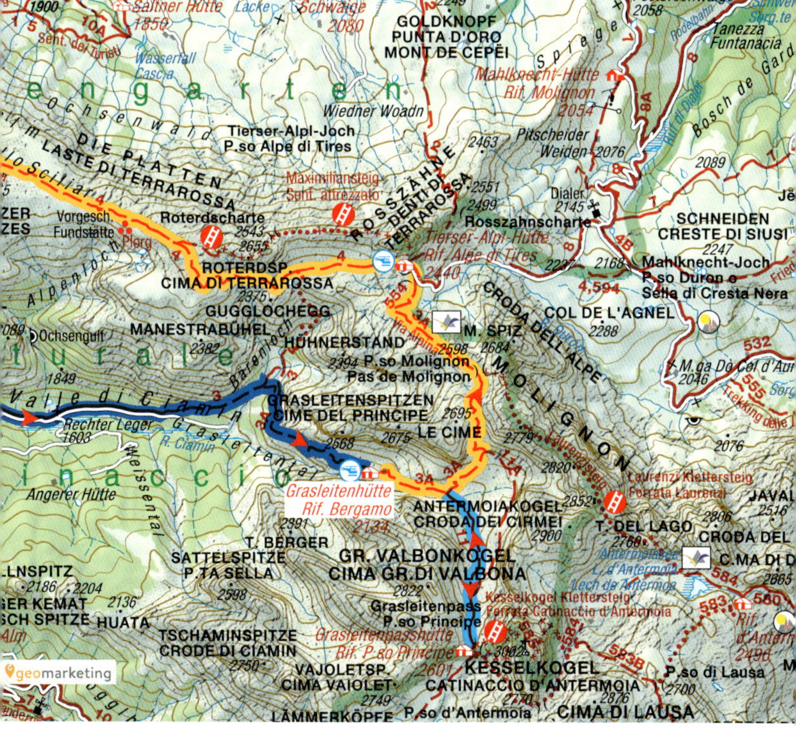

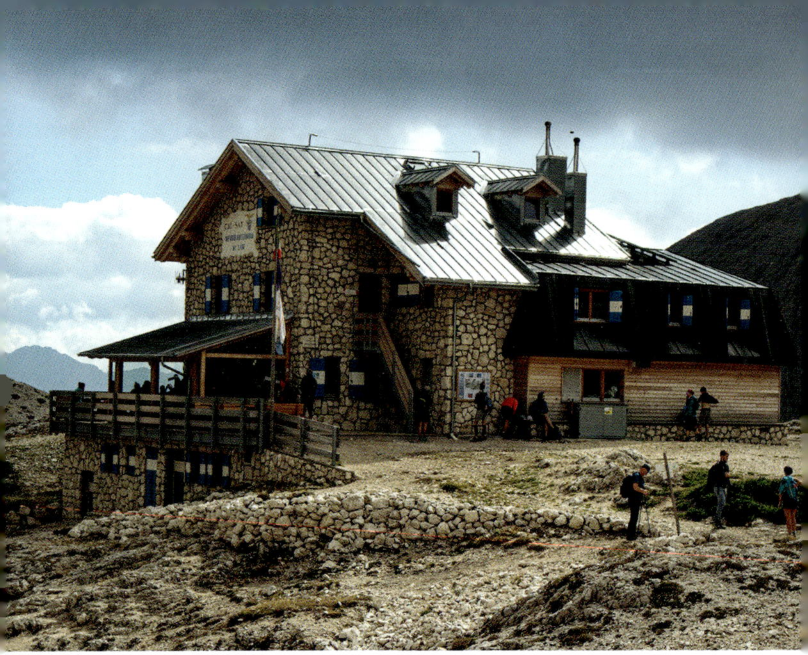

19 | Antermoiahütte

Mantello | Grasleitenpass

Auf knapp 2.500 m liegen die Antermoiahütte und der gleichnamige See inmitten der sagenumwobenen Landschaft der „Bleichen Berge", zwischen dem Donapass und dem Antermoiapass. Auf guten alpinen Wegen und Steigen umwandert man den Gebirgsstock des Molignon und lernt ein alpines Schutzhaus mit besonderem Flair kennen.

 DIE HÜTTE

Errichtet wurde das Schutzhaus im Jahr 1911 von der Sektion Fassa des DuÖAV und ging in den 1920er-Jahren an den CAI über. Seit jeher ist die Hütte ein wichtiger Stützpunkt in der Rosengartengruppe und ist wegen ihrer außergewöhnlich schönen Lage am verwunschenen Antermoiasee und am Fuße des Kesselkogels ein beliebtes Ziel für Tagesgäste. Die Antermoiahütte wurde in den vergangenen Jahren vollständig umgebaut, um den technischen Anforderungen, aber auch den steigenden Ansprüchen der Hüttengäste gerecht zu werden. Bewahrt wurden dabei das heimelige Ambiente der Hütte und die behutsame Bauweise, die in dieser sensiblen Naturlandschaft besonders wichtig ist. Geführt wird die Antermoiahütte vom Hüttenwirt Martin Riz, der auch Bergführer und Bergrettungsmann ist.

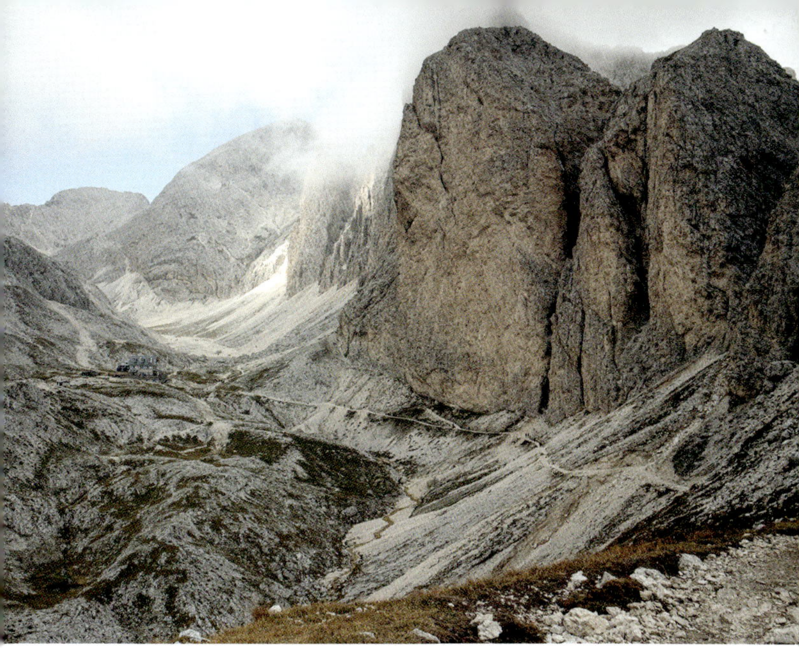

Martin kennt die Rosengartengruppe wie seine Westentasche und erteilt seinen Gästen wertvolle Ratschläge für die Tourenplanung.

KULINARIK TIPP

Die Speisekarte der Antermoiahütte zeichnet sich durch regionale Gerichte und Spezialitäten der ladinischen Küche aus. Es gibt Rohnenknödel mit Rucola, Polenta mit Grillkäse und „Salsiccia", Gulasch mit Knödeln, und „Ciajoncie da fighes" – Teigtaschen mit Feigen- und Mohnfüllung. Die Halbpension bietet ein reichhaltiges Frühstück und ein 3-Gänge-Menü am Abend.

TAG 1: AUFSTIEG ZUR HÜTTE

Der Aufstieg zur Antermoiahütte beginnt bei der Micheluzzihütte im Durontal, die man mit dem Shuttlebus von Campitello di Fassa erreichen kann.

Vom Parkplatz bei der Micheluzzihütte (1.860 m) quert der Weg (Nr. 532) das Weideland der Malga Miravalle (1.890 m) und des Ciamp de Grevena. Über den Weg Nr. 578, der bei der Malga Miravalle links abbiegt, nähert man sich dem Ciaregoles-Pass (2.282 m) und steigt auf den Donapass. Von dort wandert man durch die Märchenlandschaft im Kar des Vallon de Antermoia zur gleichnamigen Hütte und dem schönen Antermoiasee auf 2.496 m.

Abstieg: Für den Abstieg folgt man dem Aufstiegsweg.

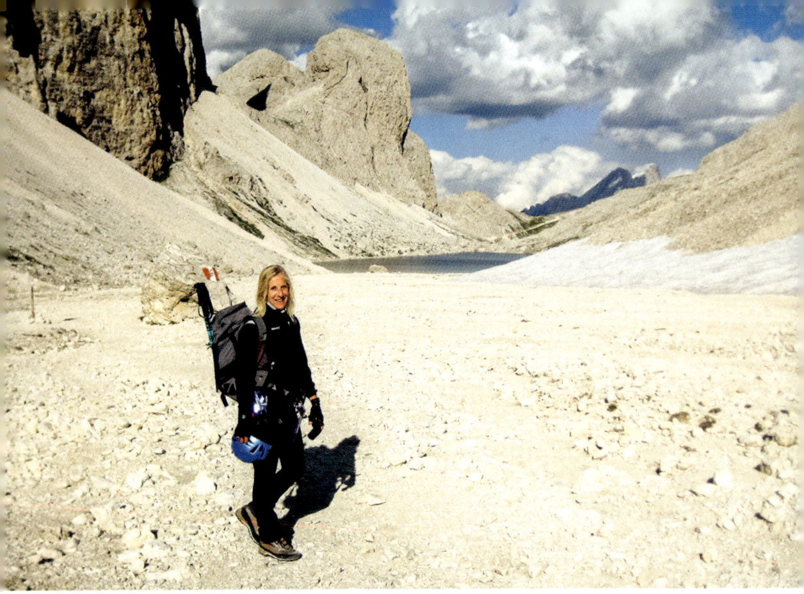

 TAG 1: DIE KURZE HÜTTENTOUR

Auf den Mantello 2.567 m | Die Ruhe und Kraft dieser Landschaft spürt man auf der Erhebung des „Mantels" am besten. Der kurze Abstecher dorthin zahlt sich aus.

Nachdem man die Schlafräume der Antermoiahütte bezogen hat, sollte man es nicht versäumen, das Abendlicht am Gipfel des Mantello zu genießen. Der höchste Punkt dieses Rückens liegt nur einen Steinwurf von der Hütte entfernt. Von der Hütte wandert man zum Donapass zurück, der über den Weg Nr. 580 einfach zu erreichen ist. Ab dem Pass biegt man nach rechts ab und folgt den gut erkennbaren Steigspuren, die auf den Gipfel des Mantello auf 2.567 m führen.

Abstieg: Für den Abstieg folgt man dem Aufstiegsweg.

 TAG 2: BERGWANDERUNG UND ABSTIEG

Antermoiahütte – Antermoiapass, Grasleitenpass, Tierser Alpl und Abstieg durch das Durontal zur Micheluzzihütte | Bei dieser mittelmäßig anspruchsvollen Wanderung taucht man in die faszinierende Felsenwelt des Rosengartens ein und umrundet auf gut markierten Pfaden das Massiv des Molignon.

Wir starten bei der Antermoiahütte (2.496 m) und folgen dem Wanderweg nach links (Markierung Nr. 584) zum Antermoiasee, der in faszinierenden hellblauen Farbtönen im karstigen Gebirgskessel schimmert.

Unterhalb der Felsabstürze der Torre del Lago und des Antermoiakogels geht es bis zum steilen Aufstieg auf den Antermoiapass, den man über mehrere Serpentinen erreicht. Im Anschluss folgt ein

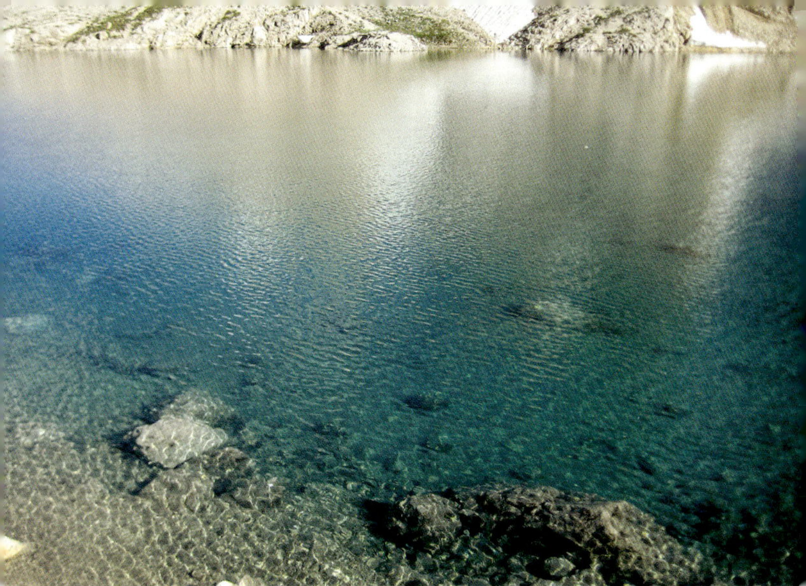

steiniger Abstieg, der unterhalb der steil abfallenden Felswände des Kesselkogels bis zur Grasleitenpasshütte (2.601 m) hinabführt.
Von der Grasleitenpasshütte steigt man über einen etwas beschwerlichen Steig (Markierung Nr. 11) in die Schuttkare zwischen Valbonkogel, Antermojakogel und den Grasleitenspitzen hinab. Um unnötige Aufstiegshöhenmeter zu vermeiden, biegt man rechts in den Steig Nr. 11A ab und quert den oberen Bereich des Kessels bis zum Aufstieg auf den Molignonpass (2.598 m). Vom Pass führt Weg Nr. 3A und anschließend Weg Nr. 554 (teilweise drahtseilversichert, Steighilfen) bis zur Tierser-Alpl-Hütte (2.440 m, Einkehrmöglichkeit). Nach einer kurzen Rast wandert man, dem Fahrweg folgend, in östliche Richtung bis zum Mahlknechtjoch (2.183 m, ladinisch Pas de Duron). Hier zweigt der Wanderweg Nr. 532 rechts ins Durontal hinab. Bald erreicht man den Talboden (ca. 1.900 m) und folgt diesem bis zur Micheluzzihütte (1.874 m).

DER ANTERMOIASEE

In unmittelbarer Nähe der Antermoiahütte liegt auf knapp 2.500 m Höhe der Antermoiasee, märchenhaft in die karstige Dolomitenlandschaft eingebettet. Der bezaubernd schöne Bergsee im Kar des Vallon de Antermoia hat sich hinter einem Bergsturz, der von der Croda del Lago abgerutscht ist und einen Damm bildete, aufgestaut. Gespeist wird der 2 Hektar große See durch die Niederschläge, die vom großen Antermoiakar in den See abfließen.

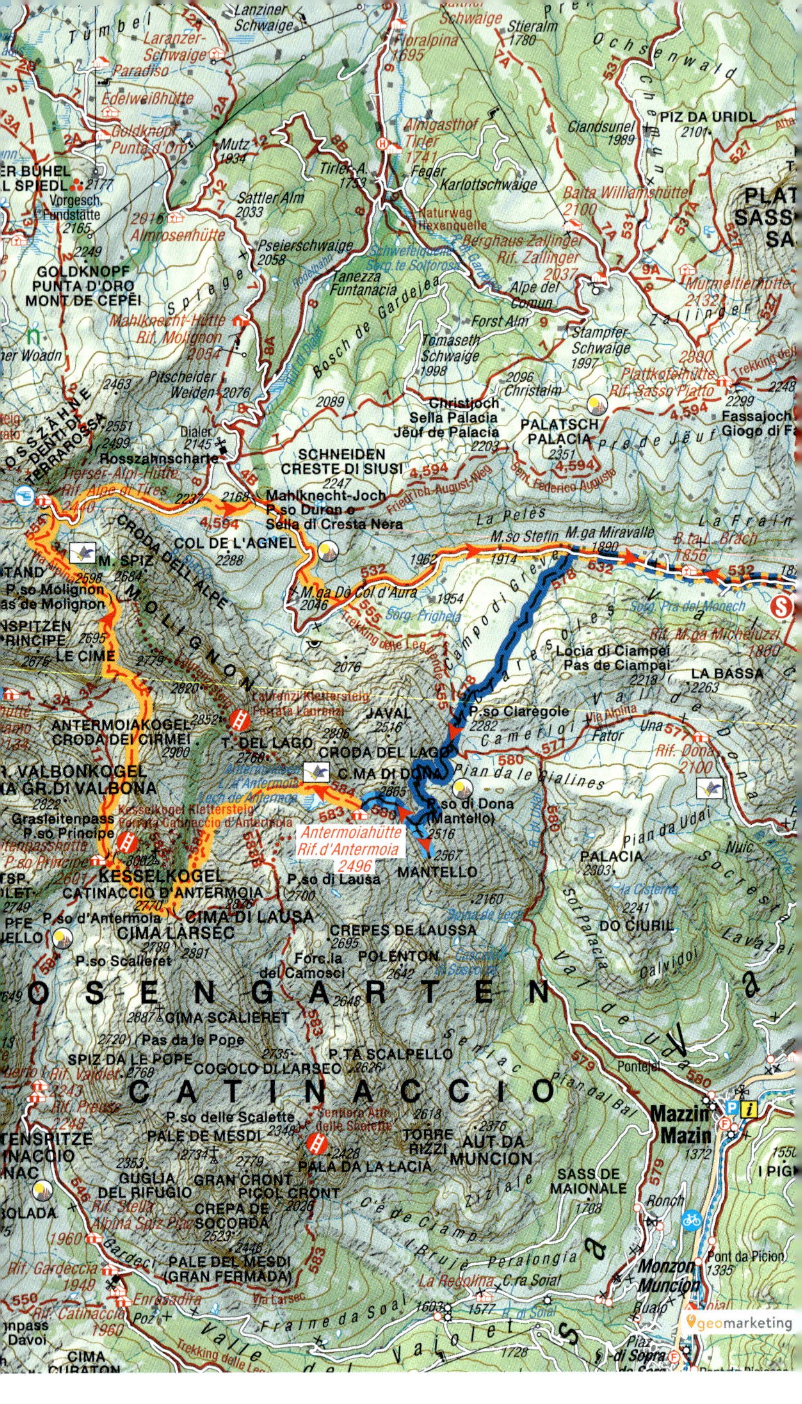

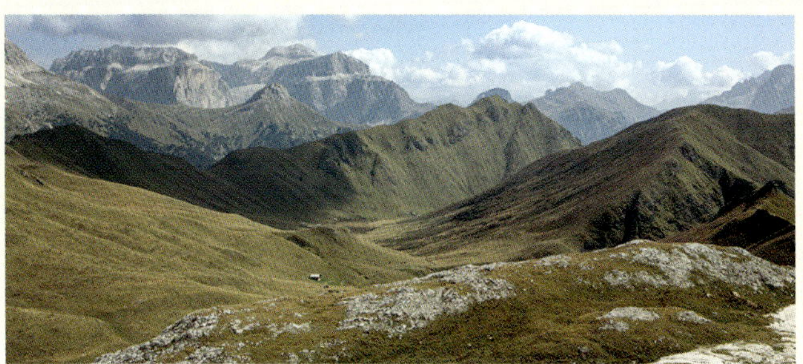

INFOS IN KÜRZE

TAG 1: AUFSTIEG UND HÜTTENTOUR

Aufstieg zur Antermoiahütte
Aufstieg: 2 h 30 min, Abstieg: knapp 2 h
5,6 km
690 Hm im Aufstieg

Tour Mantel
Sehr kurzer und leichter Abstecher ab der Hütte.

Aufstieg ab der Antermoiahütte: 30 min, Abstieg: 20 min
1,7 km
150 Hm Aufstieg und Abstieg

TAG 2: BERGWANDERUNG UND ABSTIEG

Antermoiahütte – Antermoiapass, Grasleitenpass, Tierser Alpl und Abstieg durch das Durontal zur Micheluzzihütte

Lange Bergwanderung auf gut markierten Steigen, ohne technische Schwierigkeiten. Die schottrigen Auf- und Abstiege verlangen Trittsicherheit und Schwindelfreiheit.

Ab der Antermoiahütte: 5 h 15 min
13,9 km
560 Hm Aufstieg, 1.250 Hm Abstieg

DIE HÜTTE

Antermoiahütte
Martin Riz
Vallon d'Antermoja
Mazzin, Val di Fassa
Tel. 0462 602272 oder 333 6656311
www.rifugioantermoia.com
info@rifugioantermoia.com

Geöffnet von Mitte Juni bis Mitte Okt., Reservierung notwendig.

62 Betten in Drei-, Vier-, Fünfbettzimmern und Mehrbettzimmern mit 7 und 9 Schlafplätzen. 12 Schlafplätze im Matratzenlager, der spartanische Winterraum ist im Sommer ein Mehrbettzimmer. Etagenwaschräume und zwei Duschen mit Warmwasser (Münzautomaten).

Über Brennerautobahn A22 bis zur Ausfahrt Auer/Neumarkt und in das Fassatal (SS48) bis nach Campitello und von dort mit dem Shuttle-Bus zur Micheluzzihütte (auch Duronhütte genannt). Informationen über den Zubringerdienst: Taxi Volpe, Tel. 336 352881, Taxi Prinoth, Tel. 339 2796383, Dolomites Taxi, Tel. 348 2980251

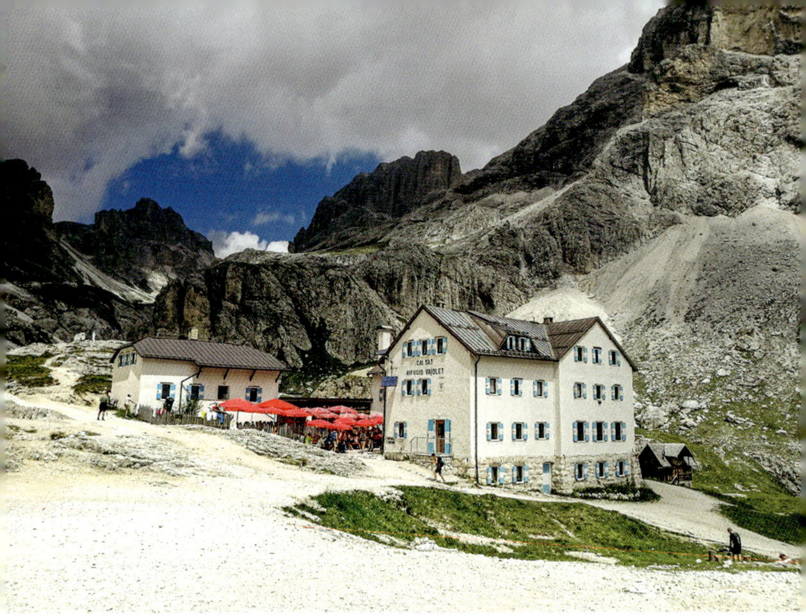

20 | Vajolethütte

„Gartl“ | Tschagerjoch

Auf einem Felssporn, zwischen der Gardeccia-Mulde und dem oberen Vajolettal, steht auf 2.243 m die Vajolethütte. Das imposante, altehrwürdige Schutzhaus ist nicht nur das Ziel einer gemütlichen Wanderung, sondern auch ein guter Stützpunkt für mäßig anspruchsvolle Bergwanderungen, bei denen man zum Gartl aufsteigt und über das Tschagerjoch die Rosengartengruppe quert.

 DIE HÜTTE

Kaum eine andere Hütte in der Rosengartengruppe ist so gut erreichbar wie die Vajolethütte im Herzen des Rosengartens. Das alpine Schutzhaus ist ein zentraler Stützpunkt für lohnende Wanderungen in dieser bezaubernden Dolomitenlandschaft. Bereits der Anstieg von der Gardeccia-Mulde ist ein landschaftliches Erlebnis und die beiden nun beschriebenen Touren sind eine kleine Kostprobe für weitere Entdeckungstouren in König Laurins sagenumwobenem Rosengarten. Die Vajolethütte blickt auf eine lange Geschichte zurück. Errichtet wurde sie im Jahr 1897 von der Sektion Leipzig des DuÖAV. Nach mehreren Erweiterungsbauten in den darauffolgenden Jahren wurde auch dieses Schutzhaus nach dem Ersten Weltkrieg enteignet und dem CAI zugewiesen.

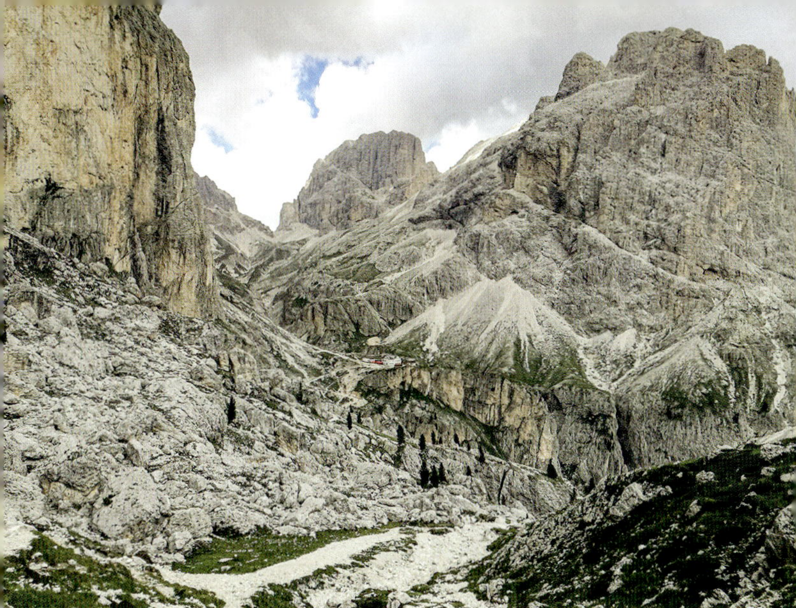

Die Vajolethütte ist eines der größten Schutzhäuser in den Dolomiten und wegen der guten Erreichbarkeit ein begehrtes Ziel vieler Touristen. Den Aufenthalt sollte man deshalb rechtzeitig buchen.

KULINARIK TIPP

Auf der Sonnenterrasse kann man regionaltypische Gerichte aus dem Fassatal genießen, wie z.B. Polenta mit Almkäse und pikant gewürzter „Salsiccia", oder Knödel mit Gulasch. Besonderes Augenmerk schenkt die Küche den glutenfreien und veganen Gerichten.

DIE KÖNIG-LAURIN-SAGE

Die wohl bekannteste Dolomitensage ist jene, die sich um König Laurin und seinen Rosengarten rankt. Das Heldenepos aus dem 13. Jh. schildert die Niederlage des mit Zauberkräften ausgestatteten Zwergenkönigs Laurin im Kampf gegen Dietrich von Bern. Bei seiner Gefangenschaft belegte der König seinen Rosengarten mit einem Fluch: „Weder bei Tag noch bei Nacht sollen die Menschen jemals den Rosengarten sehen".
Dabei hatte Laurin die Dämmerung vergessen und daher kommt es, dass der Rosengarten bei Sonnenuntergang und Sonnenaufgang rot „glüht".

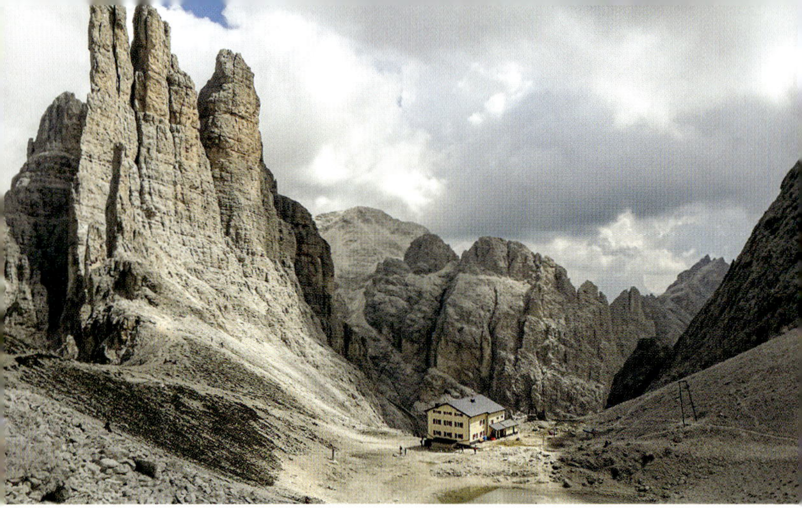

 TAG 1: AUFSTIEG ZUR HÜTTE

Bequemer Hüttenaufstieg von der Gardeccia-Mulde bis ins obere Vajolettal.
Der Aufstieg zur Vajolethütte beginnt bei der Gardeccia-Hütte (1.949 m), die man mit dem Zubringerbus oder zu Fuß in einer halben Stunde ab der Bergstation der Ciampedié-Seilbahn am Pian Pecei erreichen kann. Der Wanderweg (Nr. 546) verläuft in sanfter Steigung von der Gardeccia-Mulde in nördliche Richtung bis zum Felsvorsprung der „Porte Neigre" im oberen Vajolettal. Ohne nennenswerte Orientierungsschwierigkeiten erreicht man die Vajolethütte in 2.243 m Höhe.
Abstieg: Für den Abstieg folgt man dem Aufstiegsweg.

 TAG 1: DIE KURZE HÜTTENTOUR

Aufstieg ins „Gartl" 2.734 m | Beim kurzen Aufstieg ins „Gartl" des Rosengartens und zur kleinen Santnerpasshütte wird man mit bleibenden Eindrücken und herrlicher Fernsicht belohnt.
Man beginnt die Wanderung bei der Vajolethütte (2.243 m) und steigt über den teilweise drahtseilgesicherten, aber technisch einfachen Weg Nr. 542 zwischen der Punta Emma und den östlichen Vajolettürmen bis zur Gartlhütte (2.621 m) auf. Von hier verläuft der leicht ansteigende, gut sichtbare Weg nach rechts bergwärts. Man steht nun direkt am Fuße der steil in den Himmel ragenden Vajolettürme: links dem Delagoturm, dem Stabelerturm in der Mitte und dem Winklerturm rechts. Der schottrige Steig führt nun durch das breite Tal (Schuttkar), zwischen der Rosengartenspitze (links) und der Laurinswand (rechts), bis zur kleinen Santnerpasshütte, von der man weit über das Eggental und über Tiers ins Land hineinschauen kann.
Abstieg: Für den Abstieg folgt man dem Aufstiegsweg.

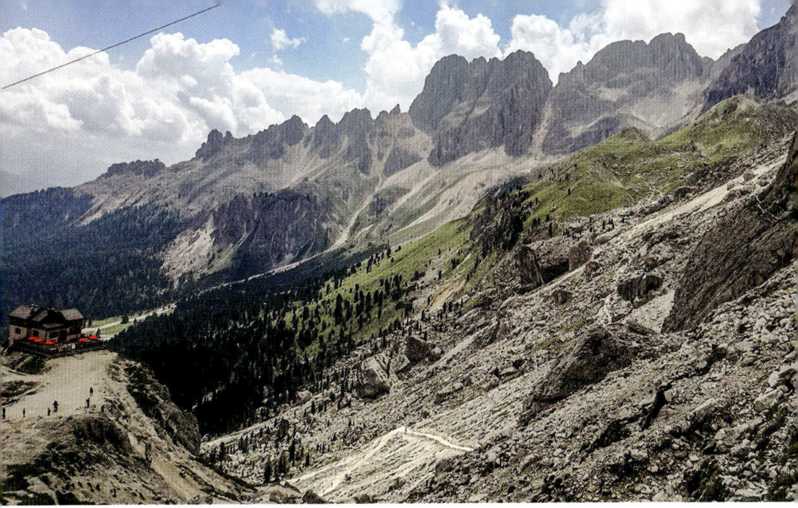

TAG 2: BERGWANDERUNG UND ABSTIEG

Vajolethütte – Tschagerjoch, Kölner Hütte und Abstieg zur Gardeccia-Hütte | Auf dieser langen Bergwanderung steigt man von der Vajolethütte quer durch den Rosengarten und wandert über den beliebten „Hirzelsteig" zur Rotwandhütte und über den „Fassaner Höhenweg" zurück nach Ciampedié oder zur Gardeccia-Hütte.

Direkt von der Vajolethütte steigt man den breiten Fahrweg (Nr. 546, Hüttenzustieg) ein Stück talwärts. In einer Kehre biegt rechts der Weg Nr. 541 ab und gewinnt allmählich an Höhe. Bei einer Wegkreuzung (ca. 2.416 m) mündet unser Weg in den Steig Nr. 550, der nun steil zum Tschager Joch (2.630 m) führt. Bevor man den steilen Abstieg angeht, nützt man diesen schönen Aussichtspunkt für eine wohlverdiente Rast. Der steinige, teilweise mit Stufen und Griffen versehene Abstieg zur Kölner Hütte ist nicht schwierig, die kurzen drahtseilgesicherten Passagen unmittelbar oberhalb der Hütte verlangen etwas Konzentration.

Von der Kölner Hütte (2.337 m, Einkehrmöglichkeit) verläuft der Weg Nr. 549, der als „Hirzelsteig" bekannte Panoramaweg, bis zum Christomannos-Denkmal unterhalb des Masarè-Grates. Bald erreicht man die Rotwandhütte (2.273 m, Einkehrmöglichkeit) am Ciampaz-Sattel und erlebt eine Aussicht auf die nahen Dolomitengipfel wie kaum anderswo.

Bei der Rotwandhütte beginnt der wunderschöne, mit der Nr. 545 markierte „Fassaner Höhenweg". Der Höhenweg führt von der Malga Vael bis zur Ciampedié-Hütte (1.998 m) bei der Bergstation der Seilbahn (Seilbahnfahrt nach Vigo di Fassa). Der Wanderweg Nr. 540 biegt nun nach links ab, und über eine bequeme Almstraße erreicht man die Gardeccia-Hütte im gleichnamigen Kessel am Fuße der Pale de Mesdì.

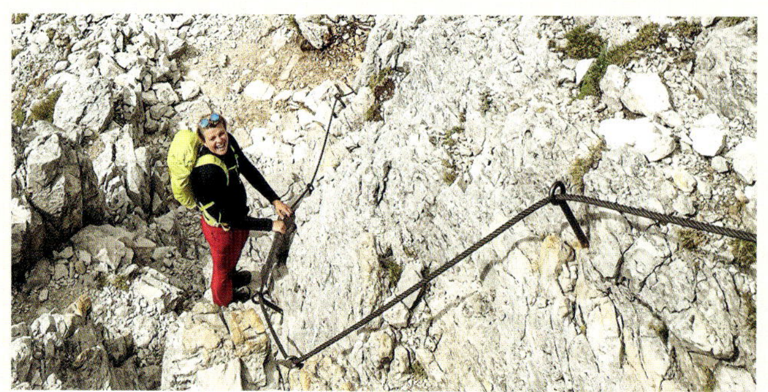

INFOS IN KÜRZE

TAG 1: AUFSTIEG UND HÜTTENTOUR

Aufstieg zur Vajolethütte
Aufstieg: 1 h,
Abstieg: knapp 40 min
2 km
295 Hm im Aufstieg

Tour Gartlhütte und Santnerpasshütte
Mittelschwere Bergtour über einen drahtseilgesicherten Steig. Die kurze Tour verlangt beim Abstieg Trittsicherheit und Schwindelfreiheit.

Aufstieg ab der Vajolethütte: 1 h 45 min,
Abstieg: 1 h
3,3 km
480 Hm Aufstieg und Abstieg

TAG 2: BERGWANDERUNG UND ABSTIEG

Vajolethütte – Tschager Joch, Kölner Hütte und Abstieg zur Gardeccia-Hütte

Anspruchsvolle Bergwanderung, ohne technische Schwierigkeiten, die besonders beim Tschager Joch Trittsicherheit und Schwindelfreiheit verlangt.

Ab der Vajolethütte:
5 h 40 min
15,3 km
660 Hm Aufstieg,
960 Hm Abstieg

DIE HÜTTE

Vajolethütte
Fabio und Karin Bernard
Vigo di Fassa / Sen Jan di Fassa
Tel. 0462 763292 oder 335 7073258
www.rifugiovajolet.com
info@rifugiovajolet.com

Geöffnet ab der 2. Juniwoche bis Ende Sept.
140 Betten in Mehrbettenzimmern und Matratzenlagern zu 22, zehn und zwei mal acht Schlafplätzen, Waschräume und vier Duschen mit Warmwasser (Münzautomaten).

Über die Brennerautobahn A22, Ausfahrt Bozen Nord ins Eggental und über Welschnofen und den Karerpass bis Vigo di Fassa. Von dort mit der Rosengarten-Seilbahn zum Rifugio Ciampedié bzw. mit dem Zubringerbus von Pera di Fassa bis zur Gardeccia-Hütte.

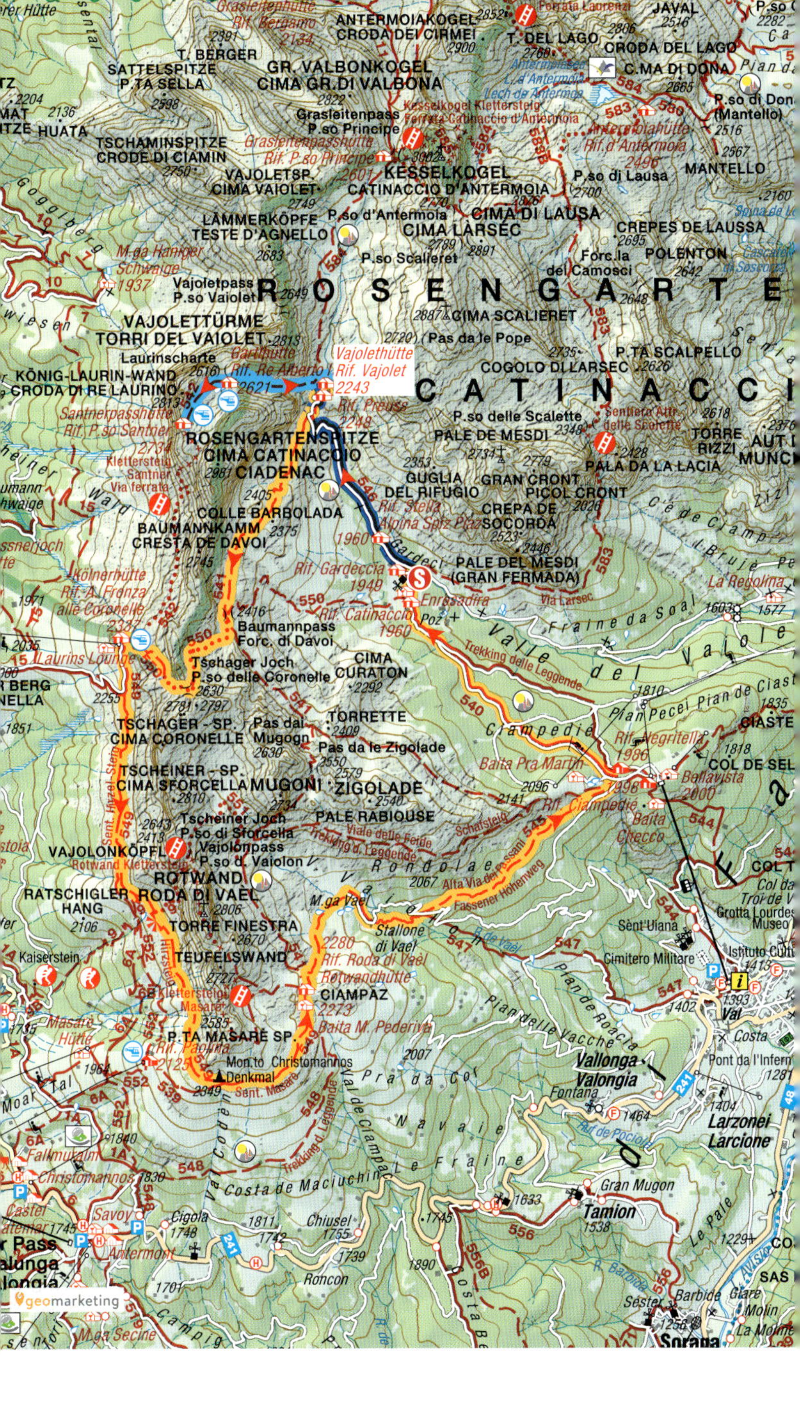

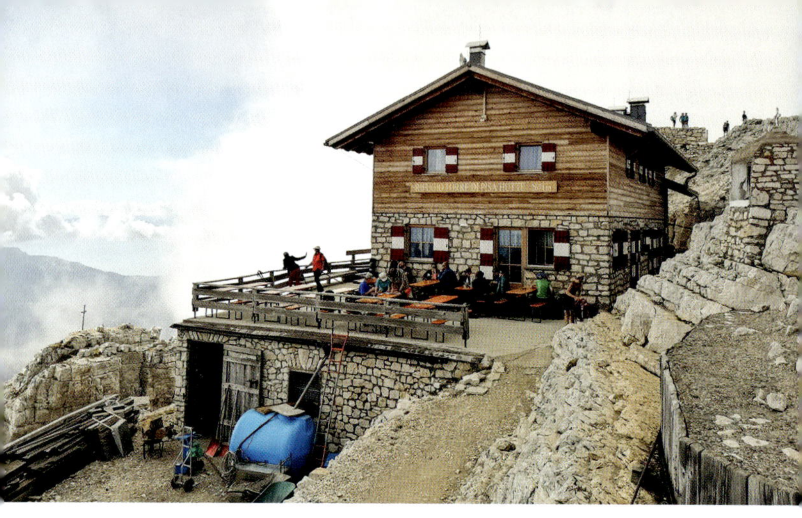

21 | Latemarhütte

Große Latemarscharte

In der Latemargruppe haben Schutzhäuser Seltenheitswert. Wie ein Adlerhorst klebt die einzige Hütte, die Torre-di-Pisa- oder Latemarhütte auf einer schmalen Schichtfläche aus Riffkalk. Abenteuerlich windet sich der Hüttenaufstieg durch das Labyrinth von Felstürmen, und über horizontale Felsschichten wandert man zu einer Biwakschachtel in der Großen Latemarscharte.

 DIE HÜTTE

Die Latemarhütte steht auf dem flachen Gipfel des Cavignon, der höchsten Erhebung des gleichnamigen Grates auf 2.671 m. Die Hütte wird auch „Torre-di-Pisa-Hütte" genannt, weil in unmittelbarer Nähe des Schutzhauses ein zwanzig Meter hoher Felsturm in den Himmel ragt, der stark an den bekannten „Campanile" von Pisa, den Schiefen Turm, erinnert.

In mühevoller Kleinarbeit hat Camillo, der Vater des Hüttenwirts Antonio Gabrielli, in den frühen 1970er-Jahren die Hütte errichtet. Die größte Herausforderung bestand darin, die Wasserversorgung zu gewährleisten. Nach fünf Jahrzehnten erfolgte der überfällige Umbau, und seit Sommer 2017 erstrahlt die Hütte in neuem Glanz.

Das Schutzhaus wird von den vielen Tagesgästen als Tourenziel angepeilt oder für eine Einkehr aufgesucht. Übernachtungsgäste wählen diese Hütte als Etappenziel im Rahmen einer Fernwanderung oder möchten hier einfach nur den Sonnenaufgang erleben, der spektakulär ist.

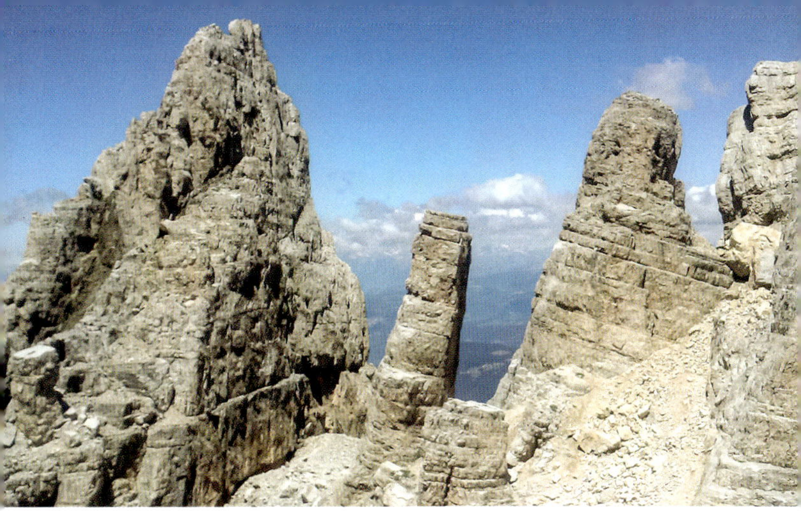

Der Rundblick über die Lagoraigruppe bis zur Cima d'Asta und der Pale di San Martino bis hin zu Pelmo, Civetta, Tofane und Sella ist grandios.
Beim Abstieg nach Obereggen sieht man im Wald noch die Spuren des verheerenden Windwurfs vom Herbst 2018, von dem besonders die Zustiege und Wanderwege im nördlichen und östlichen Bereich dieser Gebirgsgruppe betroffen sind.

KULINARIK TIPP

Wer hier einkehrt, sollte unbedingt den schmackhaften Apfelstrudel oder den Mürbteigkuchen probieren. Mit Liebe und Leidenschaft werden auch die anderen Süßspeisen, wie die Panna cotta mit Waldfrüchten oder die herrlichen Marmelade-Omelettes, zubereitet.

TAG 1: AUFSTIEG ZUR HÜTTE

Die Bergstation „Oberholz", die man mit der Umlaufbahn ab Obereggen erreicht, ist der Ausgangspunkt des Hüttenaufstieges. Die Wanderung ist geprägt von einer beeindruckenden Rundsicht und von abenteuerlichen Passagen durch das Felslabyrinth des Latemar.
Von Obereggen (1.550 m) benützt man die Umlaufbahn und erreicht mühelos die Bergstation „Oberholz" (2.150 m, Einkehrmöglichkeit). Direkt hinter der Bergstation steigt man in den Wanderweg Nr. 18 ein und gelangt zur neuen Aussichtsplattform „Latemar.360°", von der man eine Vielzahl markanter Erhebungen und Gipfel in der westlichen Landeshälfte bestimmen kann.
Der Bergpfad führt nun in einigen gut angelegten Kehren durch die steilen Hänge, Felsstufen und Schuttkare an der Südseite des Latemars. Abenteuerlich verläuft der steinige Weg (Nr. 15) durch

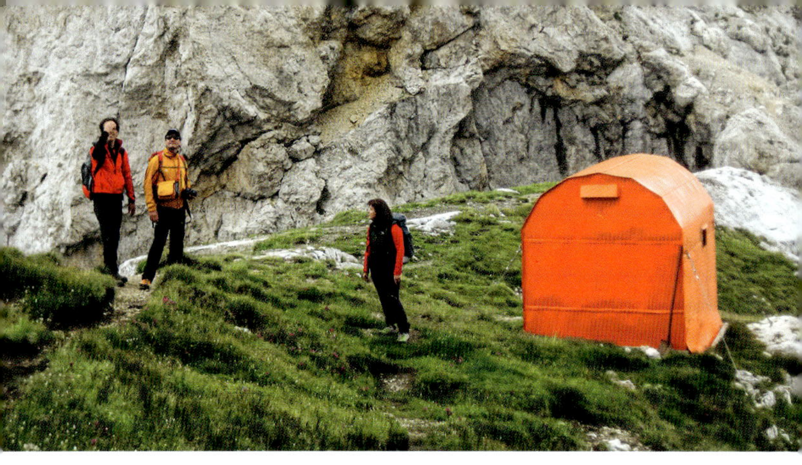

Felsenblöcke, bizarre Türme und über Stufen zur Gamsstallscharte (2.564 m). Hier lohnt es sich, eine Rast einzulegen und in die Weite dieser faszinierenden Felslandschaft zu schauen. Von der Gamsstallscharte steigt man über den Weg Nr. 516 ein kurzes Stück abwärts und folgt rechts dem Felssteig über den gut begehbaren Grat auf den Gipfel des Cavignon, auf dem die Latemarhütte (2.671 m) steht.
Abstieg: Für den Abstieg folgt man dem Aufstiegsweg.

 TAG 2: BERGWANDERUNG UND ABSTIEG

Latemarhütte–Gamsstallscharte, Große Latemarscharte | Die an ihrer Nordseite senkrecht in die Lüfte ragenden Latemartürme zeigen an der Südseite ihr sanftes Gesicht. Über einen schön angelegten Höhenweg wandert man von der Latemarhütte bis zur Biwakschachtel „Mario Rigatti" in der Großen Latemarscharte.
Nachdem man auf der Terrasse der Latemarhütte den Sonnenaufgang erlebt und gemütlich in der behaglichen Gaststube gefrühstückt hat, steigt man über den felsigen Cavignon-Kamm (Weg Nr. 516) ein Stück in eine karstige Felsmulde und über einen kurzen Gegenanstieg zur Gamsstallscharte auf (2.564 m). Von dort führt der gut markierte Weg (Nr. 18/516) unterhalb der Reiterjochspitze und des Eggentaler Horns bis zum oberen Rand der Erzlahnscharte und quert als Höhenweg die Hänge der Erzlahnspitze bis zu einer Markierung unterhalb der Rotlahnscharte (2.600 m). Hier folgt man dem Hinweis „Karerpass-Nr. 18" und quert, auf gut angelegten Pfaden, die ausgedehnten Schutthalden unterhalb der Latemartürme mit ihrer höchsten Erhebung, dem Diamantiditurm (2.842 m). Der Höhenweg mündet in eine Rinne, unterhalb der Großen Latemarscharte, von der man nur wenige Höhenmeter durch das Geröll zur rot gefärbten Biwakschachtel „Mario Rigatti", dem Ziel der heutigen Wanderung, hinaufsteigt. Hier öffnet sich der Blick auf die gegenüberliegende Rosengartengruppe und auf den breiten Kessel an der Südseite des

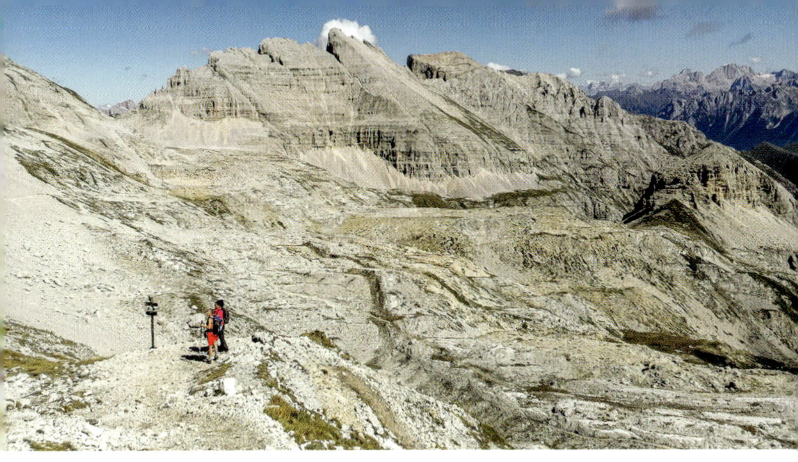

Latemars. Etwas mühsam steigt man die letzten Höhenmeter durch Geröll bis in die Große Latemarscharte und legt dort eine ausgedehnte Rast ein.

Der Aufstieg zur Latemarspitze über den technisch anspruchsvollen Steig ist erfahrenen Bergwanderern vorbehalten.

Abstieg: Der Rückweg zur Latemarhütte erfolgt über den Aufstiegsweg.

Von der Latemarhütte (2.671 m) steigt man über den Weg Nr. 516 bis zur Feudohütte (2.175 m, Einkehrmöglichkeit) oberhalb des Satteljochs ab. Nun wandert man nach rechts über den breiten Weg Nr. 504 (Skipiste) bis zur Ganischger Alm und über das Reiterjoch (1.996 m) bis zur Mayrl- und zur Epircher-Laner-Alm (1.826 m). Anschließend geht es gemütlich über den Perlenweg (Weg Nr. 6) zur Talstation nach Obereggen.

WINDWURFSCHÄDEN DURCH DEN STURM „VAIA"

Wer um den Latemar wandert und auf die Wälder zwischen Weiß- und Schwarzhorn und dem Zanggen schaut, kann die Folgen des verheerenden Orkans „Vaia" nicht übersehen, der in der Nacht vom 29. auf den 30. Oktober 2018 über Südtirol gefegt ist. Die Sturmböen von über 130 Kilometern pro Stunde haben ein Bild der Zerstörung hinterlassen, flächendeckend wurden dichte Waldbestände umgeworfen. Im Bereich der Windwurffläche verlaufen auch viele Kilometer Wanderwege und Steige, an denen noch Aufräumarbeiten durchgeführt werden. Es wird daran gearbeitet, dass die Wanderwege wieder geöffnet werden können. Bitte achten Sie auf eventuelle Sperrungen und betreten Sie nicht Waldgebiete, in denen die Aufräumungsarbeiten durchgeführt werden.

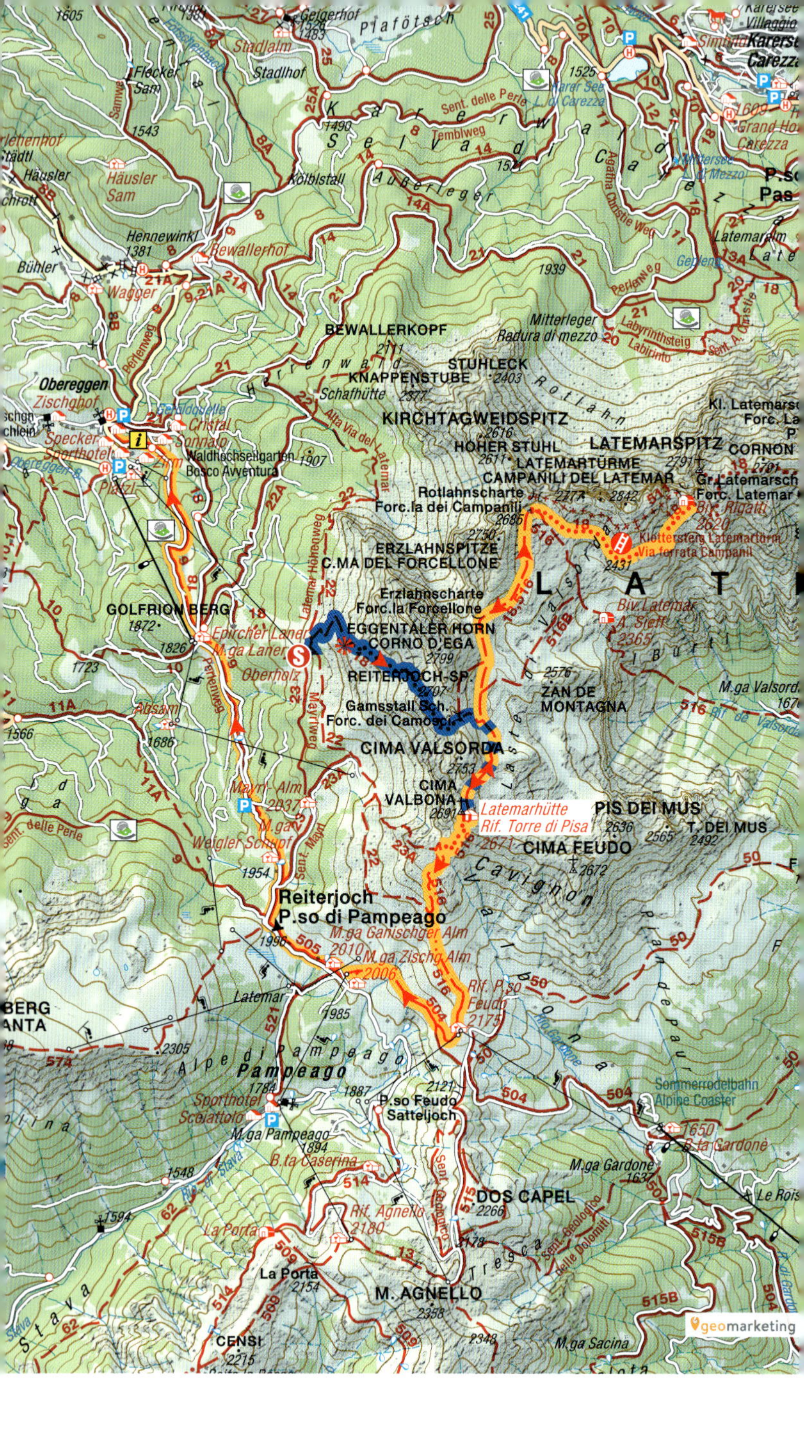

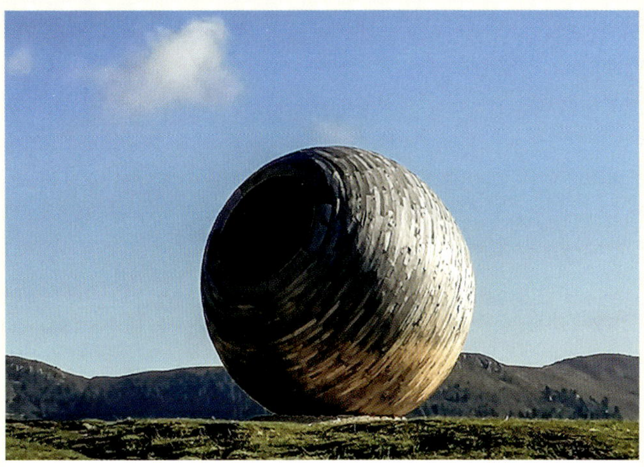

INFOS IN KÜRZE

TAG 1: AUFSTIEG UND HÜTTENTOUR

Aufstieg zur Latemarhütte

Aufstieg: 1 h 50 min, Abstieg: ca. 1 h 30 min

3,5 km

690 Hm im Aufstieg

TAG 2: BERGWANDERUNG UND ABSTIEG

Latemarhütte – Große Latemarscharte, Biwak und Abstieg zur Feudohütte, Epircher Laner, Obereggen

Lange, mittelschwere Wanderung, ohne besondere technische Schwierigkeiten, teilweise über Geröll und gut gestuftes felsiges Gelände. Trittsicherheit und Schwindelfreiheit sind notwendig.

Ab der Latemarhütte: 6 h 30 min

17,3 km

630 Hm Aufstieg, 1.750 Hm Abstieg

DIE HÜTTE

Latemarhütte (Rifugio Torre di Pisa)
Antonio Gabrielli
Cima Cavignon, Predazzo
Tel. 348 3645379
www.rifugiotorredipisa.it
info@rifugiotorredipisa.it

Geöffnet von Mitte Juni bis Mitte Okt.

36 Schlafplätze in vier Schlafsälen mit Stockbetten und Gemeinschaftsduschen und Waschräumen, Mobilfunkempfang und Strom.

Über die Brennerautobahn A22 Ausfahrt Bozen Nord, ins Eggental, auf der SS241 bis nach Birchabruck. Nach rechts abbiegen und bis nach Obereggen fahren.
In Obereggen mit der Umlaufbahn „Oberholz" bis zur Bergstation.

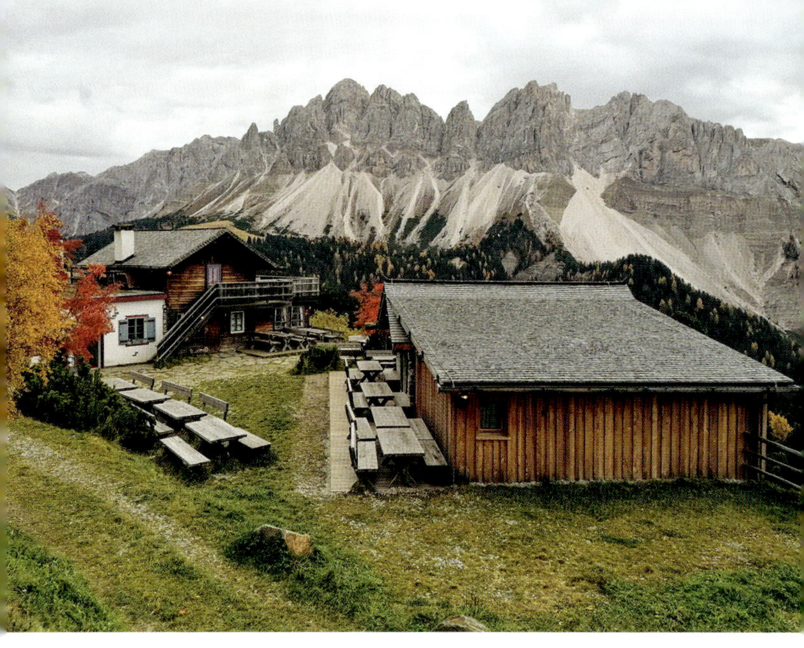

22 | Schatzerhütte

Putzjoch | Drei-Gipfel-Tour

Die Schatzerhütte an den Südhängen der Plose ist das ideale Refugium für Feinschmecker und Bergwanderer. Hier erfährt man ein ganzheitliches Erlebnis zwischen den kulinarischen Köstlichkeiten, den landschaftlichen Leckerbissen und lohnenden Genusstouren. Auch die Unterkunft in der bewusst klein belassenen Schutzhütte und in den drei komfortablen, fast schon luxuriösen Nebengebäuden, ist ein Musterbeispiel alpiner Gastlichkeit.

DIE HÜTTE

An den südseitigen Sonnenhängen der Plose steht die kleine, gemütliche Schatzerhütte mit ihrer schönen Veranda und der urigen Stube. Obwohl die Plose kein hochalpines Ziel ist, bietet die Hütte die heimelige Geborgenheit eines Schutzhauses. Genusswanderer finden hier ein Basislager für eine kurze Panoramatour und eine Bergwanderung, bei der sie gleich drei Gipfel „sammeln" können.
Die Hütte wurde im Jahr 1926 als einfache Unterkunft für die Bewirtschaftung der Almwiesen des Schatzerhofes errichtet. In den darauffolgenden Jahrzehnten hat sich die Hütte als beliebtes Ausflugsziel bewährt und war wegen ihrer guten Küche weitum bekannt.

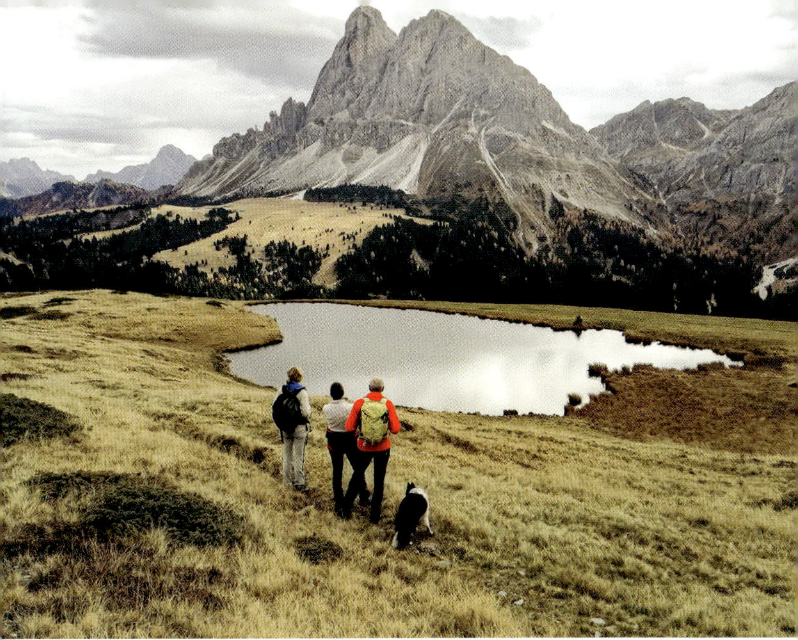

Auch nach ihrem Umbau vor zwanzig Jahren hat die Almhütte nichts von ihrer Ursprünglichkeit eingebüßt. Der Hüttenwirt Franz Pernthaler, der die Schatzerhütte in dritter Generation führt, hat mit viel Feingefühl darauf geachtet, dass der kleine Gastbetrieb den zeitgemäßen Bedürfnissen angepasst wird, dabei jedoch nicht „übersaniert“ wird und seine Gemütlichkeit nicht verliert.
In der ursprünglichen Hütte befinden sich immer noch die urigen Zweibettzimmer und ein Schlaflager. In den drei freistehenden Bungalows, am Anger oberhalb der Hütte, wohnt man individuell und fast schon luxuriös. Beim Frühstück in herrlicher Panoramalage sammelt man Energie und Kraft für die bevorstehende Tour.

KULINARIK TIPP

Die Schatzerhütte ist weit über die Landesgrenzen hinaus für ihr vorzügliches gastronomisches Angebot bekannt. Für die frisch zubereiteten, mit besonderer Aufmerksamkeit verfeinerten Südtiroler Spezialitäten verwendet der Küchenchef Kräuter und Gemüse aus dem eigenen Garten.

TAG 1: AUFSTIEG ZUR HÜTTE

Beim Parkplatz „Skihütte/Schlemmer“ an der Talstation der neuen Kabinenbahn Pfannspitz in Palmschoß/Afers beginnt der bequeme Hüttenzustieg zur Schatzerhütte an den Südhängen der Plose.

Vom gebührenfreien Parkplatz (1.900 m) wandert man den breiten Wanderweg Nr. 8 sanft ansteigend in östliche Richtung. Der Weg verläuft im Schatten des Waldes, und kurz nachdem man den Schnatzbachgraben überquert hat, öffnet sich der Panoramablick auf die Bergwelt des Naturparks Puez-Geisler. Man kommt zu einer Weggabelung, biegt dort rechts ab und erreicht in wenigen Metern die Schatzerhütte (2.000 m).
Abstieg: Für den Abstieg folgt man dem Aufstiegsweg.

 TAG 1: DIE KURZE HÜTTENTOUR

Auf das Putzjoch 2.200 m | Nach dem Hüttenaufstieg kann man auf dieser kurzen Wanderung an den Südhängen des Gablers noch zum Putzjoch aufsteigen.
Von der Schatzerhütte (2.000 m) steigt man die wenigen Meter zum Wanderweg Nr. 8 hinauf und biegt dort rechts ab. Der Almweg Nr. 14A führt am „Kerer-Kreuzl" vorbei und verläuft in östliche Richtung. Bei einer Alm geht der Weg, leicht ansteigend und dem Verlauf des Gampenbaches folgend, bis auf den Rücken der Gampenwiesen. Dort kreuzt er den „Dolomiten-Panoramaweg" (Weg Nr. 14). Von hier folgt man geradeaus und leicht ansteigend dem nicht markierten Fahrweg bis zu einer Almhütte, dem Ziel der kurzen Wanderung. Die Aussicht auf die darunterliegende Alm mit der Wackerer Lacke und dem mächtigen Peitlerkofel im Hintergrund ist majestätisch.
Abstieg: Für den Abstieg folgt man dem Aufstiegsweg.

 TAG 2: BERGWANDERUNG UND ABSTIEG

Schatzerhütte – Großer Gabler, Pfannspitze, Plosegipfel und Abstieg zur Skihütte | Die lange und besonders vielseitige Panoramawanderung führt auf drei Aussichtsgipfel, den Großen Gabler, die Pfannspitze und den flachen Gipfel des Telegraphen mit

DER WANDERWEG ZUR WACKERER LACKE IST GESPERRT

Leider kommt es immer wieder vor, dass auf beliebten Wanderwegen aus bekannten oder unbekannten Gründen die Durchfahrt für Mountainbikes oder der Durchgang für Fußgänger verboten wird. Der Wanderweg (Nr. 14) zur Wackerer Lacke ist auch davon betroffen. Den schönen Blick auf den Peitlerkofel kann man aber auch von den Südhängen des Großen Gablers und vom Putzjoch genießen.

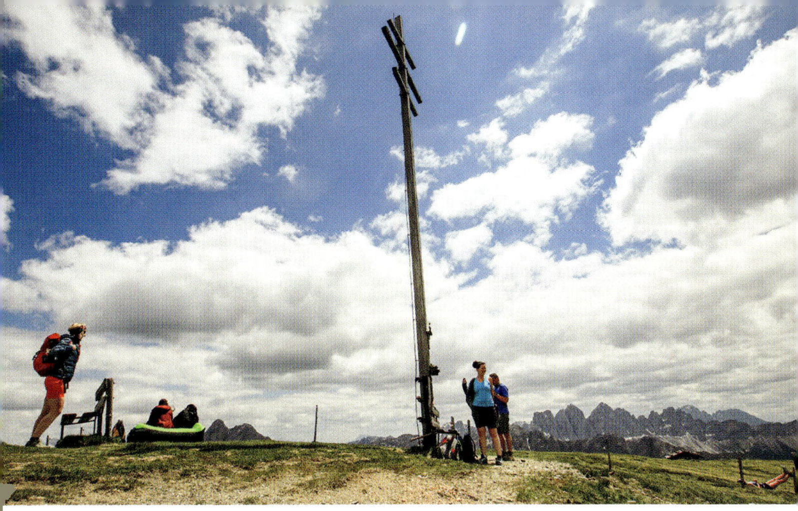

seinem schönen Panoramatisch. Grandios ist die Fernsicht auf den Alpenhauptkamm und die Kulisse der nahen Dolomitengipfel.
Von der Schatzerhütte (2.000 m) steigt man kurz zum Wanderweg Nr. 8 hinauf und wandert von dort nach rechts bis zum „Kerer Kreuzl". Direkt beim kleinen Bildstöckl biegt man nach links und folgt der Markierung Nr. 4 und dem „Dolomiten-Höhenweg Nr. 2". Dieser führt ins Tal hinein, überquert den Schnatzbach und steigt auf zum breiten Fahrweg, der von der Rossalm zur Gableralm verläuft. Dem folgt man nach rechts (bitte Almgitter schließen!), bis ein Pfad nach links (auf 2.320 m) über den breiten Rücken zu einer kleinen Hütte, dem Gabler-Biwak, führt. Wenige Meter oberhalb der Hütte steht das Gipfelkreuz des Großen Gabler auf 2.576 m, es ist der höchste Punkt der Wanderung.
Vom Gipfel folgt man dem Weg Nr. 7 und steigt über gut gestuftes, felsiges Gelände (Stahlseilsicherungen) nur wenige Höhenmeter in die Scharte zwischen dem Großen und dem Kleinen Gabler hinab. Leicht ansteigend führt der Weg Nr. 7 unterhalb des Kleinen Gabler bis zum vorgebauten Gipfel der Pfannspitze (2.545 m). Vom Gipfel wandert man in leichtem Gefälle (Weg Nr. 7) über den Grat bis in die Lüsner Scharte (2.371 m) und von dort erneut über Erosionsstellen (Weg Nr. 7 und Nr. 6) bis zu den Antennenanlagen oberhalb der Plosehütte. Man wandert rechts an den Zweckbauten in nördliche Richtung weiter und erreicht den flachen Gipfel des Telegraphen (2.472 m) mit seinem Panoramatisch.
Nach einer Rast geht es weiter zur Plosehütte (2.447 m, Einkehrmöglichkeit) und über den Weg Nr. 7 hinab zum Schönjöchl und zur Bergstation der Ploseseilbahn (Kreuztal, 2.050 m). Oberhalb der kleinen Kapelle in Kreuztal wählt man den Wanderweg Nr. 17 („Woody Walk"), quert den breiten Rawolbgraben und folgt diesem bis zum Parkplatz bei der Skihütte Schlemmer.

INFOS IN KÜRZE

TAG 1: AUFSTIEG UND HÜTTENTOUR

Aufstieg zur Schatzerhütte
Aufstieg: 1 h,
Abstieg: 45 min
2,3 km
114 Hm im Aufstieg

Tour auf das Putzjoch
Einfache Wanderung auf breiten Almwegen. Die letzten 200 m nach der Kreuzung mit dem „Dolomiten-Panoramaweg" bis zum Ziel der Tour sind nicht markiert.

Aufstieg ab der Schatzerhütte: 1 h,
Abstieg: 45 min
5,3 km
204 Hm Aufstieg und Abstieg

TAG 2: BERGWANDERUNG UND ABSTIEG

Schatzerhütte – Großer Gabler, Pfannspitze, Plosegipfel und Abstieg zur Skihütte
Lange Wanderung auf vorwiegend gut markierten und breiten Wanderwegen, die keine technischen Schwierigkeiten aufweisen. Etwas Trittsicherheit benötigt man für den kurzen Abstieg vom Großen Gabler in die Scharte.

Ab der Schatzerhütte: 5 h 30 min
15,6 km
831 Hm Aufstieg,
919 Hm Abstieg

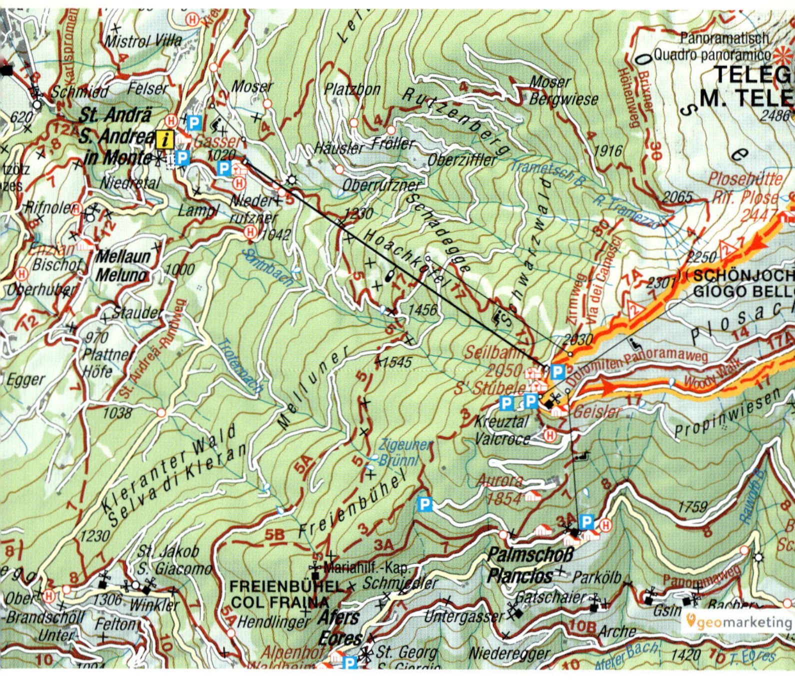

DIE HÜTTE

Schatzerhütte
Franz Pernthaler
Brixen, Afers, Tel. 0472 521343 oder 328 7782228
www.schatzerhuette.com
info@schatzerhuette.com

Geöffnet von Mitte/Ende Mai bis Mitte/Ende Okt.

16 Betten in Zweibettzimmern und 12 Betten in drei freistehenden Blockhütten, Unterkunft für weitere acht Gäste bieten die Panoramazimmer mit den großen Fenstern im Nebengebäude, Duschen, Waschräume mit Warmwasser, getrennte Toiletten, schwacher Mobilfunkempfang.

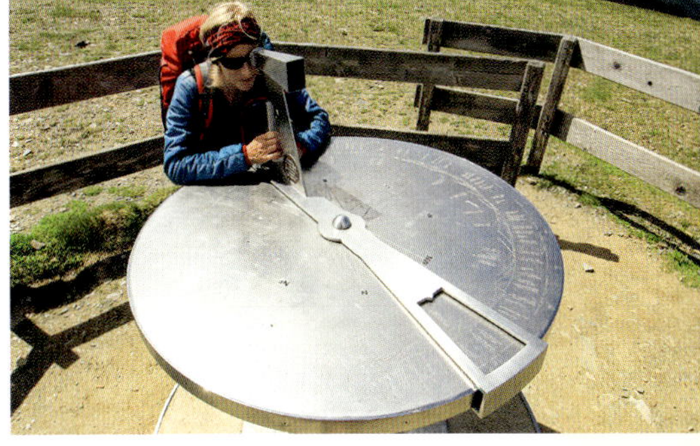

Über die Brennerautobahn A22 nach Brixen/Vahrn und weiter nach Brixen in den Ortsteil Milland und Richtung St. Andrä/Plose. Weiter nach Afers/Palmschoß bis zum Parkplatz „Skihütte“ an der Talstation der Umlaufbahn Pfannspitze. Dort beginnt der ca. 3 km lange Hüttenaufstieg.

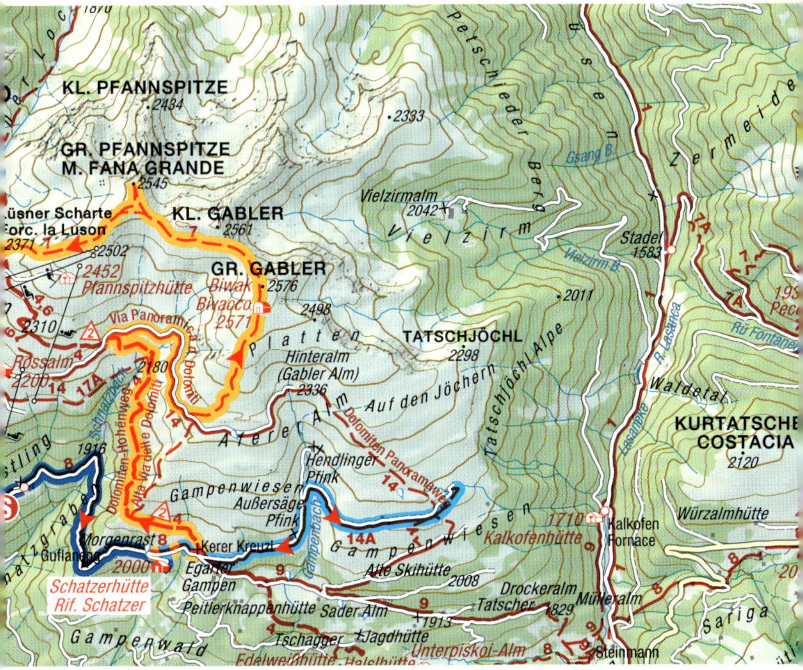

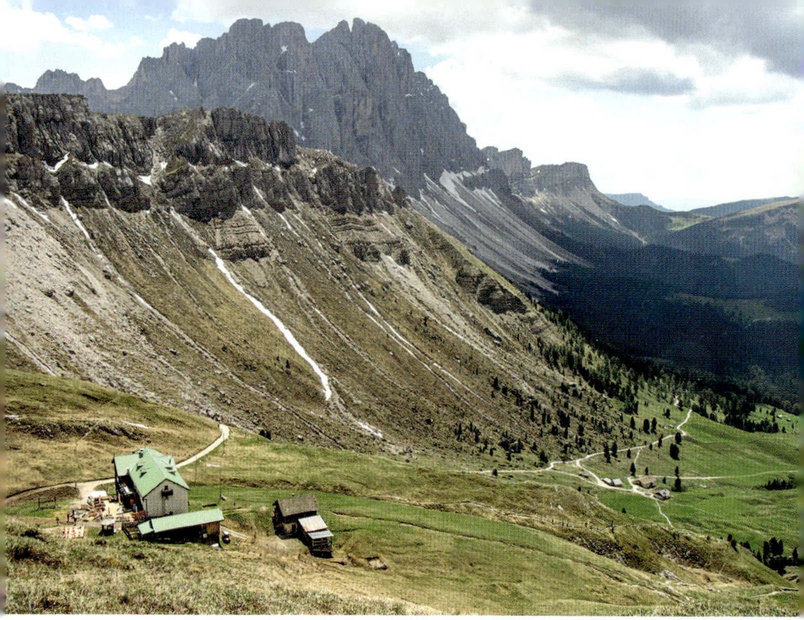

23 | Schlüterhütte

Zendleser Kofel | Peitlerkofelumrundung

Der ideale Logenplatz für ein unvergessliches Dolomitenpanorama befindet sich auf der Schlüterhütte in der Peitlerkofelgruppe, im Herzen des Naturparks Puez-Geisler. Das geräumige Schutzhaus steht unterhalb des Kreuzkofeljoches auf einer Höhe von 2.306 m und ist ein idealer Ausgangspunkt für lohnende Bergwanderungen, wie jene auf den Zendleserkofel und die Umrundung der Peitlerkofelgruppe.

 DIE HÜTTE

Oberhalb des Talschlusses von Villnöß, am Übergang nach Longiarù/ Campill, steht auf 2.306 m die Schlüterhütte.
Der Dresdner Kaufmann Franz Schlüter ließ im Jahr 1898 das Schutzhaus zwischen dem Peitlerkofel und der Geislergruppe errichten und schenkte es der DuÖAV-Sektion Dresden. Nach wenigen Jahren wurde die Hütte durch einen Zubau erweitert.
Die Hütte liegt auf einem wahren Logenplatz mit Blick auf die Geislerspitzen. Auch durch die Fenster der gemütlichen Gaststube hat man die Zacken und Wandfluchten der Geisler stets im Blickfeld.
Die Hüttenwirtin Marlene Nitz ist ein Teil der Geschichte des Schutzhauses. Es sind nun mehr als 40 Sommer, die sie seit ihrer Jugend hier verbracht hat. Marlene kennt nicht nur die Bedürfnisse ihrer

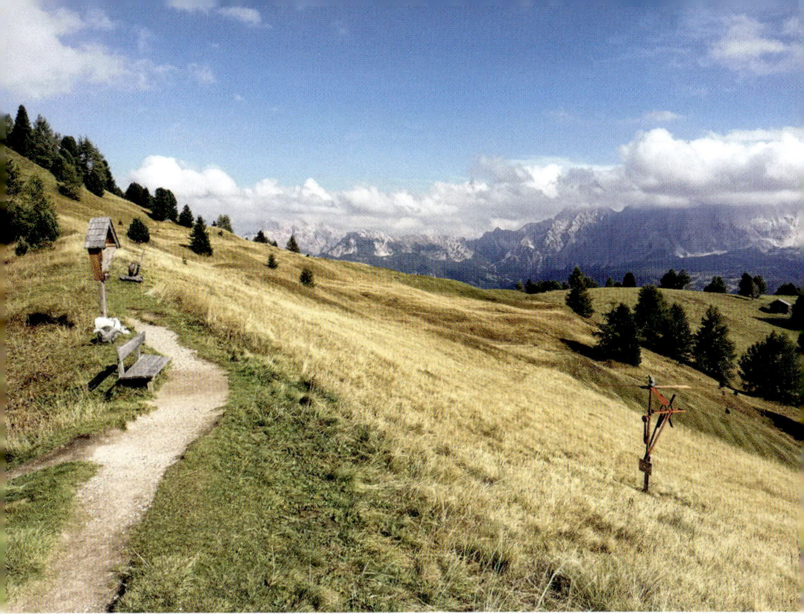

Gäste, sondern auch die Wolkenbilder oder manchmal sogar die bevorstehenden Wetterkapriolen.
Kinder schätzen die schöne, flache Wiese und den kleinen Spielplatz, auf dem sie sich austoben können. Gut überschaubar ist dieser von der neuen Terrasse aus, auf der die Erwachsenen die Sonnenstrahlen und die guten Speisen genießen.

KULINARIK TIPP

Eine besondere Spezialität, die man auf sich der Schlüterhütte nicht entgehen lassen sollte, ist das Rindsgulasch vom Grauen Geisler-Rind. Weiters stehen auf der Speisekarte Südtiroler Spezialitäten wie Gerstensuppe, Speckknödel, Wildgulasch, hausgeräucherter Speck und Kaiserschmarren.

TAG 1: AUFSTIEG ZUR HÜTTE

Am Parkplatz in Zans im Villnößer Tal, direkt am Naturpark Puez-Geisler, steigt man über die Villnößer Almen zur Schlüterhütte.
Der Ausgangspunkt für den Aufstieg zur Schlüterhütte befindet sich gleich hinter dem Informationsgebäude (1.671 m, Treffpunkt Zans) bei der Bushaltestelle. Der Weg Nr. 25 führt zuerst ein kurzes Stück nach Norden, überquert auf einer Brücke den Kaserillbach und steigt, an der orografisch rechten Bachbettseite, leicht ansteigend durch den Wald. Beim Wegschild, das links den „Herrenweg“ anzeigt, wandert man geradeaus und gelangt zu einer freien Fläche (Kirchwiesl),

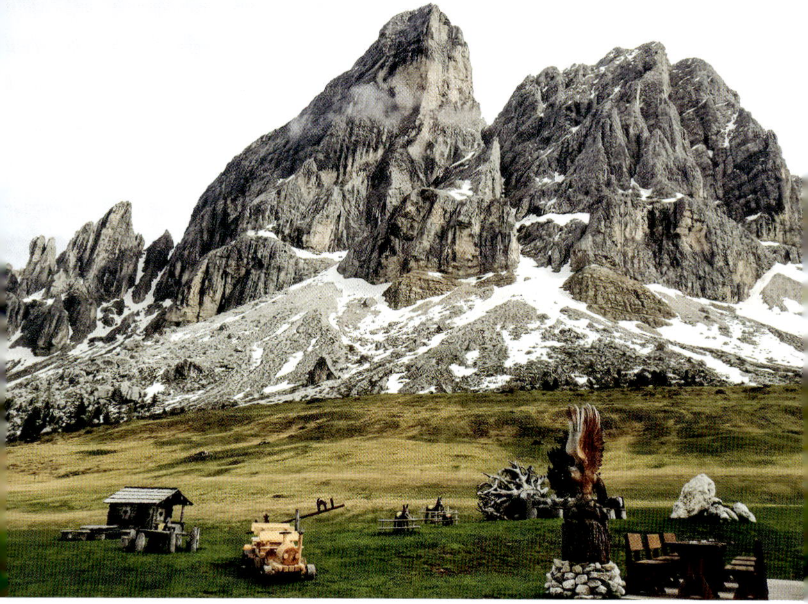

hier mündet der Aufstiegsweg in den Steig Nr. 33. Nun biegt man rechts ab, überquert auf einem Holzsteg den Kaserillbach und folgt dem Steig über die Gampenwiesen bergwärts bis zur Gampenalm (2.062 m, Einkehrmöglichkeit). Direkt an der Hütte vorbei verläuft der Weg Nr. 31 und anschließend der Weg Nr. 32 nach rechts, der die steilen Almwiesen quert. Bereits von Weitem sieht man das grün schimmernde Dach der Schlüterhütte. Der Weg überwindet nun die letzte Geländestufe und einen Grashang und erreicht die stattliche Schlüterhütte auf 2.306 m.
Abstieg: Für den Abstieg folgt man dem Aufstiegsweg.

TAG 1: DIE KURZE HÜTTENTOUR

Auf den Zendleser Kofel 2.422 m | Nach dem Hüttenaufstieg hat man noch ausreichend Zeit, am „Hausberg" der Schlüterhütte, den Zendleser Kofel, zu verweilen. Am Gipfel öffnet sich ein unvergesslicher Rundumblick zu den nahen Dolomitengipfeln, deren Farbe und Schattierungen sich im Licht der Sonne ständig ändern.
Von der Schlüterhütte wandert man kurz über den Weg (Nr. 7) bis zum Kreuzkofeljoch (2.340 m) und biegt dort, bei einem kleinen Kreuz und Wegschild (Zendleser Kofel, Nr. 7), links ab. Leicht ansteigend erreicht man den Kamm und folgt diesem nach links bis zum Gipfelkreuz. Wie auf einem Aussichtsturm öffnet sich der Blick auf die gesamte Puez-Geisler-Gruppe und auf die Aferer Geisler sowie auf die Almen des Villnößer Tales.
Abstieg: Für den Abstieg folgt man dem Aufstiegsweg.

TAG 2: BERGWANDERUNG UND ABSTIEG

Schlüterhütte – Kreuzkofeljoch, Peitlerkofelumrundung und Abstieg nach Zans | Auf dieser langen und abwechslungsreichen Rundwanderung um den markanten Peitlerkofel erlebt man die landschaftliche Vielfalt des Naturparks Puez-Geisler und erhält Einblicke in die grandiose Gebirgslandschaft der Dolomiten.

Nach dem Frühstück steigen wir von der Schlüterhütte auf das Kreuzkofeljoch (2.340 m), hinter dem das gleißende Morgenlicht langsam die Schatten der Felszacken verdrängt und die schönen Almen an den Südhängen des Peitlerkofels flutet. Vom Kreuzkofeljoch geht es, der Markierung Nr. 35 folgend, in leichtem Gefälle hinab zum schönen Almweg, der in östliche Richtung die Peitlerwiesen quert. Der bequeme Weg führt zur Vaciarahütte (2.110 m, Einkehrmöglichkeit). Kurz nach der Almhütte biegt man links ab, quert ohne nennenswerten Höhenunterschied den Hang zum Gömajoch (2.111 m) und steigt von dort (Weg Nr. 8B) durch den Wald an der Nordseite des Peitlerkofelmassivs bis zur Gömahütte (2.030 m) hinab. Im Schatten des urigen Hochwaldes und der Nordwände des Peitlerkofels führt der Weg Nr. 8B zu den schönen Almwiesen der Munt-de-Fornella-Alm (2.067 m, Einkehrmöglichkeit).

Nach einer wohlverdienten Rast steht der anspruchsvollste Abschnitt mit

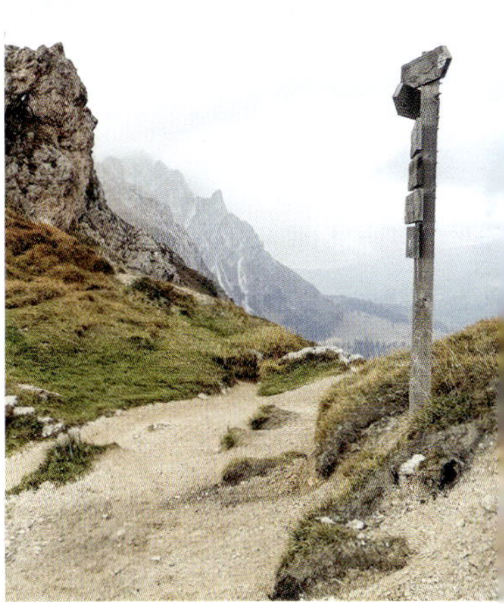

DER „DOLORAMA-WEG“

Die Schlüterhütte ist ein wichtiges Etappenziel am 61 km langen „Dolorama-Weg“, den man zwischen der Rodenecker und Lüsner Alm bis nach Lajen in vier Tagesetappen erwandern kann.

Auf dieser Tour, die, wie es der Name andeutet, „Dolomiten“ und „Panorama“ bietet, wandert man durchgehend auf guten Forst- und Wanderwegen und stößt nur einmal, am Würzjoch, auf die asphaltierte Passstraße. Immer wieder laden Ruhe- und Aussichtsplätze zum Innehalten ein. Die Zu- und Abstiege sowie der Einstieg auf der Rodenecker Alm und der Ausstieg in Lajen sind mit öffentlichen Verkehrsmitteln leicht erreichbar. Die Hütten am Weg bieten Einkehr- und Übernachtungsmöglichkeiten.

dem Aufstieg zur Peitlerscharte bevor. Von der Almhütte wandert man über die Wiesen (Weg Nr. 8A) und am Ende des breiten Almweges nach links über einen schön angelegten Höhenweg bis zu einer Wegkreuzung mit dem Wanderweg Nr. 4. Über gut gestufte Felsen führt der Steig zum Bachbett eines meist trockenen Gebirgsbaches und über Schotter und Geröll in mehreren Serpentinen auf die Peitlerscharte (2.357 m). Eine angenehme Ruhebank lädt zur Rast ein. Rechts von der Scharte führt der Steig Nr. 4 (auch „Dolomiten-Höhenweg Nr. 2") zum Kreuzkofeljoch (2.340 m) und zur Schlüterhütte. Von der Schlüterhütte steigt man zur Gampenalm hinab und folgt dem Hüttenaufstiegsweg (Markierung Nr. 33) bis zum Parkplatz in Zans.

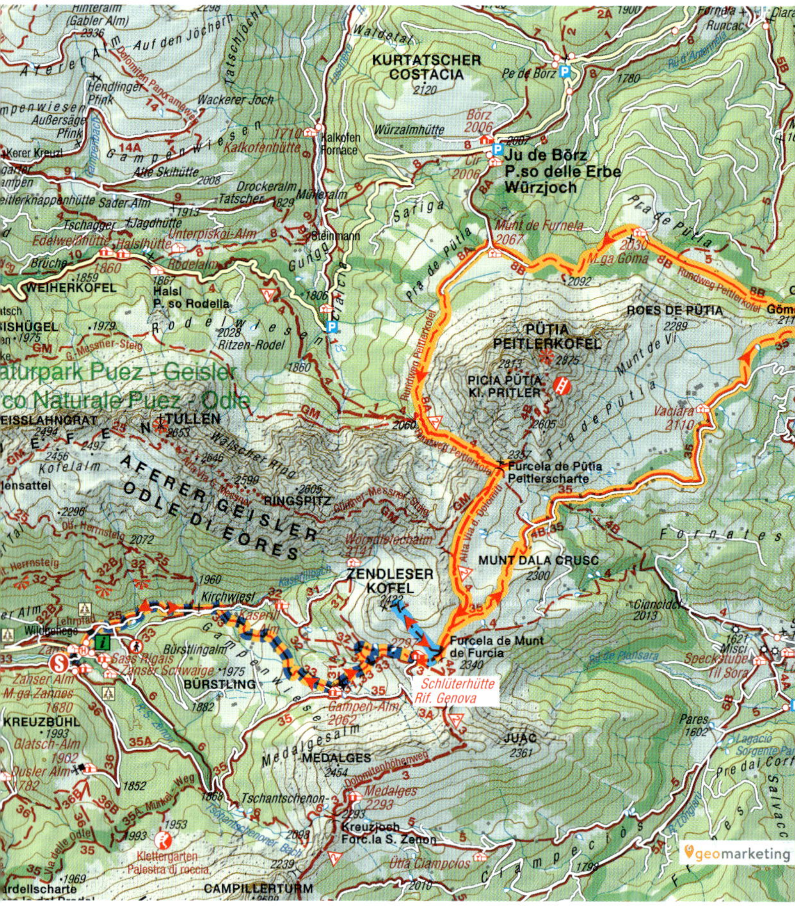

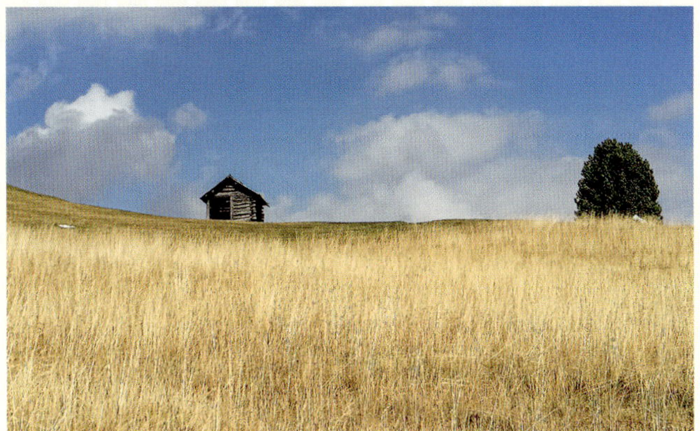

INFOS IN KÜRZE

TAG 1: AUFSTIEG UND HÜTTENTOUR

Aufstieg zur Schlüterhütte
Aufstieg: 1 h 50 min, Abstieg: 1 h 30 min
4,3 km
631 Hm im Aufstieg

Tour Zendleser Kofel
Einfache und kurze Gipfeltour auf gut ausgetretenen Pfaden. Im Gipfelbereich ist Trittsicherheit notwendig.

Aufstieg ab der Schlüterhütte: 25 min, Abstieg: 20 min
1,9 km
120 Hm Aufstieg und Abstieg

TAG 2: BERGWANDERUNG UND ABSTIEG

Schlüterhütte – Kreuzkofeljoch, Peitlerkofelumrundung und Abstieg nach Zans
Die technisch nicht anspruchsvolle, aber lange Rundwanderung verläuft stets auf gut markierten Wegen. Der Aufstieg auf die Peitlerscharte verlangt etwas Trittsicherheit und Kondition.

Ab der Schlüterhütte: 6 h
18,3 km
543 Hm Aufstieg, 1.166 Hm Abstieg

DIE HÜTTE

Schlüterhütte (Rifugio Genova)
Marlene Nitz Messner
Bergerweg 32
St. Magdalena, Villnöß
Tel. 0472 670072 oder
347 2667694
www.schlueterhuette.com
info@schlueterhuette.com

Geöffnet von Mitte Juni bis Mitte Okt.
40 Betten in Einzel-, Zweibett-, Dreibett- oder Vierbettzimmern mit Dusche, weitere 45 Schlafplätze bietet das Matratzenlager, Mobilfunkempfang, Barzahlung.

Über die Brennerautobahn A22 bis nach Klausen. Weiter ins Villnößtal bis nach St. Magdalena und zum gebührenpflichtigen Parkplatz in Zans.

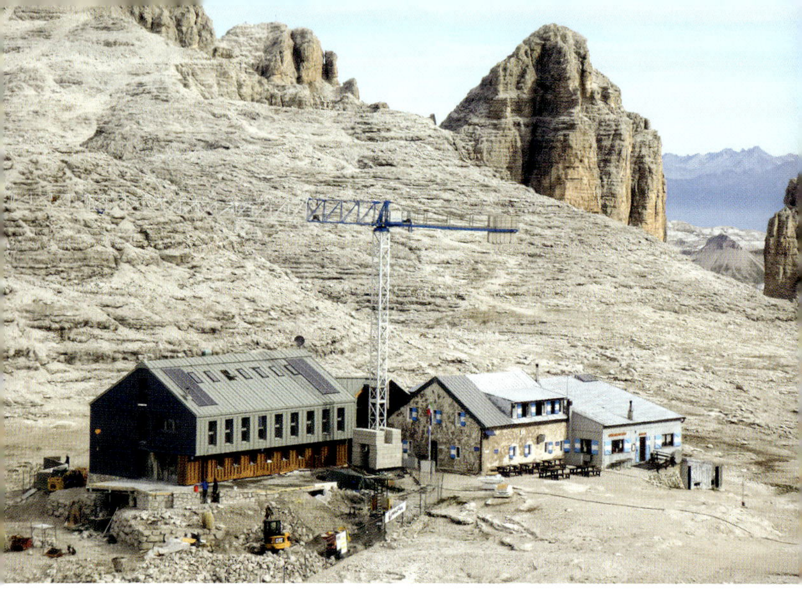

24 | Boè-Hütte

Piz Boè | Piz Miara und Piz Selva

Die nahezu vegetationslose, karstige Sellahochfläche ähnelt einer Mondlandschaft und bietet auch Bergwanderern hochalpine Gipfelerlebnisse. Der Stützpunkt für zwei besonders lohnende Touren ist die auf 2.871 m Höhe gelegene Boè-Hütte, die man bequem von der Bergstation der Sass-Pordoi-Seilbahn erreicht.

DIE HÜTTE

Inmitten der Sellahochfläche, am oberen Ende des Mittagstals, steht die steingemauerte Boè-Hütte mit ihren auffallenden hellblau-weißen Fensterläden. Das Schutzhaus, das zu den höchstgelegenen in den Dolomiten gehört, ist wegen der guten Erreichbarkeit (durch die Pordoi-Seilbahn) ein vielbesuchtes Ausflugsziel, aber auch ein wichtiger Stützpunkt für Fernwanderer und gipfelhungrige Bergsteiger. Errichtet wurde die Hütte in der Pionierzeit des alpinen Tourismus. Im Jahr 1894 gab die Sektion Bamberg des DuÖAV den Bau eines gemauerten Gebäudes mit einer großen Terrasse in Auftrag, bereits wenige Monate später wurde die Schutzhütte eröffnet. Die „Bamberger Hütte am Boè", wie das Schutzhaus bis zu seiner Zerstörung im Ersten Weltkrieg genannt wurde, erlebte nach dem Wiederaufbau im Jahre 1924 einen Aufschwung und wurde in den darauffolgenden Jahrzehnten mehrmals umgebaut und erweitert.

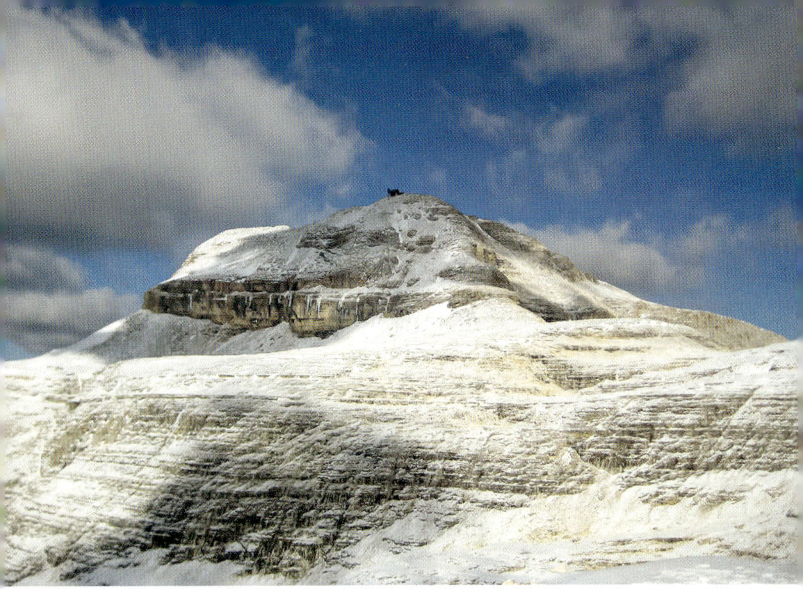

Verwaltet wird die Hütte seit ihrem Umbau von der Società Alpinisti Tridentini (SAT), einer Teilorganisation des CAI und seit einem Vierteljahrhundert von Hüttenwirt und Bergführer Lodovico Vaia geführt.

KULINARIK TIPP

Lodovico Vaia legt Wert darauf, dass auf seiner Hütte die einfache und ehrliche Kost aus dem Fassatal serviert wird und diese den Gästen Freude bereitet. Auf der Speisekarte stehen Polentagerichte wie Polenta mit „Salsiccia" (Trentiner Hauswurst) oder Polenta mit Käse oder mit Pilzen, aber auch die Knödelsuppe ist ein Gedicht.

TAG 1: AUFSTIEG ZUR HÜTTE

Der Aufstieg zur Boè-Hütte beginnt mit einer Seilbahnfahrt vom Pordoijoch zum Sass Pordoi. Von hier steigt man in die spektakuläre Hochgebirgslandschaft ein, in der man nun zwei Tage lang Gast sein darf.
Vom Pordoijoch (2.239 m) fährt man mit der Seilbahn mühelos auf den Felsvorsprung des Sass Pordoi (2.950 m) hinauf. Wer auf die Seilbahnfahrt verzichten möchte, kann die 600 Höhenmeter vom Pordoijoch über den Pfad (Nr. 627) durch das schottrige Kar zur Pordoischarte aufsteigen. Von der Bergstation der Seilbahn, dem Rifugio Maria, steigt man über den Weg Nr. 627 in die Pordoischarte (2.848 m, Einkehrmöglichkeit) hinab. Nun wandert man über einen gut angelegten Bergpfad durch die Schuttkare unterhalb des Piz Boè und erreicht, ohne nennenswerten Höhenunterschied, die Boè-Hütte

(2.871 m). Das steingemauerte Schutzhaus liegt auf dem kargen Felsplateau beim Col Toronn, am oberen Rand des Mittagstales, des Val Mesdì.

Abstieg: Für den Abstieg folgt man dem Aufstiegsweg.

 TAG 1: DIE KURZE HÜTTENTOUR

Piz Boè 3.152 m | Nach dem Hüttenaufstieg sollte man die Gelegenheit nutzen, den 3.151 m hohen Piz Boè, den höchsten Gipfel der Sellagruppe und leichtesten Dreitausender der Dolomiten zu besteigen.

In unmittelbarer Nähe der Boè-Hütte steigt man links über den Weg Nr. 638 zunächst leicht ansteigend und dann steiler über gut gestuftes Gelände und Schrofen bis auf die Scharte, der „Forcella dai Ciamorces" auf 3.110 m. Der alpine Steig ist an einigen anspruchsvolleren Stellen drahtseilgesichert. Anschließend führt er nach rechts über den Grat, auf dem man weitere 50 Höhenmeter bis zum Gipfel des Piz Boè (3.151 m) überwindet. Zur Freude der Bergwanderer gibt es am Gipfel die Capanna Piz Fassa, eine kleine bewirtschaftete Hütte, in der man gerne einkehrt.

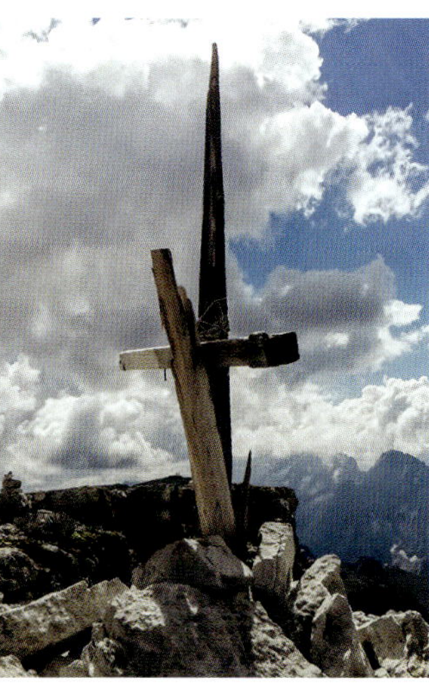

Die Aussicht vom Gipfel ist grandios. Von hier aus kann man die Dolomitentäler und viele benachbarte Gipfel aus der Vogelperspektive betrachten und hat eine 360°-Rundsicht, die man sonst nur auf anspruchsvollen Erhebungen erleben kann.

Abstieg: Für den Abstieg folgt man dem Aufstiegsweg.

RIFUGIO CAPANNA PIZ FASSA

Am Piz Boè, der höchsten Erhebung der Sellagruppe, steht die kleine Gipfelhütte, die „Capanna Piz Fassa" (3.152 m). Der Ort ist spektakulär und der Ausblick von der kleinen Terrasse auf die Dolomitengipfel rundherum ebenso. Wer Lust auf ein ausgefallenes Abenteuer hat, sollte hier übernachten und es nicht versäumen, den Sonnenaufgang zu beobachten. Das Schutzhaus bietet 22 Schlafplätze und eine einfache Speisekarte. Auf der Hütte gibt es kein fließendes oder warmes Wasser, aber dafür Dolomitenpanorama aus der Vogelperspektive.
www.rifugiocapannapizfassa.com

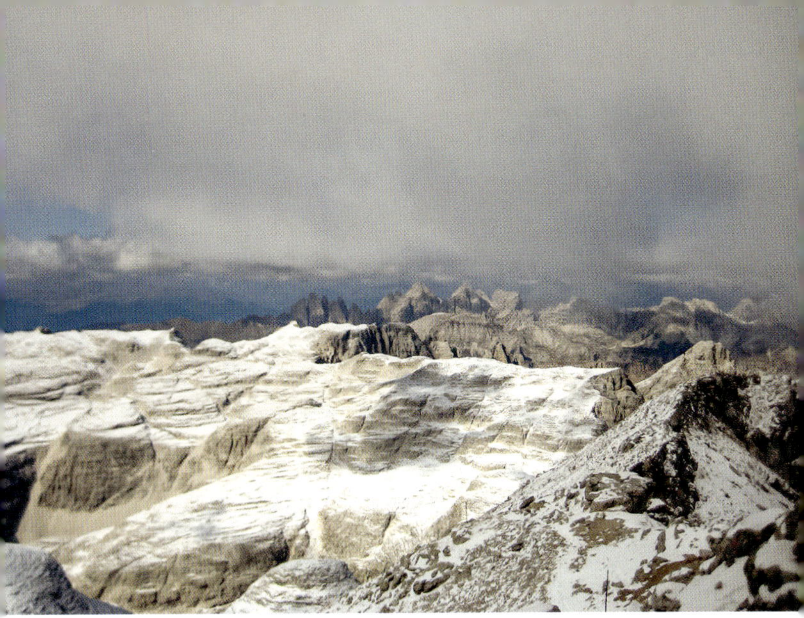

TAG 2: BERGWANDERUNG UND ABSTIEG

Boè-Hütte – Piz Miara, Piz Selva und Rückweg zur Sass-Pordoi-Bergstation | Auf dieser hochalpinen Bergwanderung überschreitet man den westlichen Rand der Sellahochfläche und besteigt dabei mehrere Gipfel. Beeindruckend ist der Blick ins Grödner Tal und auf die steilen Felswände der gegenüberliegenden Langkofelgruppe.

Von der Boè-Hütte (2.871 m) folgt man dem Wanderweg Nr. 666 (Dolomiten-Höhenweg Nr. 2) in nördliche Richtung, mit atemberaubenden Tiefblicken in das Mittagstal und über den Antersass (2.907 m) bis zu einer Weggabelung mit dem Weg Nr. 649, der nach links zur Pisciadù-Scharte und anschließend zur Ciamorces-Scharte (2.923 m) führt. Von der Scharte kann man nach links dem bequemeren Weg (Nr. 649) folgen oder ein kurzes Stück (50 Höhenmeter) zur Cresta-Rotic aufsteigen.

An der Cresta-Rotic beginnt auch der westliche Rand der Sellahochfläche, dem man über einen gut sichtbaren Schottersteig in südliche Richtung folgt. Dabei besteigt man den Piz Miara (2.964 m) mit dem überdimensionalen Gipfelkreuz, den Piz Gralba (2.972 m) und den Piz Selva (2.941 m), der gegen Süden den Abschluss dieser Gipfelserie bildet.

Nach einer verdienten Rast auf einem der drei Gipfel kehrt man auf demselben Weg wieder zur Boè-Hütte zurück und wandert von dort über den Hüttenzustieg (Weg Nr. 627) über die Pordoischarte zum Sass Pordoi zurück und schwebt dann mit der Seilbahn zurück zum Pordoipass.

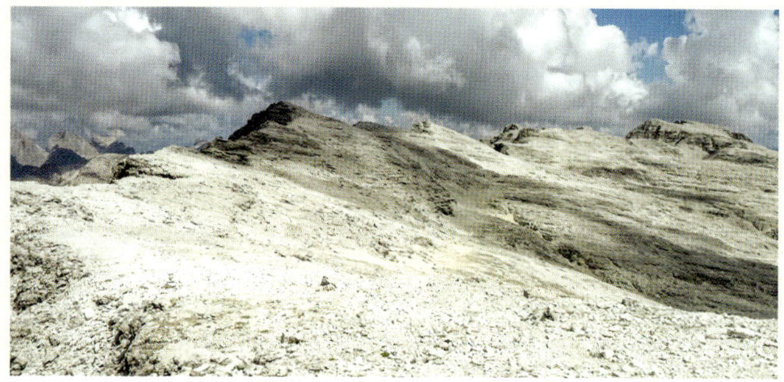

INFOS IN KÜRZE

TAG 1: AUFSTIEG UND HÜTTENTOUR

Aufstieg zur Boè-Hütte
Aufstieg: 1 h, Abstieg: 1 h
2,9 km
121 Hm im Aufstieg

Tour Piz Boè
Mittelschwierige Bergtour ohne besondere technische Schwierigkeiten, die allerdings am Grat Schwindelfreiheit und beim Auf- und Abstieg Trittsicherheit verlangt.

Aufstieg ab der Boè-Hütte: 1 h, Abstieg: 1 h
1,9 km
280 Hm Aufstieg und Abstieg

TAG 2: BERGWANDERUNG UND ABSTIEG

Boè-Hütte – Piz Miara, Piz Selva und Rückweg zur Sass-Pordoi-Bergstation

Mittelschwere und mäßig lange Bergwanderung, ohne technische Schwierigkeiten, die allerdings gute Wetterverhältnisse und Trittsicherheit erfordert.

Ab der Boè-Hütte: 4 h 45 min
13,4 km
630 Hm Aufstieg, 630 Hm Abstieg

DIE HÜTTE

Boè-Hütte (ehem. Bamberger Hütte)
Ludovico Vaia
Strada de Costa 208
Alba di Canazei (TN)
Tel. 0471 847303 oder 0462 602141
www.rifugioboe.it
rifugio@rifugioboe.it

Geöffnet von 20. Juni bis 20. Sept.
72 Schlafplätze in Mehrbettzimmern und im Matratzenlager, der Winterraum ist mit vier Notunterkünften bestückt, eigenen Hüttenschlafsack mitbringen, Mobilfunkempfang, Strom, nur Barzahlung.

Über die Brennerautobahn A22 bis zur Ausfahrt Klausen. Weiter durch das Grödner Tal bis zum Sellajoch und zum Parkplatz an der Talstation der Seilbahn zum Sass Pordoi am Pordoijoch.

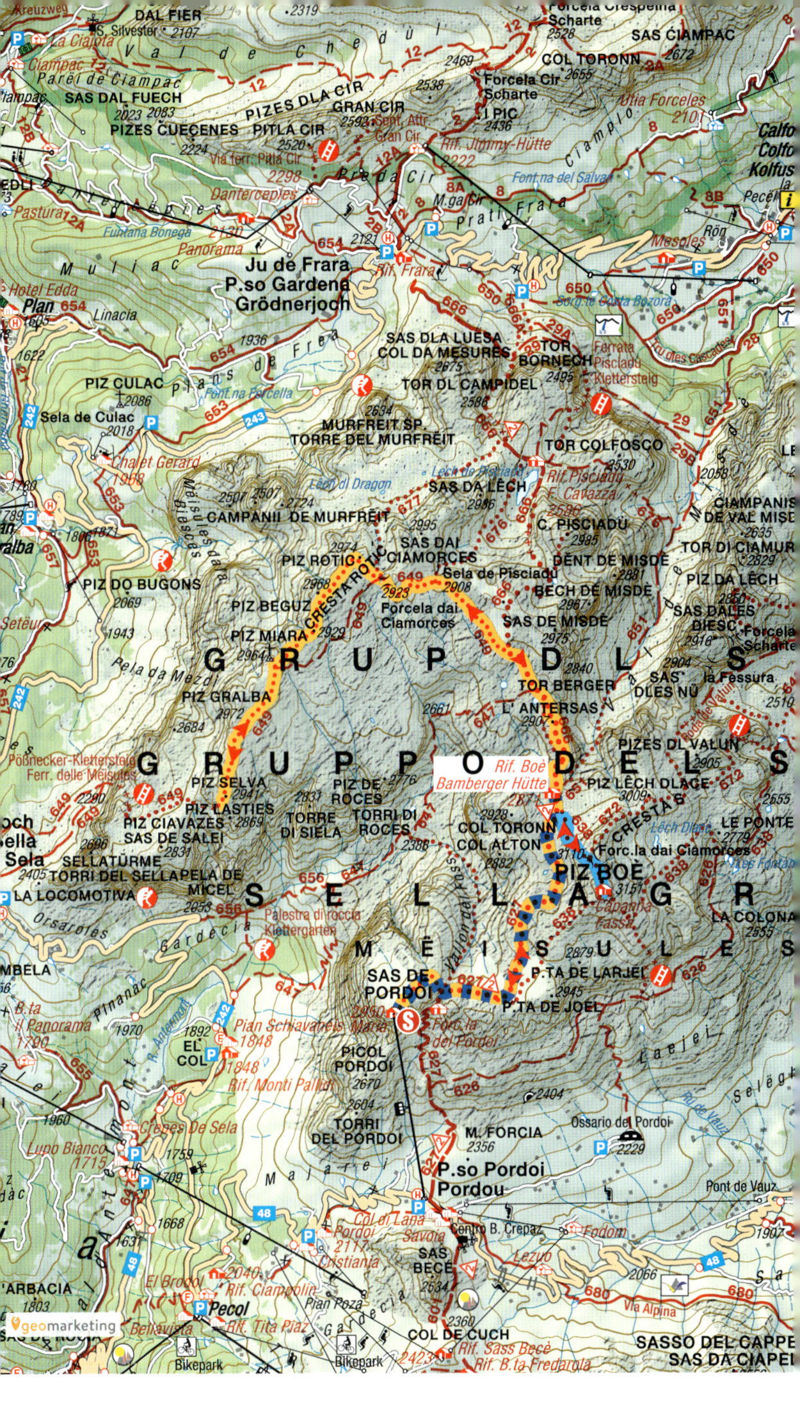
DAL FIER
S. Silvester 2107
La Ciajota
Val de Chedùl
Ciampac
Parëi de Ciampac
SAS DAL FUECH
2023
2083
PIZES CUECENES
2224
PIZES DLA CIR
PITLA CIR
2520
GRAN CIR
2592
Sent. Attr. Gran Cir
Via ferr. Pitla Cir
2298
Forcela Crespeina Scharte
2528
SAS CIAMPAC
2672
COL TORONN
2655
Forcela Cir Scharte
2538
2469
I PIC
2436
Rif. Jimmy-Hütte
2222
Ciampìo
Utia Forceles
2101
Calfosch
Colfosco
Kolfuschg
Font.na del Salvan
Preda Cir
M.ga Cir
Prati Frara
Pecëi
Rön
Mesoles
Dantercëpies
Pastura
Funtana Bonega
2130
Panorama
Ju de Frara
P.so Gardena
Grödnerjoch
2121
Rif. Frara
Sorg.te Costa Bozora
Hotel Edda
Plan
1605
Linacia
Mulìac
1622
1936
Plans de Frea
SAS DLA LUESA
COL DA MESURES
2675
TOR DL CAMPIDEL
2586
TOR BORNECH
2495
Ferrata Pisciadù Klettersteig
Tru dles Cascades
PIZ CULAC
2086
Sela de Culac
2018
Font.na Forcela
2634
MURFREIT SP.
TORRE DEL MURFREIT
TOR COLFOSCO
2530
Chalet Gerard
1968
Lech de Pisciadù
Rif. Pisciadù
F. Cavazza
2586
Lech dl Dragon
SAS DA LËCH
2936
2507
2507
2724
CAMPANII DE MURFRËIT
Meisules dla Biesces
2995
C. PISCIADÙ
2985
CIAMPANIS DE VAL MISDE
2635
TOR DI CIAMURC
2829
PIZ DA LËCH
SAS DALES DIESC
2916
Forcela Scharte
PIZ ROTIC
2974
CRESTA ROTIC
SAS DAI CIAMORCES
Sela de Pisciadù
2923
2908
Forcela dai Ciamorces
DËNT DE MISDE
2881
BECH DE MISDE
2967
SAS DE MISDE
2975
PIZ DO BUGONS
2069
1943
PIZ BEGUZ
2968
PIZ MIARA
2929
2964
Pela da Mezdi
GRUPPO DL SELA
2840
TOR BERGER
SAS DLES NU
2904
la Fessura
L' ANTERSAS
2907
2661
PIZ GRALBA
2972
2684
Pößnecker-Klettersteig
Ferr. delle Meisules
GRUPPO DELLA SELLA
PIZ SELVA
2941
PIZ LASTIES
2869
2831
PIZ DE ROCES
2776
TORRE DI SIELA
TORRI DI ROCES
Rif. Boè
Bamberger Hütte
PIZ LËCH DLACE
3009
PIZES DL VALUN
2905
2510
2555
LE PONTE
2779
Lëch Dlace
CRESTA S
PIZ CIAVAZES
SAS DE SALEI
2831
2696
SELLATÜRME
TORRI DEL SELLA
PELA DE MICEL
2405
LA LOCOMOTIVA
2058
COL TORONN
COL ALTON
2928
2882
2386
Forc.la dai Ciamorces
PIZ BOÈ
3151
Capanna Fassa
LA COLONA
2555
Orsarotes
Gardecia
Palestra di roccia Klettergarten
SELLAGRUPPE
MEISULES
Valon dal Fos
2879
P.TA DE LARJEI
P.TA DE JOEL
2945
SAS DE PORDOI
2950
Maria
Forc.la del Pordoi
Pinanac
B.ta il Panorama
1700
1970
1892
EL COL
Pian Schiavaneis
1848
Rif. Monti Pallidi
PICOL PORDOI
2670
2604
TORRI DEL PORDOI
2404
M. FORCIA
2356
Ossario del Pordoi
2229
1960
Crepes De Sela
Lupo Bianco
1715
1759
1709
Majarei
P.so Pordoi
Pordou
Pont de Vauz
1668
1637
Col di Lana
Pordoi
2117
Cristiania
Savoia
Centro B. Crepaz
Fodom
SAS BECE
2534
Lezuo
2066
1907
ARBACIA
1803
El Brocol
2040
Rif. Ciampolin
Pian Poza
Pecol
Bellavista
Rif. Tita Piaz
2360
COL DE CUCH
2423
Rif. Sass Becè
Rif. B.ta Fredarola
Via Alpina
SASSO DEL CAPPE
SAS DA CIAPEL
Bikepark
Bikepark
geomarketing

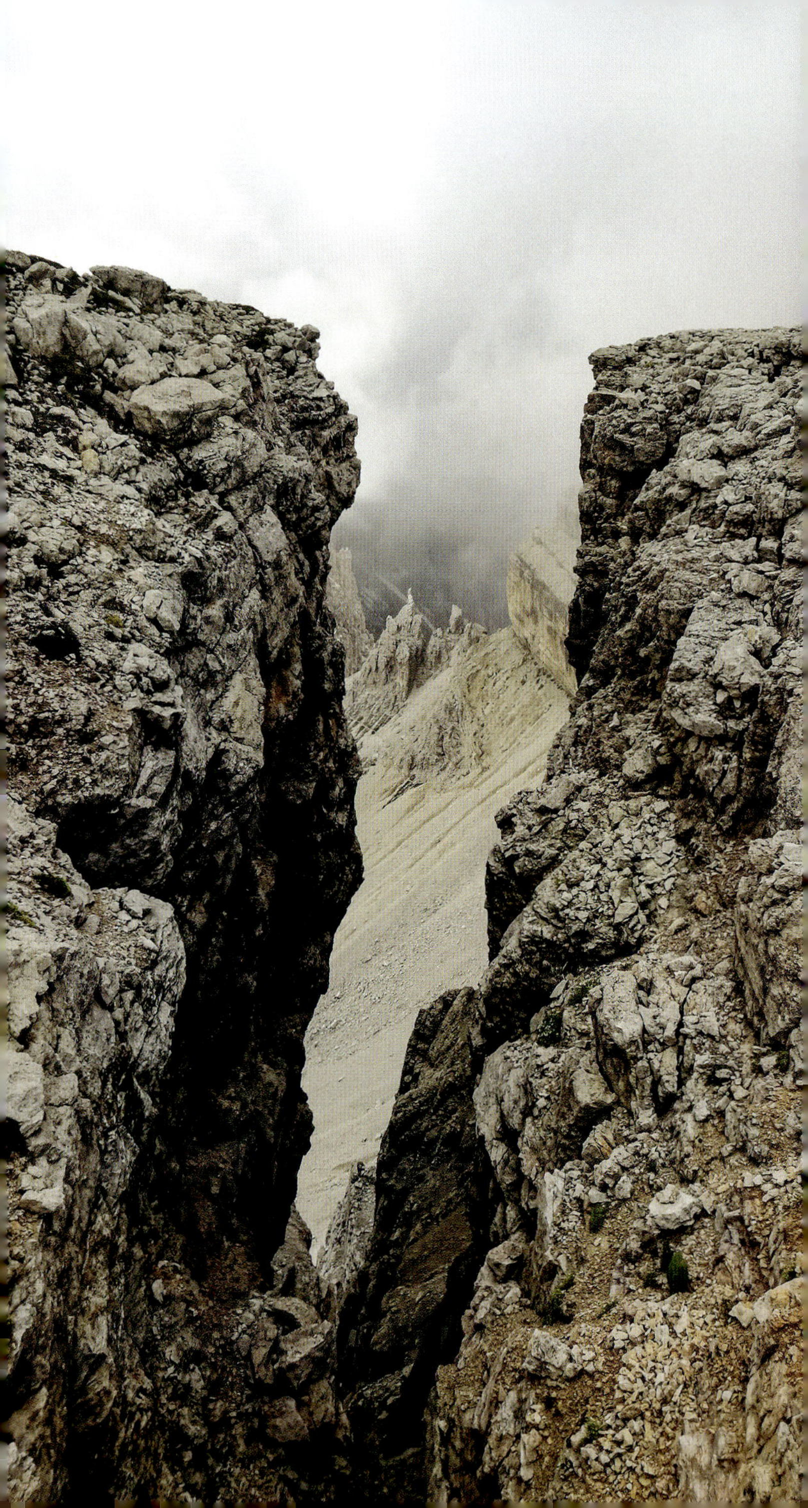

25 | Regensburger Hütte

Panascharte | Col dala Pieres

Die anmutige Landschaft der Cislesalm ist von den Westabstürzen der Puezgruppe und von den markanten Geislerspitzen und Fermedatürmen umrahmt. Der Ausgangspunkt für zwei landschaftlich traumhafte Bergwanderungen ist die Regensburger Hütte auf 2.040 m Höhe, auf der man besonders nach dem Abzug der Tagesgäste und der Instagram-Fotojäger die Ruhe und Entschleunigung erleben kann.

DIE HÜTTE

Auf der weiten Cislesalm im Grödner Tal, umgeben von der Geislergruppe und den steilen Abstürzen der Puez- und Steviagruppe, steht in sonniger Lage die Regensburger Hütte auf 2.037 m Höhe.
Errichtet wurde die Regensburger Hütte im Jahr 1888 von der Sektion Regensburg des DuÖAV, im Zuge der Enteignungen nach dem Ersten Weltkrieg wurde sie der Sektion Florenz des CAI zugewiesen und wird seither auch „Rifugio Firenze" genannt. Seit dem Bau der Hütte wurden immer wieder Erweiterungsbauten durchgeführt und Zusatzgebäude errichtet, sodass die Hütte heute über eine stattliche Anzahl von Schlafplätzen verfügt. Trotzdem ist es ratsam, besonders für Übernachtungen an Wochenenden frühzeitig zu buchen.
Seit dem Jahr 1940 wird die Hütte von der Familie Perathoner bewirtschaftet. Die Senior-Wirtin Resi Perathoner hat ein Buch über das Leben ihrer Familie auf der Regensburger Hütte geschrieben. Das Buch ist auf der Hütte erhältlich.

KULINARIK TIPP

Auf der Regensburger Hütte sollte man die schmackhaften Käseknödel oder die Aufschnittplatten mit Speck und Schinken verkosten. Die Speisekarte bietet auch Gerichte für Vegetarier, Veganer sowie glutenfreie Speisen.

TAG 1: AUFSTIEG ZUR HÜTTE

Der Aufstieg auf die Regensburger Hütte startet an der Talstation der Col-Raiser-Bahn (1.550 m) oberhalb von St. Christina im Grödner Tal. Der gebührenpflichtige Parkplatz ist auch mit öffentlichen Verkehrsmitteln erreichbar.
In sanfter Steigung wandert man auf der asphaltierten Straße (Markierung Nr. 1), die unterhalb der Seilbahntrasse bergwärts führt und bald in einen Forstweg übergeht. Dabei überwindet man die erste

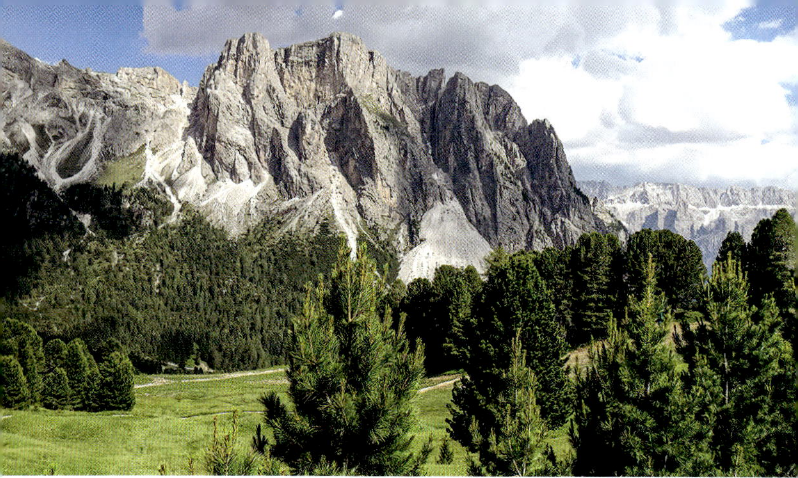

Geländestufe und wandert taleinwärts, an der Sangonhütte (1.823 m) und am malerischen Lech de Ciaulonch vorbei, bis sich der Wald lichtet. Rechts des Weges ziehen die steilen Latschenhänge zu den abfallenden Wänden des Steviamassivs hinauf und auf der gegenüberliegenden Seite ragen die Fermedatürme, der Sass Rigais und die Furchetta in den Himmel. Nachdem man mühelos den letzten Anstieg geschafft hat, steht man bereits vor der Regensburger Hütte (2.037 m), dem Ziel der Wanderung.
Abstieg: Für den Abstieg folgt man dem Aufstiegsweg.

 TAG 1: DIE KURZE HÜTTENTOUR

Auf die Panascharte 2.456 m | Auf der Wanderung von der Regensburger Hütte zu den Felszacken der Fermedatürme durchschreitet man ein dreidimensionales Bilderbuch und wird von den Blumenwiesen der Cislesalm verzaubert. Der Aufstieg endet an der markanten Panascharte, zwischen der Seceda und den Fermedatürmen.
Von der Regensburger Hütte (2.037 m) wandert man in sanfter Steigung über die schönen Wiesen in nordwestliche Richtung. Der Weg

HÜTTENAUFSTIEG MIT DER COL-RAISER-BAHN

Der Aufstieg zur Regensburger Hütte kann durch die Benutzung der Col-Raiser-Bahn deutlich verkürzt werden. Die Bahn fährt im Sommer ab Anfang Juni bis zirka 10. Oktober täglich ab 8.30 bis 17 Uhr (im Hochsommer bis 17.30 Uhr). Die Regensburger Hütte erreicht man von der Bergstation der Col-Raiser-Bahn über den einfachen Wanderweg Nr. 2 in einer knappen halben Stunde.

ist bis zur Troier Alm (2.271 m) mit der Nr. 1 markiert. Von dort führt das letzte Stück nach links (Markierung 2B) und anschließend nach rechts, steil ansteigend, hinauf in die Panascharte (2.456 m). Hier nützt man die Gelegenheit, eine längere Rast einzulegen und die fantastische Bergkulisse der Dolomiten zu genießen.

Abstieg: Von der Panascharte steigt man das steile Stück hinab auf den Wanderweg Nr. 2B, folgt diesem nach links bis zur Pieralongia-Alm (2.297 m, Einkehrmöglichkeit) und von dort hinunter zur Cislesalm. Unterhalb der Cislesalm führt der Weg ein kurzes Stück in westliche Richtung bis zum bereits bekannten Aufstiegsweg (Nr. 1). Diesem folgt man in östliche Richtung bis zur Regensburger Hütte.

 TAG 2: BERGWANDERUNG UND ABSTIEG

Regensburger Hütte – Col dala Pieres und Abstieg über die Steviahütte zur Talstation der Col-Raiser-Seilbahn | Auf dieser Wanderung im Naturpark Puez-Geisler steigt man auf den Col dala Pieres, einer Aussichtskanzel oberhalb der Steviahochfläche, von der man packende Weitblicke auf die Langkofelgruppe, den Sellastock und die Puez-Geisler-Gruppe erleben kann.

Von der Regensburger Hütte (2.037 m) wandert man auf dem Wanderweg Nr. 2 in Richtung Osten, durch die weiten Böden und den lichten Wald im Ncisles-Tal. Der Weg verläuft nun rechts abzweigend durch die Schuttkare von Forces de Sièles, unterhalb der 2.644 m hohen Muntejela, und führt anschließend mäßig steil und zum Schluss über Serpentinen in die Sièlesscharte (2.505 m).

Von der Scharte steigt man nach links (in südliche Richtung) und folgt den Steigspuren und der Markierung Nr. 17 am Grat, den man in einfacher und kurzer Kletterei (Drahtseilsicherungen) überwindet. Bald ist die mäßig steile Flanke und der breite Gipfelgrat des Col de la Pieres (2.751 m) erreicht.

Vom Gipfel steigt man ein kurzes Stück zurück und fädelt in den Weg (Nr. 17), der über gut gestuftes Gelände (Sicherungen und Stufen) in die Karmulde unterhalb der Muntejela führt und diese quert. Bald erreicht man die Pizascharte (2.489 m) und die Stevia-Alm. Wie auf Wolken wandert man nun (Weg Nr. 17) über die schönen Almböden bis zur Stevia-Hütte (2.312 m). Bei der Hütte sollte man eine Rast einlegen und den Rundblick genießen.

Von der Hütte führt Weg Nr. 17 in mehreren Serpentinen in eine Senke und mit einem kurzen Gegenanstieg in die Silvesterscharte (2.280 m). Von dieser steigt man über den steinigen, aber gut gestuften Pfad hinunter zur Juac-Hütte und biegt rechts in den Weg Nr. 3 zum Lech de Ciaulonch, den man bereits vom Hüttenaufstieg kennt. Nun geht es nach links auf den breiten Forstweg (Nr. 1) und gemütlich, dem Lauf des Ncisles-Baches folgend, bis zum Parkplatz an der Talstation der Seilbahn.

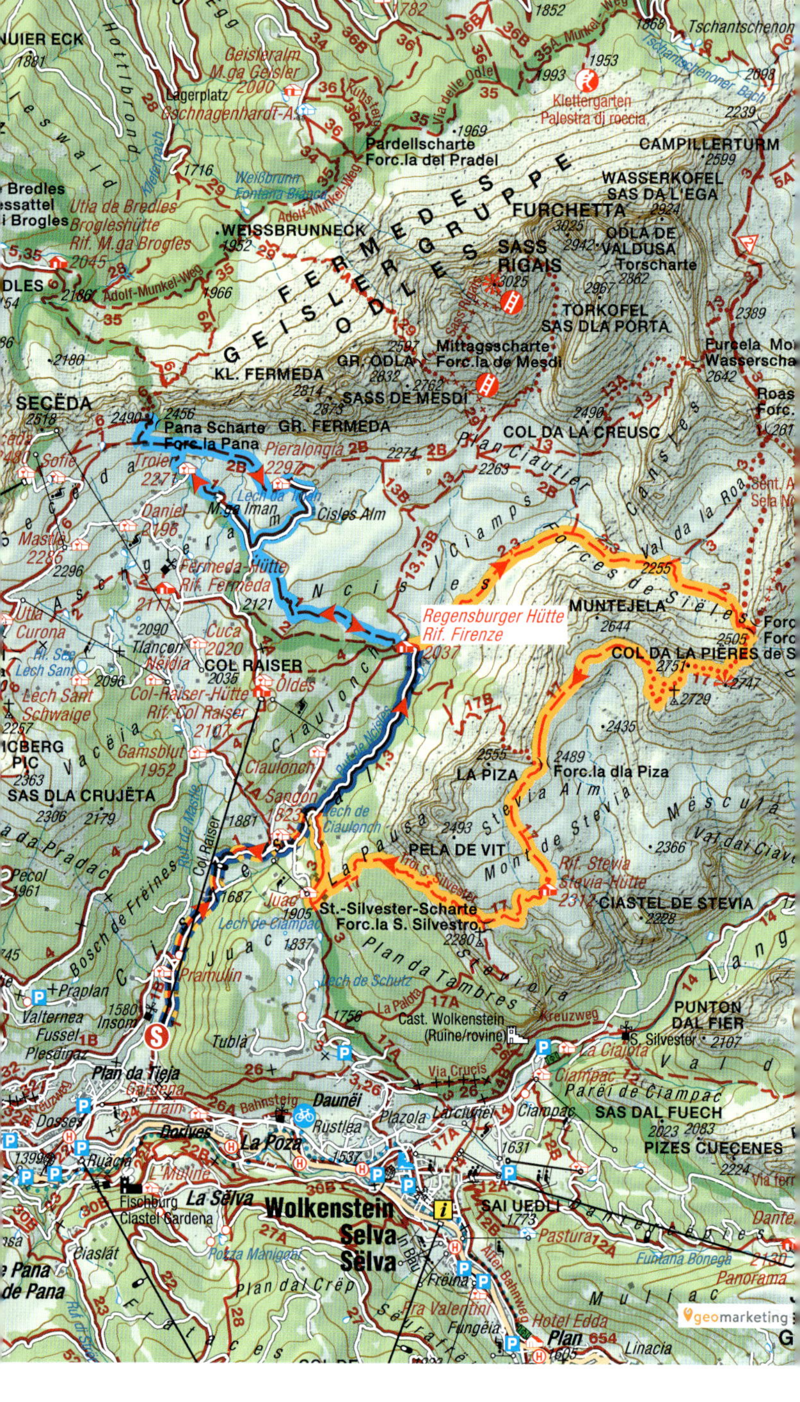

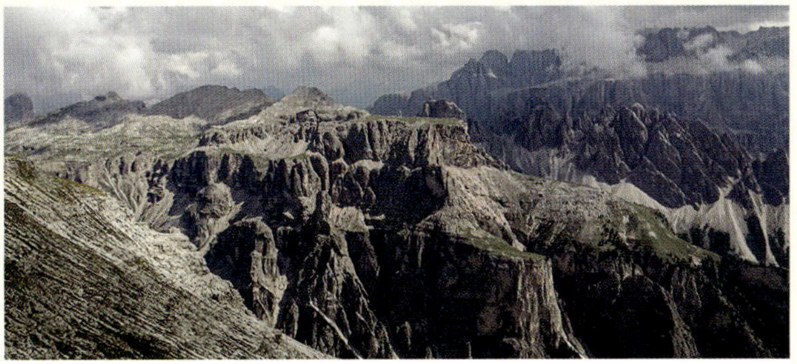

INFOS IN KÜRZE

TAG 1: AUFSTIEG UND HÜTTENTOUR

Aufstieg zur Regensburger Hütte
Aufstieg: 1 h 40 min, Abstieg: 1 h
3,8 km
495 Hm im Aufstieg

Tour Panascharte
Mittelschwierige Bergtour ohne besondere technische Schwierigkeiten.
Aufstieg ab der Regensburger Hütte: 1 h 30 min, Abstieg: 1 h 15 min
6,9 km
475 Hm Aufstieg und Abstieg

TAG 2: BERGWANDERUNG UND ABSTIEG

Regensburger Hütte – Col dala Pieres und Abstieg über die Steviahütte zur Talstation der Col-Raiser-Seilbahn

Anspruchsvolle Bergwanderung mit kurzen stahlseilgesicherten Passagen. Die Wanderung erfordert Trittsicherheit und Schwindelfreiheit und sollte nur bei stabiler Wetterlage (Vorsicht: Gewitter!) unternommen werden.
Ab der Regensburger Hütte: 5 h
12,8 km
781 Hm Aufstieg, 1.299 Hm Abstieg

DIE HÜTTE

Regensburger Hütte (Rifugio Firenze)
Fam. Perathoner
Ciaulongh 17
St. Christina/Gröden
Tel. 0471 796307 oder 347 9541069
www.rifugiofirenze.com
info@rifugiofirenze.com

Geöffnet von Anf. Juni bis Mitte Okt.

26 Betten in Zwei-, Drei- und Vierbettzimmern, 64 Schlafplätze im Matratzenlager, Etagen-Waschräume und Duschen mit Warmwasser (Münzautomaten), Kredit- und EC-Kartenzahlung akzeptiert, guter Mobilfunkempfang, kein WLAN.
Die Hütte wird voraussichtlich 2021 oder 2022 vom Grund auf saniert, es wird sich vieles ändern.

Über die Brennerautobahn A22 bis Ausfahrt Klausen/Grödner Tal. Über die SS242 nach Pontives und weiter über die SS242 bis nach St. Christina. Von dort folgt man der Beschilderung „Col Raiser" zum gebührenpflichtigen Parkplatz an der Talstation der Col-Raiser-Seilbahn.

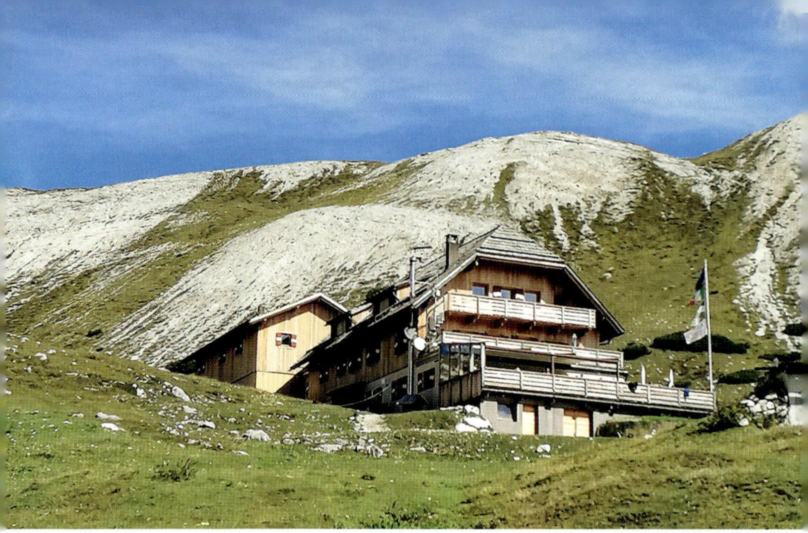

26 | Senneshütte

Col di Lasta | Seekofel

Die Senneshochfläche im Naturpark Puez-Geisler, zwischen dem Rautal bei St. Vigil in Enneberg und dem Pragser Tal, ist ein Dorado für Genuss- und Bergwanderer. Die Senneshütte (2.122 m) ist der Stützpunkt für eine leichte Gipfelwanderung auf den Col di Lasta und für die technisch anspruchsvollere Besteigung des Seekofels. Kinder können sich auf der riesigen Wiese vor der Hütte, einem aufgelassenen Flugfeld, richtig austoben.

DIE HÜTTE

Die Senneshütte, nicht zu verwechseln mit der nahe gelegenen „Munt-de-Sennes-Hütte" im Naturpark Fanes-Sennes-Prags, ist ein schön gelegenes Schutzhaus, das erst vor Kurzem von Grund auf saniert wurde.
Bereits in den 1930er-Jahren hat die Familie Palfrader das private Schutzhaus auf der Senneshochfläche errichtet und führt es seither in dritter Generation.
In den Zimmern wird Bettwäsche zur Verfügung gestellt, die Lagerplätze sind mit Decken ausgestattet und Handtücher kann man gegen Gebühr ausleihen.
Die Besonderheit dieser Hütte ist neben der gemütlichen Stube und der schönen Sonnenterrasse die unendlich weite Spielwiese für Kinder, die eigentlich als Start- und Landebahn für Militärflugzeuge planiert worden ist.

KULINARIK TIPP

Das Hüttenwirtepaar Cilla und Erich Palfrader bieten ihren Gästen originelle und herzhafte Gerichte. Auf der Karte findet man das „Bergsteiger-Omelett" mit Käse, Schinken, Tomaten und Schnittlauch oder die „Sennes-Nudeln" mit Tomatensoße, Oliven, Parmesan und Sahne. Das Schnitzel vom Rost oder die Knödel mit Gulasch sind seit vielen Jahren Klassiker auf der Speisekarte und schmecken besonders gut.

TAG 1: AUFSTIEG ZUR HÜTTE

In steilen Serpentinen schraubt sich die Militärstraße von Pederü (1.540 m) auf die weitläufige Senneshochfläche, ein landschaftliches Juwel im Naturpark Fanes-Sennes-Prags.
Am Parkplatz des Gasthauses Pederü folgt man der stark ansteigenden Straße (Markierung Nr. 7), die vom Parkplatz links abzweigt und in steilen Kehren einen mächtigen Felsriegel überwindet. Nachdem man die steile Passage geschafft hat (in ca. 1.900 m Höhe), verlässt man die breite Schotterstraße und biegt links in den Steig Nr. 7A, der eine flache Lichtung quert und nach einer sanften Steigung erneut in den Fahrweg mündet.
Man wandert nun auf der breiten Almstraße bis zu einer Wegkreuzung an einer Kehre. Dort führt ein Steig links über die Böschung und mündet wieder in die Fahrstraße. Nun folgt man dem Schotterweg in nördliche Richtung bis zum kleinen Sennessee und der Senneshütte (2.122 m).
Abstieg: Für den Abstieg folgt man dem Aufstiegsweg.

MILITÄRSTRASSE UND LANDEBAHN IN DEN BERGEN

In der zweiten Hälfte der 1960er-Jahre errichteten die Pioniere der Alpini-Brigade Tridentina eine 2.800 m lange Zufahrtsstraße, die in steilen Kehren von Pederü (1.548 m) auf die Sennes-Hochfläche klettert und dabei einen Höhenunterschied von 432 m überwindet. Ein weiteres kurioses Bauwerk, dem man Aufmerksamkeit schenken darf, ist das 450 m lange und 40 m breite begrünte Flugfeld in unmittelbarer Nähe der Senneshütte. Die weite Wiesenfläche ist ein idealer Bolzplatz und gut geeignet für verschiedenste Freizeitaktivitäten mit der ganzen Familie. Vermutlich wurde das weite Gelände, auf dem später die Landebahn für Leichtflugzeuge errichtet wurde, bereits im Ersten Weltkrieg von den österreichischen Truppen genutzt.

 TAG 1: DIE KURZE HÜTTENTOUR

Col de Lasta 2.311 m | Nach dem Aufstieg kann man noch eine kurze Wanderung zum Col de Lasta, einem schönen Aussichtsgipfel westlich der Hütte unternehmen und in die weite Dolomitenlandschaft der Senneshochfläche blicken.

Von der Senneshütte (2.122 m) folgt man ein kurzes Stück dem Fahrweg (Nr. 6 und Nr. 24), der oberhalb der Hütte in einem weiten Bogen in westliche Richtung zur Munt-de-Sennes-Hütte führt. Kurz davor verlässt man den Weg und biegt links über den breiten Rücken in die Einsattelung des Col di Lasta und steigt von dort in südliche Richtung auf die Gipfelkuppe mit dem kleinen Kreuz (2.311 m).

Abstieg: Für den Abstieg folgt man dem Aufstiegsweg.

TAG 2: BERGWANDERUNG UND ABSTIEG

Senneshütte – Seekofelhütte, Seekofel und Abstieg nach Pederü | Die anspruchsvolle Wanderung führt über die Senneshochfläche zur Seekofelhütte und auf den Gipfel des Seekofels (2.810 m), von dem man einen schwindelerregenden Tiefblick zum Pragser Wildsee erleben kann. Der Rückweg nach Pederü erfolgt über die Fodara-Vedla-Hütte.

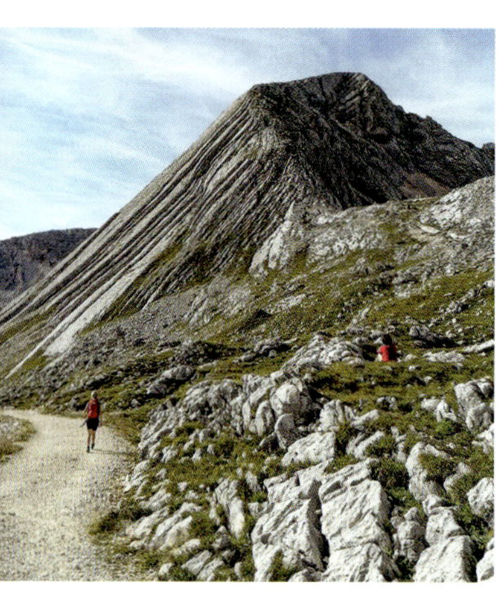

Nach dem reichhaltigen Frühstück in der Senneshütte packen wir den Rucksack, marschieren über den breiten Weg Nr. 6 in nördliche Richtung und biegen rechts in einen Steig, der mäßig steil eine Geländestufe überwindet. Es geht nun über schön kupiertes Gelände in östliche Richtung, bis nach einem kurzen Abstieg der breite Schotterweg (Fahrstraße) erreicht ist. Nun biegt man nach links und folgt der sanft ansteigenden Fahrstraße bis zur Seekofelhütte (2.327 m, Einkehrmöglichkeit).
Bei der Hütte folgt man dem Steig mit der Markierung Nr. 1 nach Nordwesten bis zum Bildstock auf der Ofenscharte (2.388 m) und begibt sich zum steilen Ostgrat des Seekofels. Hier beginnt der teils ausgesetzte und im oberen Bereich mit einer Stahlkette gesicherte Steig, der auf die Gipfelhochfläche und zum Schluss über ein Schotterfeld zum Gipfel des Seekofels (2.810 m) führt. Der Rundblick vom Gipfel ist grandios. Er reicht von den Drei Zinnen im Osten über die Hohe Gaisl bis zu den Tofane im Süden. Im Westen ist die Puezgruppe

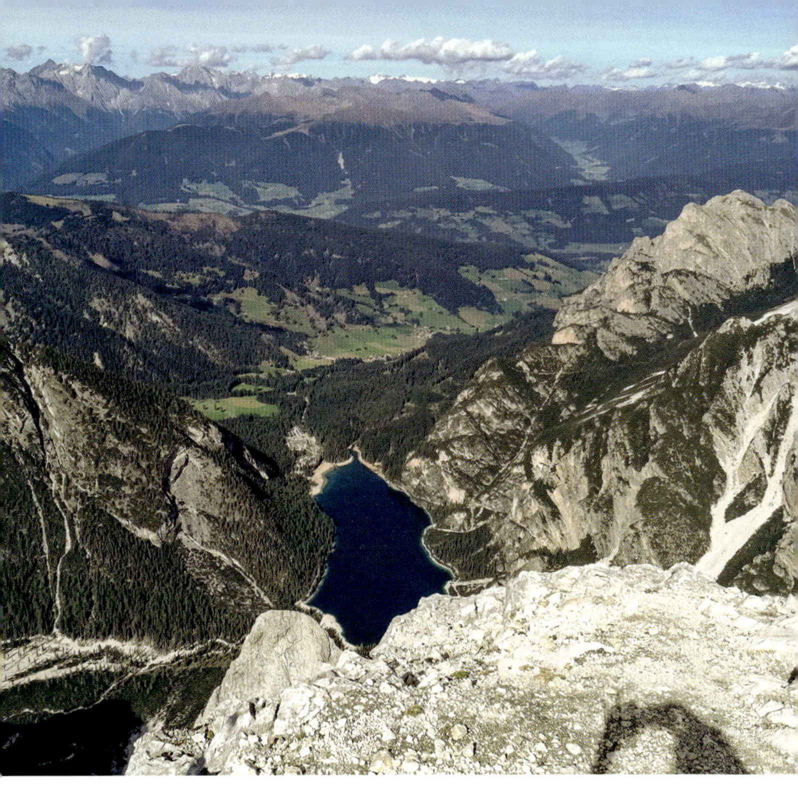

und im Norden der Alpenhauptkamm mit den Gletschern der Zillertaler Alpen zu sehen. Tief unten leuchtet der Pragser Wildsee strahlend grün herauf.

Nach der Gipfelrast steigen wir konzentriert und vorsichtig über den gesicherten Steig in die Ofenscharte und zur Seekofelhütte hinab. Bei der Hütte geht es nach rechts, der Schotterstraße (Markierung Nr. 6) entlang und an der Weggabelung (Aufstiegsweg von der Senneshütte) bleiben wir links und folgen dem Fahrweg bis zu einer scharfen Rechtskurve. Der bequeme Weg quert die Südhänge des Col di Siores bis zu einer Wegkreuzung. Hier biegt man links ab, schneidet über ein Latschenfeld (gut sichtbarer Steig) eine Kehre ab und erreicht erneut den breiten Schotterweg, der nach Westen bis zu einer Abzweigung (zur Senneshütte) zieht. Wir ignorieren diese Abzweigung und bleiben auf dem Fahrweg, bis der Wanderweg Nr. 7 (zur Fodara-Vedla-Hütte) nach links abzweigt. Der Weg führt nun durch den Wald und steigt nun etwas steiler auf die Zufahrtsstraße der Fodara Vedla (1.972 m, Einkehrmöglichkeit) hinab. Der Weg (Nr. 7 und Nr. 9) führt rechts an der Alm vorbei, quert kurz ein Waldstück und führt dann zur Weggabelung an der Lichtung, die man bereits vom Hüttenaufstieg kennt. Nun geht es in sehr steilem Abstieg über viele Kehren hinunter nach Pederü.

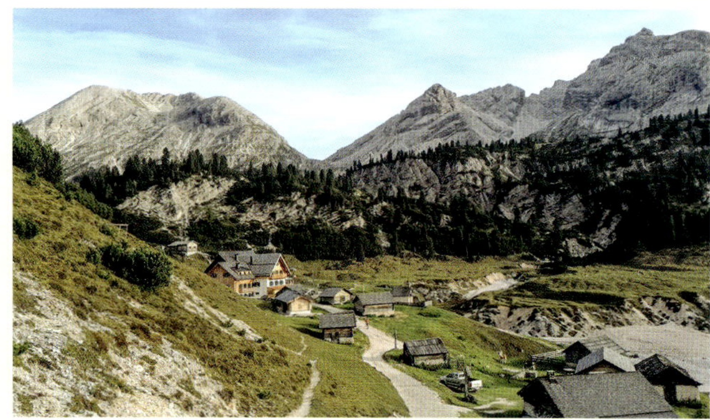

INFOS IN KÜRZE

TAG 1: AUFSTIEG UND HÜTTENTOUR

Aufstieg zur Senneshütte
Aufstieg: 2 h,
Abstieg: knapp 1 h 30 min
4,7 km
592 Hm im Aufstieg

Tour Col di Lasta
Einfacher Abstecher von der Senneshütte auf die Gipfelkuppe des Col di Lasta.

Aufstieg ab der Senneshütte: 35 min,
Abstieg: 30 min
3,3 km
190 Hm Aufstieg und Abstieg

TAG 2: BERGWANDERUNG UND ABSTIEG

Senneshütte – Seekofelhütte, Seekofel und Abstieg nach Pederü
Die anspruchsvolle Gipfeltour auf den Seekofel erfordert ab der Ofenscharte höchste Konzentration, Trittsicherheit und an einigen Stellen Schwindelfreiheit. Ansonsten ist die lange Wanderung einfach und weist keine technischen Schwierigkeiten auf.

Ab der Senneshütte:
5 h 40 min
16 km
720 Hm Aufstieg,
1.309 Hm Abstieg

DIE HÜTTE

Senneshütte
Erich und Cilla Palfrader
St. Vigil in Enneberg
Tel. 0474 646355 oder
328 7945579
www.sennes.com
info@sennes.com

Geöffnet vom Anf. Juni bis Mitte Okt.
25 Betten in Vier- und Fünfbettzimmern mit Dusche, 35 Schlafplätze im Matratzenlager. Eigene Hüttenschuhe mitbringen, guter Mobilfunkempfang, Wi-Fi, Barzahlung.

Über die Staatsstraße SS49 ins Pustertal bis nach St. Lorenzen, von hier ins Gadertal bis nach St. Vigil in Enneberg und weiter durch das Rautal bis zum Parkplatz beim Berggasthof Pederü.

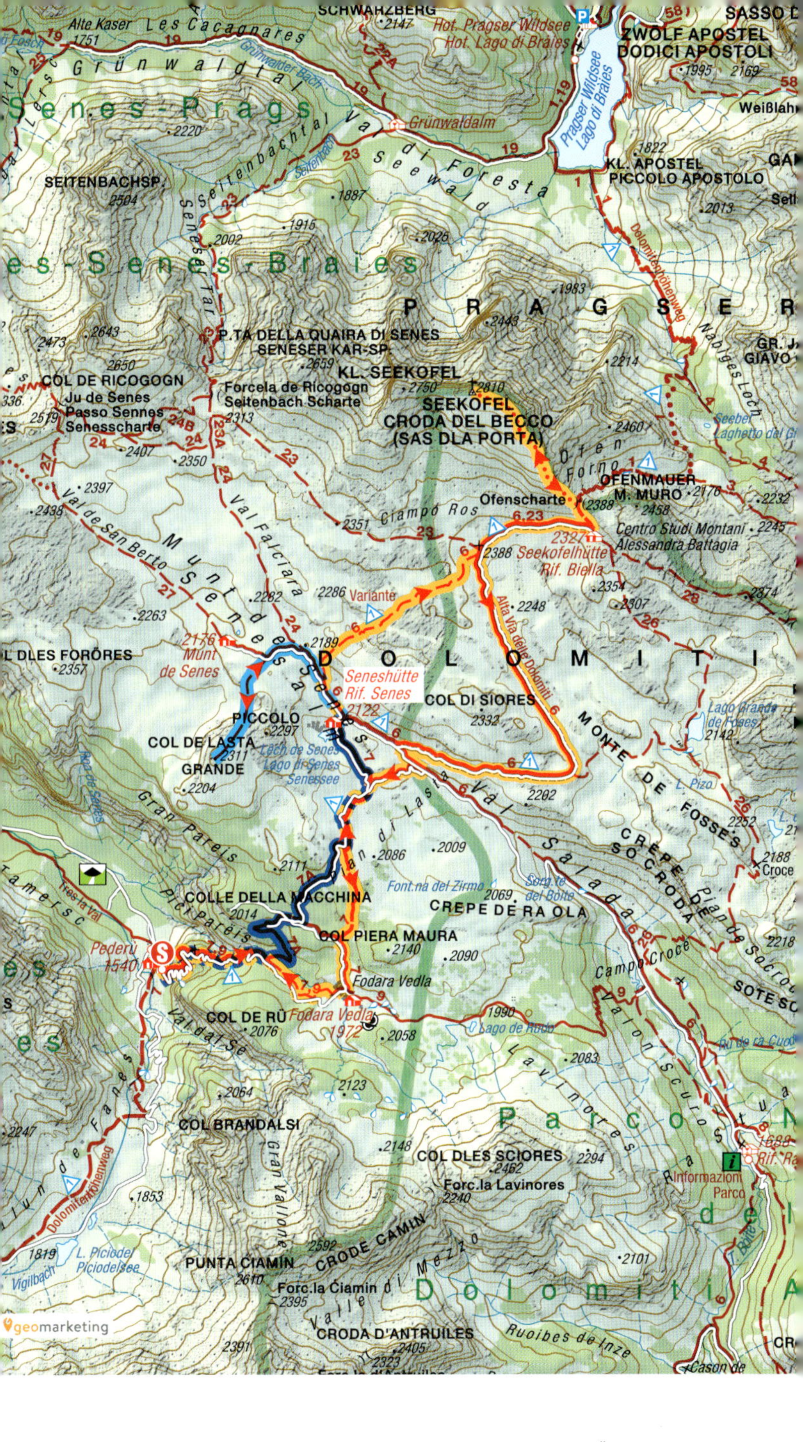

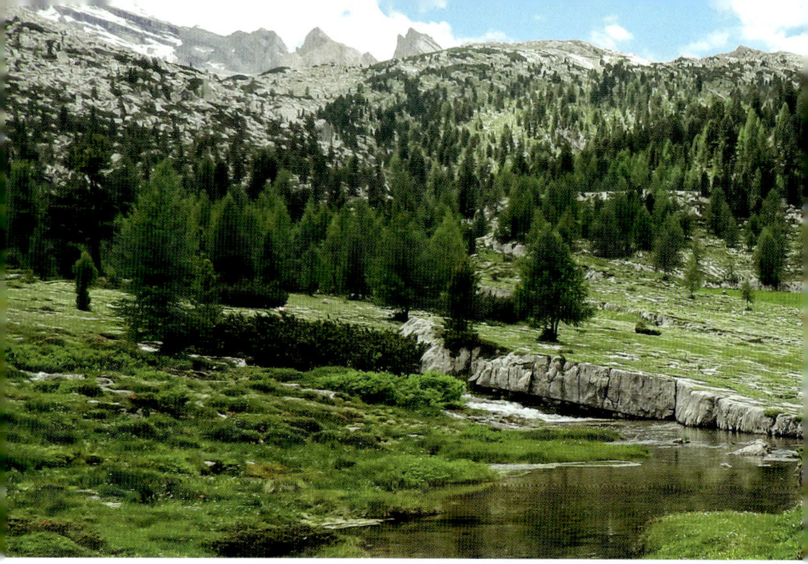

27 | Lavarellahütte

Antoniusspitze | Lavarella

Wenn man das Reich der Fanes betritt und unterhalb des Parlaments der Murmeltiere bei der Lavarellahütte den Sonnenuntergang erlebt, dann ist man von der Schönheit dieser Sagenlandschaft verzaubert. Ebenso grandios ist das Gefühl, auf der Antonius- und der Lavarellaspitze zu stehen und in diese prächtige Dolomitenlandschaft zu schauen.

 DIE HÜTTE

Die Lavarellahütte liegt auf 2.050 m in unmittelbarer Nähe des Lech Vert, inmitten der Klein-Fanes-Alm im Naturpark Fanes-Sennes-Prags. Oberhalb der Hütte erhebt sich das aus Dolomit-Schichtungen natürlich entstandene Amphitheater, das sagenumwobene „Parlament der Murmeltiere".

Die Hütte wird seit Generationen von der Familie Frenner geführt und wurde immer wieder umgebaut und erweitert. Im Jahr 2006 wurde das Schutzhaus generalsaniert und verfügt seitdem über eigenen Strom aus dem kleinen Wasserkraftwerk und den Sonnenkollektoren. Beheizt wird die Hütte mit einer Zentralheizung, alle Zimmer verfügen über Waschbecken. Nach der Tour kann man es sich in der holzbefeuerten finnischen Sauna richtig gut gehen lassen.

Auf der schönen Sonnenterrasse oder auf der Liegewiese vor der Lavarellahütte lässt es sich herrlich entspannen. Gleich neben der

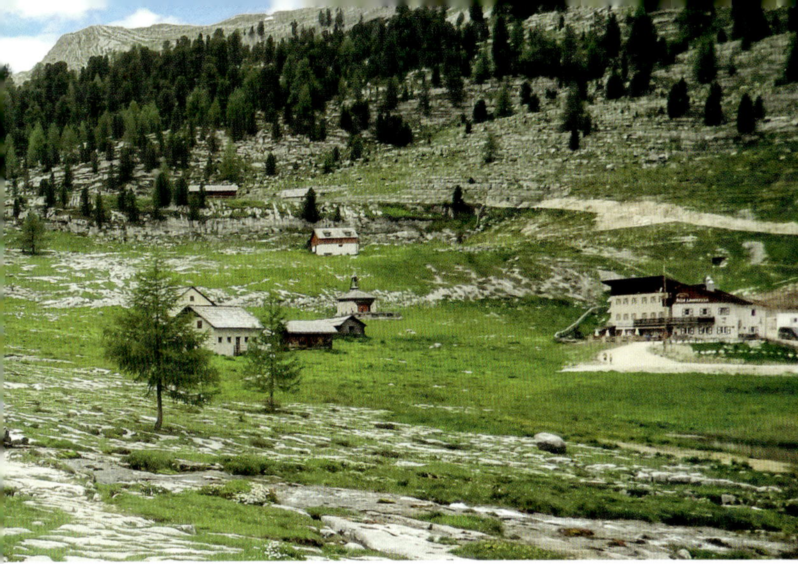

Hütte steht die „Picia Capela de Fanes“, die Kleine Kappelle von Fanes, die dem hl. Josef Freinademetz geweiht ist.

KULINARIK TIPP

Hüttenwirtin und Küchenchefin Michaela Frenner ist eine begeisterte und leidenschaftliche Köchin. Ich verbeuge mich vor den hausgemachten Spinatbandnudeln mit Wildragout!
Seit 2019 wird auf der Lavarellahütte auch Bier gebraut. Junior-Hüttenwirt Gábor experimentiert bereits seit einigen Jahren mit Hopfen und Malz und braut nun auf 2.050 m mit kristallklarem Bergwasser sein eigenes „Ga.beer“.

IM REICH DER FANES

Die Lavarellahütte ist in die Sagenlandschaft von Klein-Fanes eingebettet. Das „Parlament der Murmeltiere“ ist zum Greifen nah und hinter den Felsen scheinen sich mystische Sagenfiguren zu verstecken. Die überlieferten Legenden der Ladiner wurden von Karl Felix Wolff gesammelt und erstmals als „Dolomitensagen“ im Jahr 1905 veröffentlicht. Die Sage vom Reich der Fanes ist das Nationalepos der Ladiner. Ergreifend sind Aufstieg und Untergang des Murmeltierreiches, in dem die Prinzessinnen Moltina und Dolasilla, der böse Zauberer Spina de Mul und der Held Ey de Net die Hauptrollen spielen.

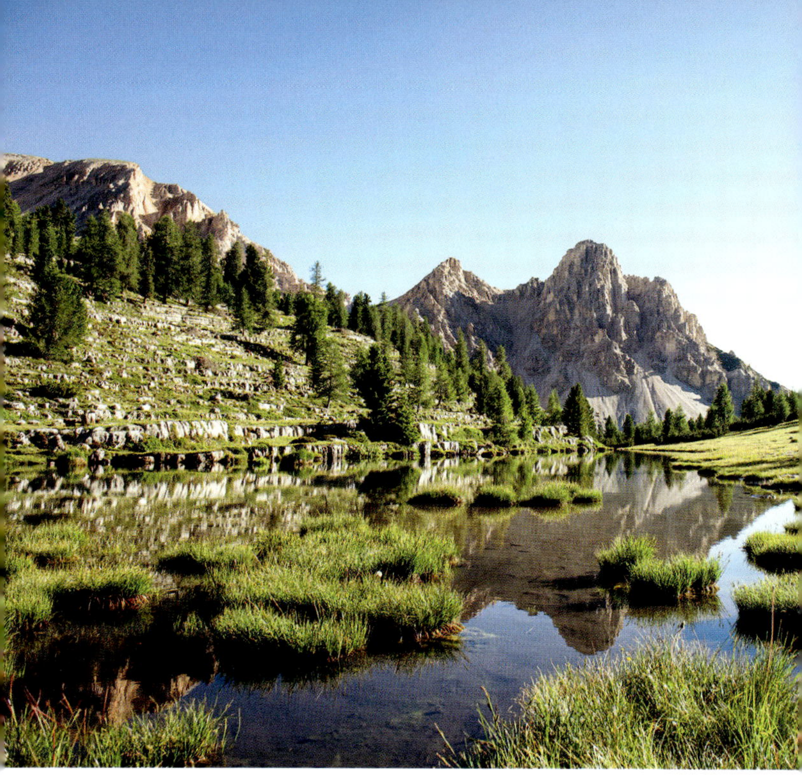

TAG 1: AUFSTIEG ZUR HÜTTE

Beim Aufstieg auf die Faneshochfläche vergisst man die Gegenwart und betritt eine andere Welt – die Sagenwelt der Fanes. Schon beim Aufstieg von Pederü in das Almgebiet von Klein-Fanes spürt man, wie sich die Landschaft verändert und mit welcher Demut man hier den Bergen begegnet.

Vom Parkplatz im hintersten Rautal, dem Val dai Tamersc, beim Berggasthof Pederü (1.540 m) folgt man anfangs dem breiten Weg (Nr. 7) in südliche Richtung bis zu einer Holzbrücke. Man überquert diese und steigt, zunächst mäßig steil und dann in mehreren Kehren, über die Talstufe. Nach einer weiteren Geländestufe erreicht man einen flacheren Boden und den Piciodelsee. Nun folgt man ein kurzes Stück dem Schotterweg und biegt rechts in einen Waldweg (immer noch Markierung 7) ab. Nachdem der Waldweg bei einer Kehre erneut in den Fahrweg mündet, folgt man diesem bis zu einer Weggabelung mit einem großen Hinweisschild. Man biegt nach rechts ab und folgt der Almstraße (mit der Nr. 12 markiert), bis man in wenigen Schritten die Lavarellahütte, inmitten der bezaubernden Klein-Fanes-Alm, erreicht.

Abstieg: Für den Abstieg folgt man dem Aufstiegsweg.

TAG 1: DIE KURZE HÜTTENTOUR

Auf das Antoniusjoch und die Antoniusspitze 2.655 m | Nach dem Aufstieg zur Lavarellahütte kann man noch auf das nahe Antoniusjoch und auf den Gipfel der Antoniusspitze aufsteigen. Die Aussicht auf die sagenumwobene Fanesalm ist wunderbar.

Von der Lavarellahütte wandert man über einen Weg (Nr. 13), der nördlich der Hütte einen Hang überwindet und dort in die breite Mulde des „Plan de Salines" führt. Nachdem man die Mulde durchquert hat, steigt man in nördliche Richtung in ein breites Hochtal hinein und wandert in leichter Steigung quer durch das Geröllfeld zum Antoniusjoch auf 2.466 m, auf dem auch eine kleine Nothütte steht.

Am Joch biegt man nach rechts ab und steigt in nordöstliche Richtung, unterhalb des Grates, bis zum Gipfelkreuz der aussichtsreichen Antoniusspitze auf (2.655 m).

Abstieg: Für den Abstieg folgt man dem Aufstiegsweg.

TAG 2: BERGWANDERUNG UND ABSTIEG

Lavarellahütte – Paromsee und Lavarella (Gipfel), Abstieg nach Pederü | Ein krönender Abschluss für einen Aufenthalt im Reich der Fanes ist die Gipfeltour auf den Piz de Lavarela. Es ist ein erhabenes Gefühl, am 3.055 m hohen Gipfel in die Weite dieser einzigartigen Dolomitenlandschaft zu blicken.

Vor dem Frühstück in der gemütlichen Gaststube der Lavarellahütte schauen wir noch kurz auf den Wetterbericht und vergewissern uns, dass das Wetter hält.

Bei der Hütte schlägt man Weg Nr. 12 in westliche Richtung ein und steigt durch das „Parlament der Murmeltiere", wie man die gestufte Felsformation oberhalb der Hütte nennt. Man überwindet eine weitere Geländestufe und wandert am Paromsee vorbei. Bei der Umrundung eines Felsriegels trifft man ein kurzes Stück auf den Weg Nr. 7. Nach etwa 200 m zweigt erneut der Weg Nr. 12 nach links ab. Wir folgen diesem, stets ansteigend, bis zur Medesc-Scharte (2.533 m). Hier beginnt nun das technisch anspruchsvolle Teilstück der Gipfeltour, bei dem man konzentriert die Tritte sucht und man sich öfters auch mal an den guten Griffen halten muss. Bald erreicht man einen Kamin und gelangt auf ein schuttbeladenes Felsband, das man bis kurz unterhalb des Gipfels quert. In diesen Passagen sind Trittsicherheit und Schwindelfreiheit erforderlich. Ein kurzer Steilschwung führt zum höchsten Punkt des Piz de Lavarela (3.055 m) mit dem schönen Gipfelkreuz.

Es lohnt sich, eine großzügige Gipfelrast einzulegen und das Panorama dieser einzigartigen Gebirgslandschaft zu genießen.

Abstieg: Für den Abstieg folgt man dem Aufstiegsweg. Vorsicht: Auf lose Steine am Weg achten und Steinschlag vermeiden!

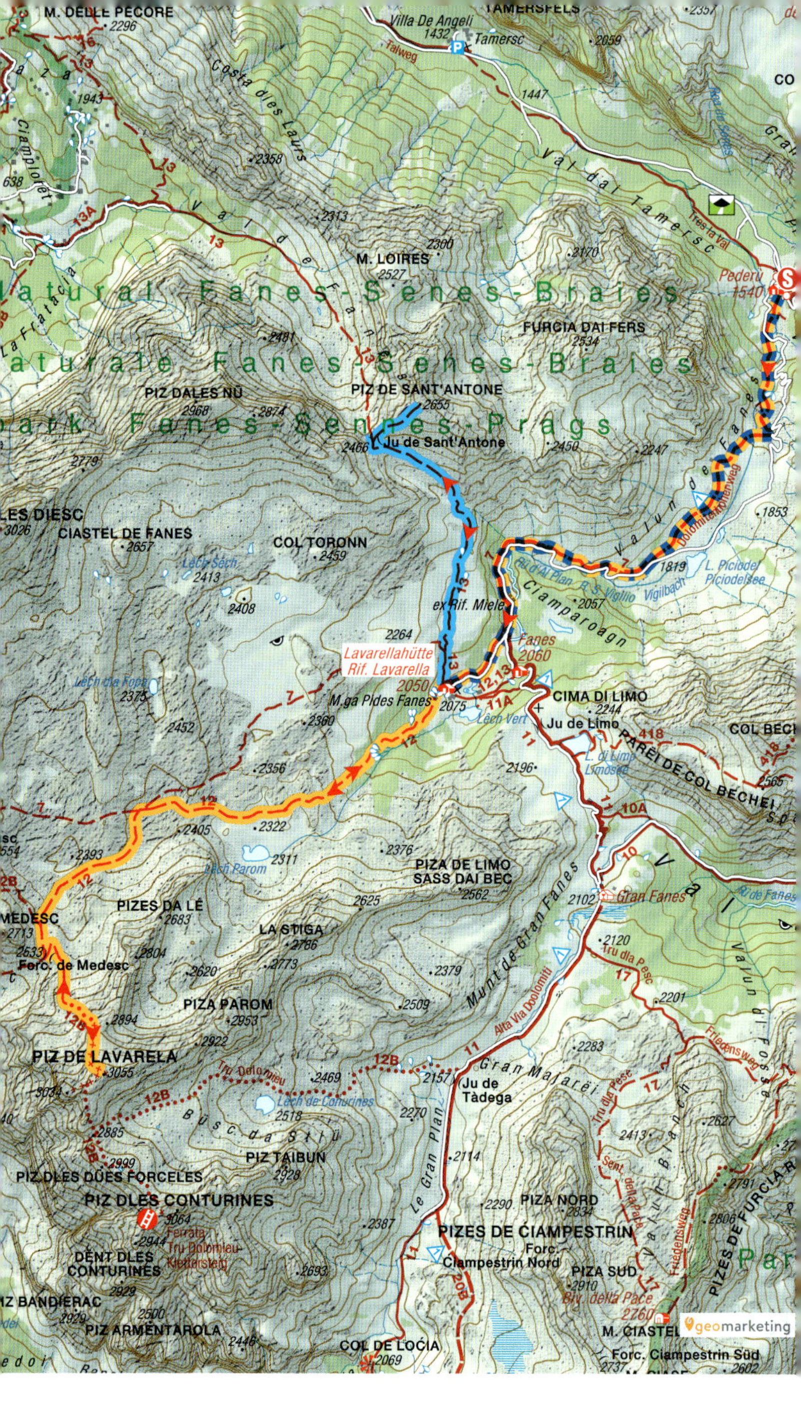
PIZ DE SANT'ANTONE
Ju de Sant'Antone
M. LOIRES
FURCIA DAI FERS
PIZ DALES NÜ
CIASTEL DE FANES
COL TORONN
Lavarellahütte
Rif. Lavarella
M.ga Pides Fanes
ex Rif. Miele
Fanes
CIMA DI LIMO
Ju de Limo
Pederü
PIZES DA LÉ
LA STIGA
PIZA PAROM
PIZA DE LIMO
SASS DAI BEC
Forc. de Medesc
PIZ DE LAVARELA
Lech de Conturines
PIZ TAIBUN
PIZ DLES DÜES FORCELES
PIZ DLES CONTURINES
DËNT DLES CONTURINES
PIZ ARMENTAROLA
COL DE LOCIA
Ju de Tàdega
PIZES DE CIAMPESTRIN
Forc. Ciampestrin Nord
PIZA NORD
PIZA SUD
Gran Fanes
Lech Parom
Lech Vert
Villa De Angeli
Tamersc
Val dai Tamersc
Val de Fanes
Valun de Fanes
Ciamparoagn
Parc Natural Fanes-Senes-Braies
Parco Naturale Fanes-Sennes-Braies
Naturpark Fanes-Sennes-Prags
geomarketing

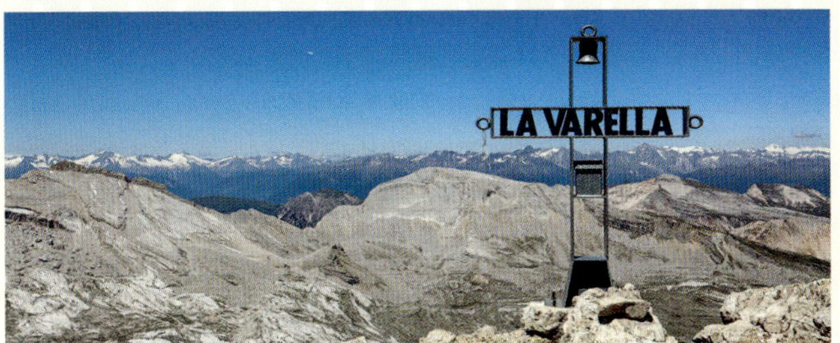

INFOS IN KÜRZE

TAG 1: AUFSTIEG UND HÜTTENTOUR

Aufstieg zur Lavarellahütte
Aufstieg: 2 h, Abstieg: 1 h 30 min
5,6 km
546 Hm im Aufstieg

Tour Antoniusspitze
Mittelschwere Bergtour ohne besondere technische Schwierigkeiten. Der Aufstieg durch das Geröllfeld und die Schrofen unterhalb des Gipfelgrates erfordern Trittsicherheit.
Aufstieg ab der Lavarellahütte: 1 h 45 min, Abstieg: 1 h
6 km
620 Hm Aufstieg und Abstieg

TAG 2: BERGWANDERUNG UND ABSTIEG

Lavarellahütte – Paromsee und Lavarella (Gipfel), Abstieg nach Pederü
Anspruchsvolle Gipfeltour, bei der man besonders auf den letzten 300 Höhenmetern auf Steinschlag achten soll. Die Kamine unterhalb des Gipfels überwindet man in leichter Kletterei, das ausgesetzte Felsband in Gipfelnähe erfordert Trittsicherheit und Schwindelfreiheit. Die Tour setzt gutes, stabiles Wetter und gute Sicht voraus.
Ab der Lavarellahütte: 7 h 15 min
18,5 km
1.146 Hm Aufstieg, 1.643 Hm Abstieg

DIE HÜTTE

Lavarellahütte
Fam. Frenner
Fanes Alm 4
St. Vigil in Enneberg
Tel. 0474 501079 oder 340 5243557
www.lavarella.it
rifugio@lavarella.it

Geöffnet von Mitte Juni bis Mitte Okt., für Skitouren auch im Winter geöffnet.
25 Betten in Zwei-, Vier- und Fünfbettzimmern, 25 Schlafplätze im Matratzenlager, Duschen und WC auf der Etage. Kein Mobilfunkempfang, WIFI für Hüttengäste, EC- und Kreditkartenzahlung.
Wegen Allergien in der Familie keine Hunde im Haus erlaubt.
Über die Staatsstraße SS49 ins Pustertal bis nach St. Lorenzen. Von dort ins Gadertal bis nach St. Vigil in Enneberg und weiter durch das Rautal bis zum Parkplatz beim Berggasthof Pederü.

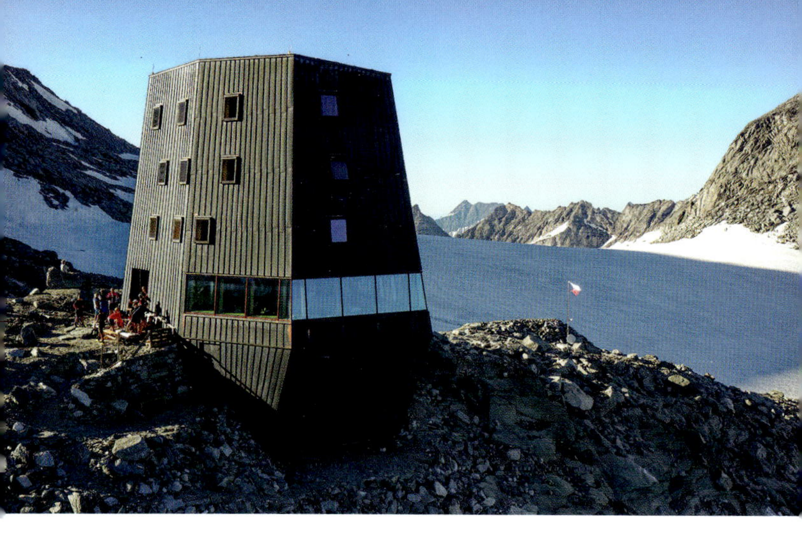

28 | Schwarzensteinhütte

Westliche Floitenspitze | Abstieg über die Schwarzbachalm

Der Aufstieg auf die neue, architektonisch gelungene Schwarzensteinhütte (3.026 m) ist lang und mühsam, aber der eigentliche Höhepunkt dieser Zweitagestour. Das Gipfelziel auf die Westliche Floitenspitze liegt nur einen Steinwurf vom höchsten Schutzhaus in den Südtiroler Alpen entfernt und der Abstieg, der teilweise über den „Stabeler Höhenweg" führt, ist ebenso lohnend.

DIE HÜTTE

Der mühsame Aufstiegsweg zur Schwarzensteinhütte lohnt sich, denn der Neubau am Grenzkamm in den Zillertaler Alpen ist ein Vorzeigemodell der zeitgenössischen Schutzhütten-Architektur.
Der markante Monolith wurde etwa 100 Höhenmeter oberhalb der alten Schutzhütte in den Jahren 2016 und 2017 erbaut. Die alte Schwarzensteinhütte aus dem Jahr 1894 wurde nach Fertigstellung der neuen Hütte abgerissen, eine Gedenktafel am alten Standort erinnert an sie.
Der Grundriss des neuen Schutzhauses ist ein unregelmäßiges Sechseck. Vom Parterre ausgehend wird das Gebäude nach oben und unten kleiner. Durch den Windfang und einen kleinen Vorraum betritt man im Erdgeschoss die Stube mit den großen Panoramafenstern. Durch diese erlebt man den größten Luxus dieser Hütte: Eine traumhafte Aussicht auf die umliegende Bergwelt.

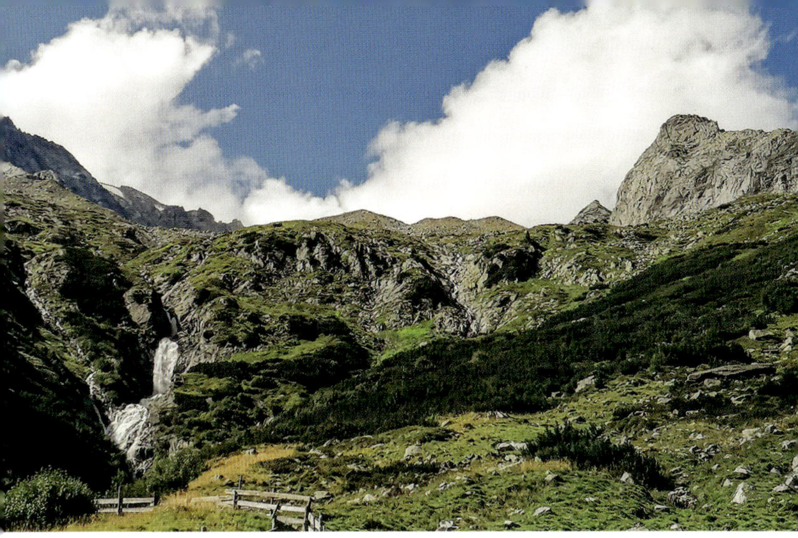

Die Haustechnik der Schwarzensteinhütte ist besonders innovativ. Warmwasser wird durch ein Blockheizwerk über einen Wärmetauscher produziert, Strom von der Fotovoltaikanlage, unterstützt vom Wärmetauscher. Die Trinkwasserfassung liegt 450 Meter von der Hütte entfernt. Das dort gesammelte Gletscher- und Schmelzwasser wird in einer Aufbereitungsanlage entkeimt und mineralisiert.
Seit 2019 führt Hüttenwirtin Margit Ainhauser das Schutzhaus. Die junge Frau aus Mölten ist gelernte Maschinenbaumechanikerin und war 17 Jahre lang im Baugewerbe tätig. Mit der kniffligen Technik kennt sie sich aus und vor widrigen Wetterbedingungen schreckt sie nicht zurück. In der Küche schwingt sie die Pfannen und dreht die Knödel.

STABELER-HÖHENWEG – EIN HÖHENWEG FÜR HARTGESOTTENE

Der hochalpine Stabeler-Höhenweg im Tauferer Ahrntal ist der anspruchsvollste Höhenweg Südtirols. Benannt ist er nach dem Südtiroler Bergführer Johann Niederwieser (1853–1902), der von seinen Zeitgenossen „Stabeler“ genannt wurde. Der Stabeler-Höhenweg verläuft durchschnittlich auf 2.500 m Meereshöhe und kann deshalb nur im Hochsommer von Bergwanderern mit Klettersteigerfahrung begangen werden. Für die gesamte Strecke zwischen Luttach/Schwarzensteinhütte und weiter über Scharten und mancherorts über Blockwerk bis zur Chemnitzer Hütte oberhalb des Nevesstausees benötigt man ca. 15 Stunden Gehzeit (Übernachtung in der Schwarzensteinhütte und/oder Chemnitzer Hütte).

KULINARIK TIPP

Das gastronomische Angebot auf der Schwarzensteinhütte überrascht, und wer hier die Lammkeule mit zweierlei Knödel probiert hat, der kommt gewiss wieder herauf.

TAG 1: AUFSTIEG ZUR HÜTTE

Der Aufstieg zur Schwarzensteinhütte beginnt beim Parkplatz Stallila der gleichnamigen Jausenstation oberhalb von St. Johann im Ahrntal. Der lange Anstieg führt durch das Rotbachtal, vorbei an der Schöllbergalm und der Daimeralm bis hinauf zum Stabeler-Höhenweg. Dort kann man bereits die neue Schwarzensteinhütte am Horizont sehen.
Von St. Johann im Ahrntal führt die gut beschilderte Höfezufahrt zum Parkplatz Stallila unterhalb der Jausenstation (1.472 m). Hier beginnt der breite Forstweg (Nr. 23A), der sanft ansteigend und in mehreren Kehren zur Schöllbergalm (1.740 m, Einkehrmöglichkeit) und anschließend ziemlich steil zur Daimeralm (1.862 m, Einkehrmöglichkeit) ansteigt.
Gleich hinter der Almhütte führt der Weg (Nr. 23) in mehreren Serpentinen und über steilere Abschnitte zur Abzweigung des Stabeler-Höhenweges. Die neue Schwarzensteinhütte ist bereits in Sichtweite. Nun steigt man über Blockgelände in einen Almboden und in die Schneefelder unterhalb des Rotbachkees. Hier führt der alpine Steig nach rechts und über eine drahtseilgesicherte und mit künstlichen Tritten ausgestattete Felspassage bis auf einen flachen Vorsprung, auf dem die alte Schwarzensteinhütte stand (Gedenktafel). Anschließend führt der Steig noch ein kurzes Stück in nordwestliche Richtung auf eine Geländestufe, auf der die neue Schwarzensteinhütte (3.026 m) steht.
Abstieg: Für den Abstieg folgt man dem Aufstiegsweg.

TAG 1: DIE KURZE HÜTTENTOUR

Westliche Floitenspitze 3.195 m | Wenn nach dem Hüttenaufstieg die Kondition noch reicht, kann man die Westliche Floitenspitze (3.195 m) am selben Tag besteigen. Den leichten Dreitausender erreicht man von der Hütte über den spaltenfreien Trippachsattel und über einfaches Blockwerk. Anderenfalls kann man diesen Gipfel am nächsten Tag, vor dem Abstieg ins Tal „mitnehmen“.
Der Weg führt von der Schwarzensteinhütte, leicht ansteigend in nördliche Richtung, bis zum vergletscherten Trippachsattel. Beim Sattel biegt man nach rechts und steigt über den Nordwesthang zum Blockgrat (SW-Grat), über dem man in leichter Kletterei den Gipfel der Westlichen Floitenspitze auf 3.195 m erreicht.
Abstieg: Für den Abstieg folgt man dem Aufstiegsweg.

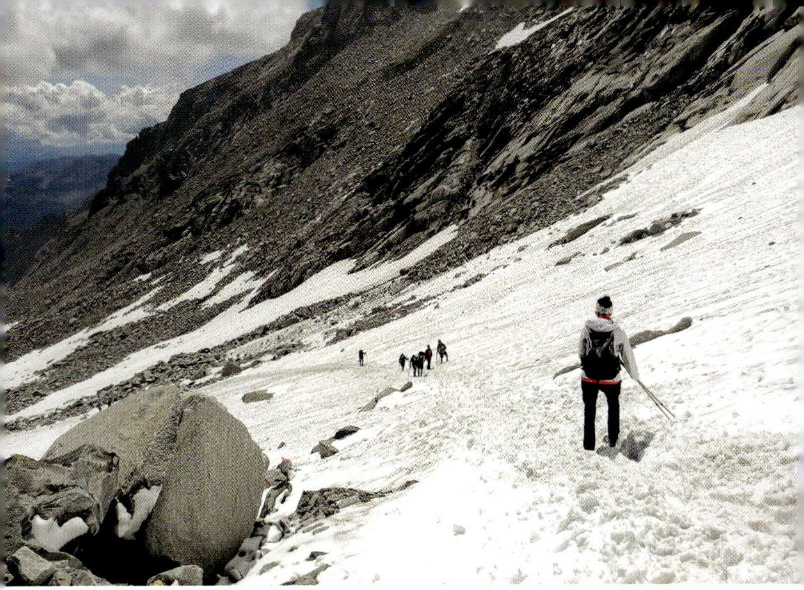

TAG 2: BERGWANDERUNG UND ABSTIEG

Schwarzensteinhütte – Stabeler-Höhenweg und Abstieg über die Schwarzbachalm zum Parkplatz Stallila | Die „lange Tour“ ist eigentlich eine Variante des Hüttenabstiegs. Sie erfolgt teilweise über den Stabeler-Höhenweg und führt dann hinab zur Schwarzbachalm und weiter bis zum Ausgangspunkt beim Parkplatz Stallila.

Von der Schwarzensteinhütte steigt man hinab (Weg Nr. 23) zum Standort der alten Hütte und biegt dort rechts ab. Über Steighilfen und Sicherungen klettert man über griffige Felsen und Blockwerk in eine große Mulde. Hier quert man (auch im Hochsommer) ein Firnfeld und steigt oder rutscht in den breiten Moränenkegel hinab. Man wandert stets talwärts und gelangt zu einem großen Felsen (2.620 m), bei dem der Stabeler-Höhenweg nach rechts abzweigt. Der Weg Nr. 24A verläuft über Moränengelände und führt auf einen kurzen drahtseilgesicherten Felsgrat hinauf. Über Blockwerk steigt man auf die Scharte „Zu Törla“ in 2.704 m und dann wieder etwas länger hinab, bis man die Abzweigung mit dem Weg Nr. 26 auf 2.480 m erreicht.

Man biegt nun nach links ab und überwindet mehr als 1.000 Höhenmeter im Abstieg, bis man die Schwarzbachalm (1.398 m, Einkehrmöglichkeit) erreicht. Hier biegt man links in den Weg Nr. 32A, der in östliche Richtung um den Wolfeskofel führt. Der Weg verläuft nun in leichter Steigung durch das Rotbachtal, überquert in einer scharfen Rechtskurve den Bach und mündet in den Parkplatz bei der Jausenstation Stallila (1.472 m).

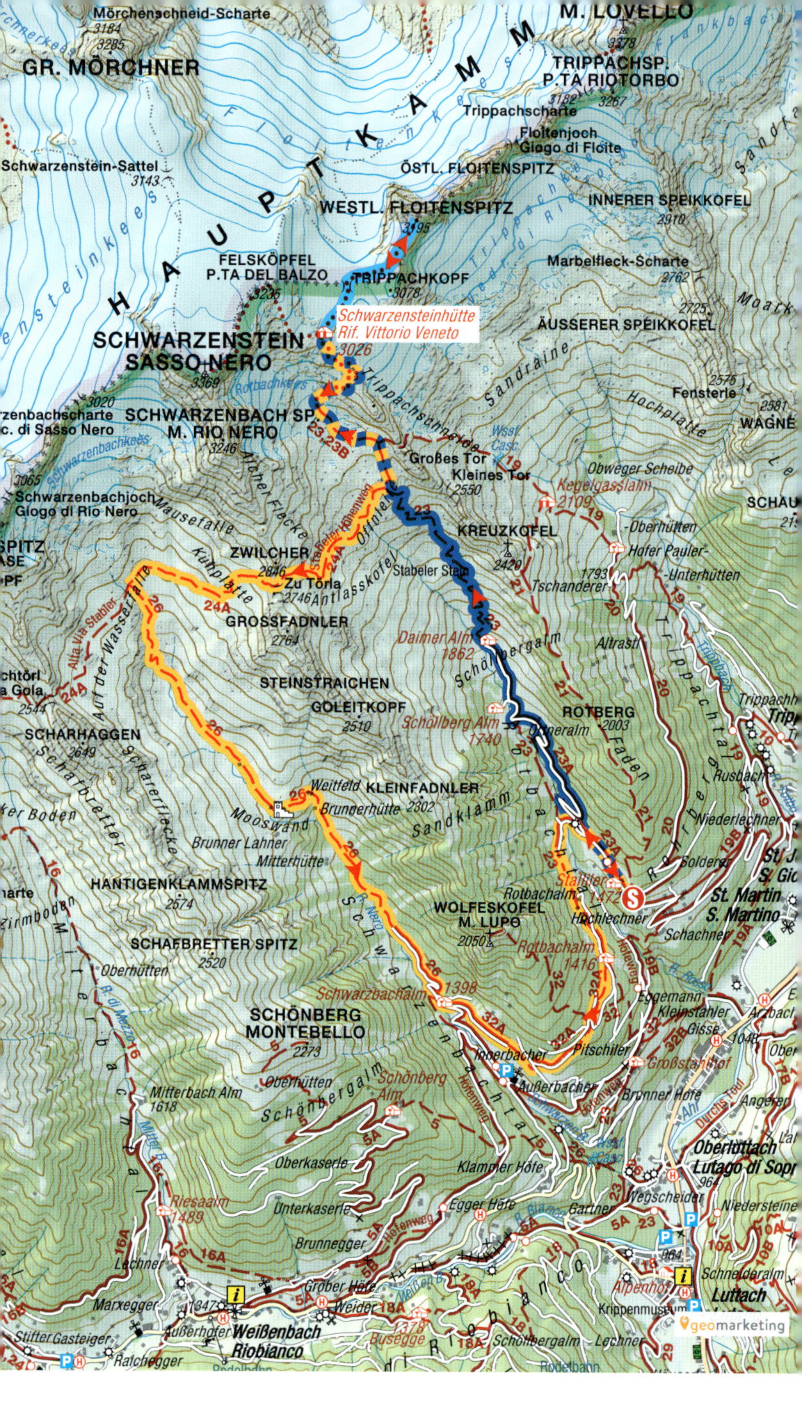

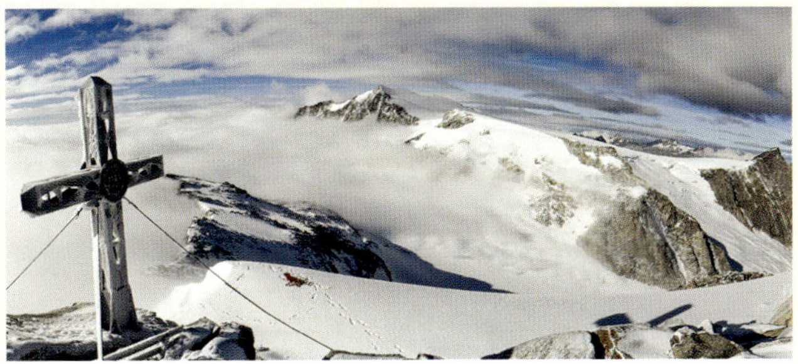

INFOS IN KÜRZE

TAG 1: AUFSTIEG UND HÜTTENTOUR

Aufstieg zur Schwarzensteinhütte
Aufstieg: 3 h 50 min, Abstieg: etwa 2 h 45 min
7,5 km
1.563 Hm im Aufstieg

Tour auf die Westliche Floitenspitze
Mittelschwierige, aber kurze Hochtour, die ohne technische Schwierigkeiten mit etwas Trittsicherheit und Schwindelfreiheit begangen werden kann. Im Frühsommer können Schneefelder am Grat den Aufstieg erschweren (Vorsicht Abrutschgefahr!).
Aufstieg ab der Schwarzensteinhütte: 1 h, Abstieg: 45 min
2,4 km
200 Hm Aufstieg und Abstieg

TAG 2: BERGWANDERUNG UND ABSTIEG

Schwarzensteinhütte – Stabeler-Höhenweg und Abstieg über die Schwarzbachalm zum Parkplatz Stallila

Anspruchsvolle, lange Bergtour über stahlseilgesicherte Felsen, Blockwerk und Firnfelder. Auch die Passagen am Stabeler-Höhenweg verlangen Trittsicherheit und Schwindelfreiheit.

Ab der Schwarzensteinhütte: 5 h 30 min
14,1 km
372 Hm Aufstieg, 1.929 Hm Abstieg

DIE HÜTTE

Schwarzensteinhütte
Margit Ainhauser
Gschleier 23, Mölten
Tel. 342 8038586
www.schwarzenstein huette.com
info@schwarzenstein huette.com

Geöffnet von Ende Juni bis Ende Sept.
Insgesamt 50 Betten, zwei Zehnbettzimmer, drei Sechsbettzimmer, ein Vierbettzimmer und vier Doppelzimmer, Duschen (mit Münzautomaten), Trockenräume.

Über die Brennerautobahn A22 bis zur Ausfahrt Brixen/Pustertal, dann bis Bruneck. Weiter ins Ahrntal nach St. Johann bis zum gebührenfreien Parkplatz bei der Jausenstation Stallila.

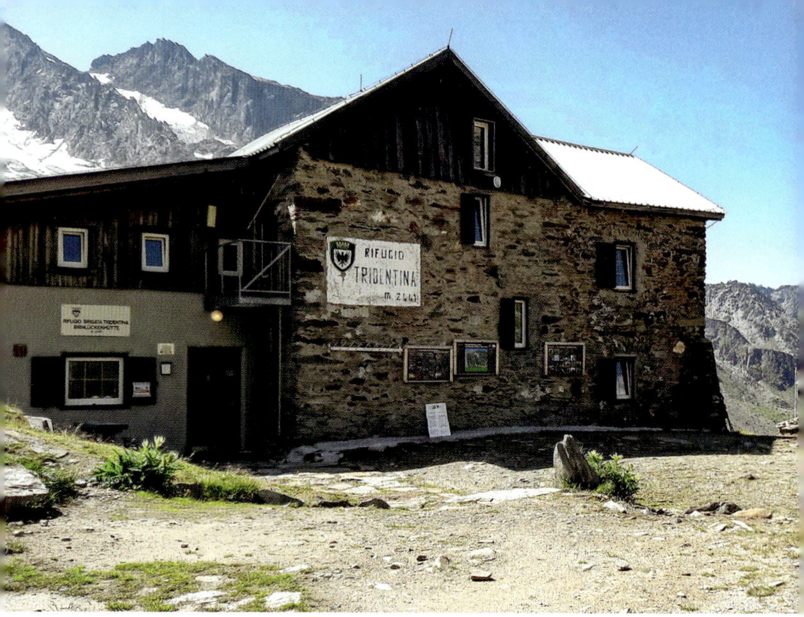

29 | Birnlückenhütte

Birnlücke | Klockerkarkopf

Nur wenige wissen, dass das österreichische Bundesland Salzburg bei der Birnlücke an Südtirol grenzt und dass hier in der Vergangenheit Erz abgebaut wurde. Auf der Wanderung zur Birnlückenhütte, zur Birnlücke und zum Klockerkarkopf erlebt man eine spannende Hochgebirgslandschaft und erfährt allerhand Geschichtliches.

 DIE HÜTTE

Die Birnlückenhütte liegt auf einem Geländevorsprung in exponierter Lage auf 2.441 m unterhalb der Birnlücke im Gebiet des Naturparks Rieserferner-Ahrn, sie ist nur über sehr steile Wege erreichbar.
Errichtet wurde das dreistöckige Schutzhaus im Jahr 1900 vom Gastwirt Alois Voppichler aus Prettau, bis 1927 wurde die Bockegghütte, wie sie auch genannt wurde, bewirtschaftet. Kurz darauf kaufte sie der italienische Staat und nutze sie als Unterkunft für die Finanzwache.
Im Zweiten Weltkrieg wurde die Hütte teilweise zerstört, in der Nachkriegszeit notdürftig repariert und Anfang der 1950er-Jahre für kurze Zeit bewirtschaftet. In den Jahren 1969/1970 setzte das italienische Heer die Hütte instand und nützte sie für militärische Zwecke.

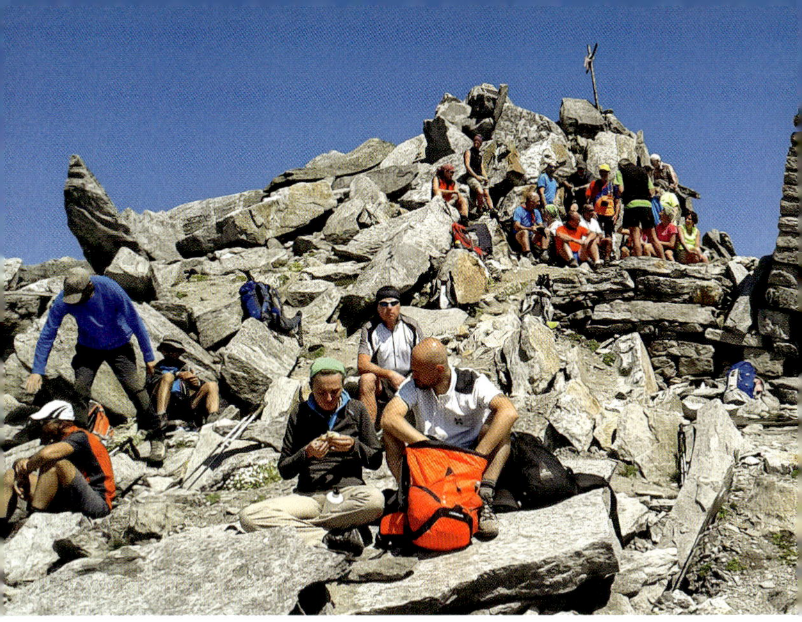

Im Jahr 1975 wurde die Birnlückenhütte von der Sektion Bruneck des CAI übernommen und zwei Jahre später wiedereröffnet. In den späten 1980er- und frühen 1990er-Jahren wurden größere Investitionen, wie der Bau einer Kläranlage, getätigt und Maßnahmen für die Wasseraufbereitung vorgenommen. Im Jahr 1995 wurde ein Zubau für getrennte WC-Anlagen und Waschräume errichtet. Der Boiler spendet Warmwasser, aber Dusche gibt es keine, denn durch die exponierte Lage der Hütte kann es gelegentlich zu Engpässen in der Wasserversorgung kommen.

Die Senior-Wirtin Edith Untergassmair kennt die Hütte wie ihre Westentasche und von den 45 Sommersaisonen, die sie bisher „hier oben" verbracht hat, kann sie so manches berichten.

KULINARIK TIPP

Auf der Speisekarte der Birnlückenhütte findet man klassische „Bergsteigerteller". Hervorzuheben sind die herzhaften Suppen, die mit Leidenschaft zubereitet werden.

Gäbe es einen Oscar für den besten hausgemachten Schutzhaus-Apfelstrudel, dann würde ich die Birnlückenhütte dafür nominieren!

TAG 1: AUFSTIEG ZUR HÜTTE

Der Aufstieg zur Birnlückenhütte (2.441 m) führt durch die schöne Natur- und Kulturlandschaft des hintersten Ahrntals. Auch geologisch gesehen durchwandert man hier das spannende Grenzgebiet

zwischen den Zentralgneisen der Hohen Tauern und den Gesteinen der Schieferhülle mit interessanten Mineralvorkommen.
Beim Parkplatz hinter der Infostelle für den Naturpark Rieserferner-Ahrn beginnt der Aufstieg zur Birnlückenhütte. Man folgt dem bequemen Fahrweg (Markierung Nr. 13) in Richtung Prastmann (Einkehrmöglichkeit) und Heilig-Geist-Kirche (1.623 m), in die man einkehren sollte. Der Wanderweg folgt dem Verlauf der Ahr, vorbei an der Trinksteinalm, der Adleralm und der Lahner Alm. Nach der Lahner Alm (1.979 m) wandert man durch einen schönen Talkessel, überquert den Bach und erreicht den Talschluss.
Nun beginnt das steilste Stück des Hüttenzustieges über das Bockegg (Weg Nr. 13), nach dem man bald das schön gelegene Schutzhaus, die Birnlückenhütte, auf 2.441 m erreicht.
Abstieg: Für den Abstieg folgt man dem Aufstiegsweg.

 TAG 1: DIE KURZE HÜTTENTOUR

Auf die Birnlücke 2.697 m | Von der Birnlückenhütte (2.441 m) folgt man oberhalb der Hütte dem Weg Nr. 13 in nordöstliche Richtung, der über den markanten Rücken bergwärts führt. Unterhalb des Kammes hält man sich links und folgt dem Bergpfad bis in die Scharte der Birnlücke auf 2.697 m.
Abstieg: Der Rückweg erfolgt über den Wanderweg (Nr. 13), der in westliche Richtung den Südhang des Luckner quert und hinab zum Weg Nr. 13A führt. An der Wegkreuzung biegt man links ab und wandert in östliche Richtung über den „Arnoweg" (Nr. 13A) bis zur Birnlückenhütte.

DER FLUCHTWEG ÜBER DIE BIRNLÜCKE

Nach dem Ende des Zweiten Weltkrieges flüchteten viele heimatlos gewordene Juden, sogenannte „Displaced Persons", aus Osteuropa über die klassischen Alpenpässe nach Palästina. Auf Betreiben Großbritanniens, in dessen Mandatsmacht Palästina lag, wurde den jüdischen Flüchtlingen eine offizielle Ausreise aus der britischen und französischen Besatzungszone untersagt. Der einzige Fluchtweg nach Süden war der winzige hochalpine Grenzverlauf, wo die amerikanische Besatzungszone Österreichs an Italien grenzte. Im Sommer 1947 wurden Tausende Holocaust-Überlebende, die in Österreich in Sammellagern untergebracht waren, nach Krimml gebracht. Von dort traten die Flüchtlinge mit ihren Habseligkeiten den Weg über das Krimmler Tauernhaus und die Birnlücke ins Ahrntal an, um weiter nach Genua und von dort nach Palästina zu reisen.

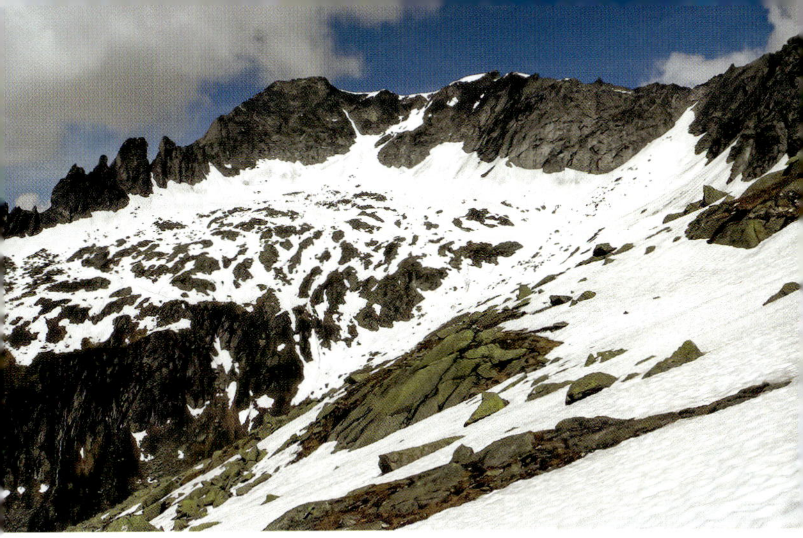

TAG 2: BERGWANDERUNG UND ABSTIEG

Birnlückenhütte – Klockerkarkopf und Abstieg nach Kasern | Die Besteigung des Klockerkarkopfs (2.912 m), in Südtirol besser bekannt als „Vetta d'Italia", und der Abstieg über den Lausitzer Höhenweg zur unbewirtschafteten Neugersdorfer Hütte ist ein spannendes Bergerlebnis für all jene, die Grenzerfahrungen lieben. Direkt bei der Birnlückenhütte folgt man dem Weg Nr. 13A in westliche Richtung (links) und quert dabei ein schmales Tal (Wasserlauf) und den Hang unterhalb des Steinkarkopfes. In leichter Steigung führt der Pfad (Nr. 13) hinauf zum Lausitzer Höhenweg und ununterbrochen in westliche Richtung, bis man die Abzweigung nach rechts zum Klockerkarkopf erreicht. Man biegt nach rechts und folgt dem alpinen Steig über Blockwerk und Felsrippen. Steinmännchen markieren immer wieder den Aufstieg durch Schutt und Geröll bis zu einem Rücken. Nun steigt man über Geröll rechts hinauf und erreicht eine Reihe leicht ausgesetzter Felsbänder (Sicherungen). Bald gelangt man zu Mauerresten einer alten Unterkunft und zum Gipfel des Klockerkarkopfs (2.912 m) mit seinem bescheidenen Holzkreuz.

Abstieg: Vom Gipfel bis zur Querung des Lausitzer Weges folgt man dem Aufstiegsweg. Der Weg Nr. 13 führt nach rechts bis zur Pfaffenschneide und über die mit Halteseilen und Holzstufen gesicherte „Teufelsstiege" in das Kerrachkar. Von dort führt der Weg mäßig steil hinauf zur unbewirtschafteten Neugersdorfer Hütte (2.568 m). Nach der Hütte steigt man links durch Felsbrocken bis zur Kreuzung des Lausitzer Höhenweges mit dem Tauernweg. Man folgt diesem (Nr. 14) nach links in südliche Richtung bis zur Oberen Tauernalm (2018 m, Einkehrmöglichkeit). Nun steigt man bis zum Talgrund hinab und wandert talauswärts bis zur Trinksteinalm und zum Ausgangspunkt nach Kasern.

INFOS IN KÜRZE

TAG 1: AUFSTIEG UND HÜTTENTOUR

Aufstieg zur Birnlückenhütte
Aufstieg: 2 h 50 min, Abstieg: knapp 2 h
7,7 km
844 Hm im Aufstieg

Tour Birnlücke
Kurze und leichte Wanderung ohne nennenswerte Schwierigkeiten. Unterhalb der Birnlücke trifft man sehr oft auf Schneefelder (gutes Schuhwerk!), deshalb ist Trittsicherheit erforderlich.
Aufstieg ab der Birnlückenhütte: 45 min, Abstieg: 30 min
3,1 km
234 Hm Aufstieg und Abstieg

TAG 2: BERGWANDERUNG UND ABSTIEG

Birnlückenhütte – Klockerkarkopf und Abstieg nach Kasern
Anspruchsvolle Gipfeltour auf alpinen Steigen und leichte Blockkletterei mit teilweise gesicherten Abschnitten. Trittsicherheit, Kondition (für den langen Abstieg) und Schwindelfreiheit notwendig.
Ab der Birnlückenhütte: 5 h 20 min
14 km
625 Hm Aufstieg, 1.474 Hm Abstieg

DIE HÜTTE

Birnlückenhütte (Rifugio Brigata Tridentina)
Alain Untergassmair
Pension Knappenhof,
Prettau/Ahrntal
Tel. 0474 654140
www.pension-knappenhof.com
info@pension-knappenhof.com

Geöffnet von Ende Juni bis Anf. Okt.

30 Betten in Vier- und Fünfbettzimmern und 14 Schlafplätze im Matratzenlager, eingeschränkter Mobilfunkempfang, Barzahlung.

Über die Brennerautobahn A22 bis zur Ausfahrt Brixen/Pustertal. Weiter über die SS49 durch das Pustertal nach Bruneck. Alternativ von Osttirol über das Pustertal nach Bruneck.
Von Bruneck in das Ahrntal bis zum gebührenpflichtigen Parkplatz in Kasern am Ende des Tales.

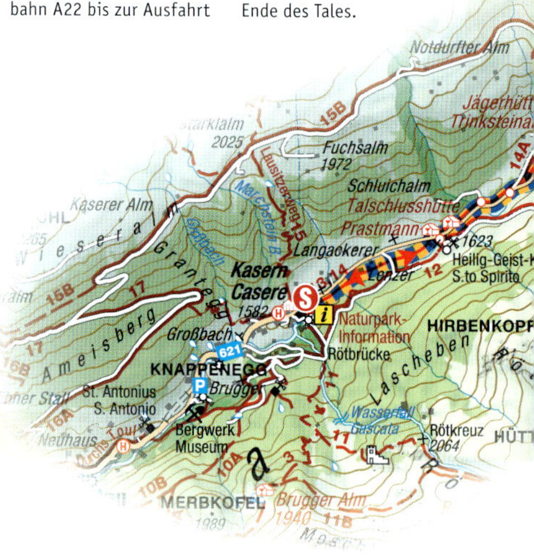

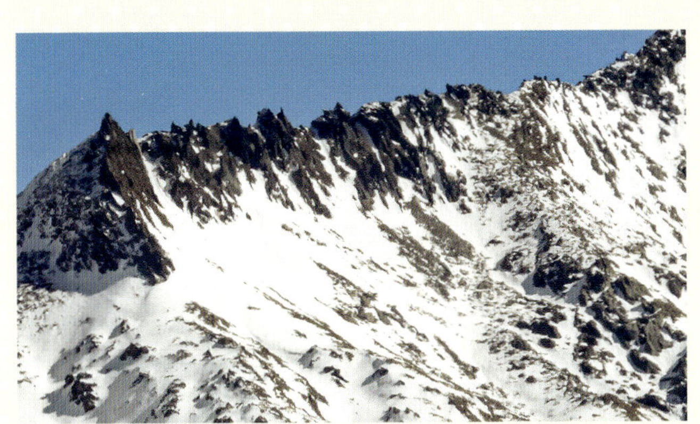

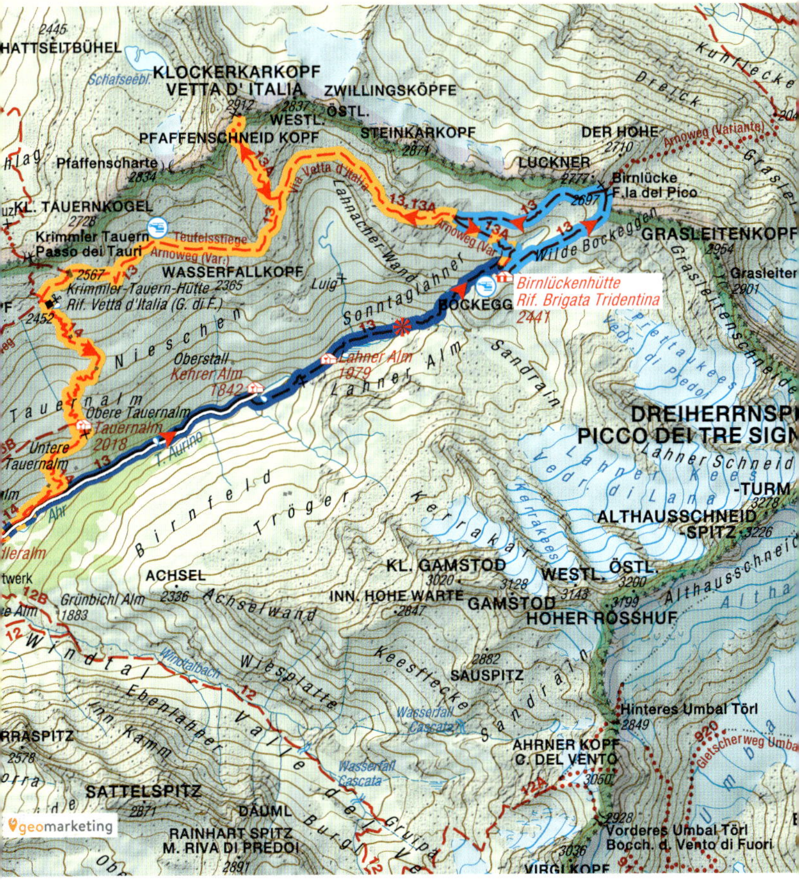

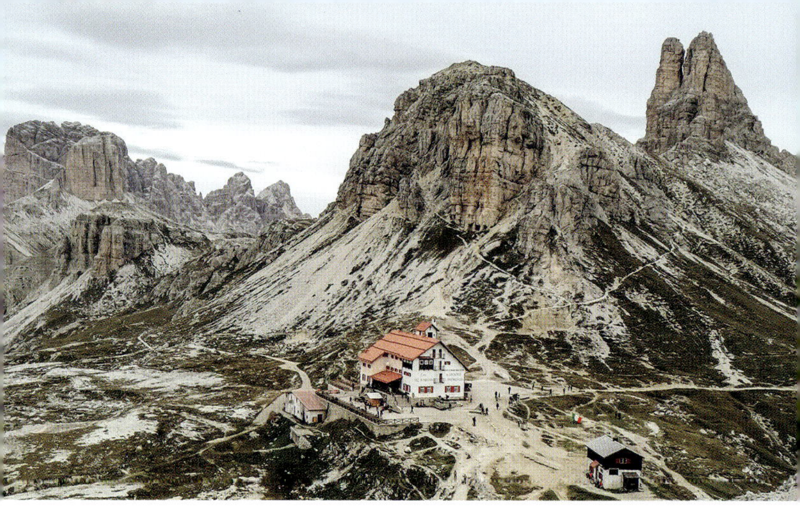

30 | Dreizinnenhütte

Gwengalpenjoch | Drei-Zinnen-Umrundung

Die Dreizinnenhütte im Naturpark Drei Zinnen ist eine Institution und ebenso deren Hüttenwirt Hugo Reider, dem man stundenlang bei seinen interessanten Geschichten über die Geschehnisse der Dolomitenfront zuhören kann. Das alpine Schutzhaus mit seiner Postkartenaussicht auf die weltbekannten Drei Zinnen ist die meistbesuchte Hütte in den Sextner Dolomiten, und auch auf der Rundwanderung um die Drei Zinnen trifft man Menschen aus aller Herren Länder.

DIE HÜTTE

Wenn man den Blick von der Dreizinnenhütte auf das berühmte Dreigestirn der Großen, Kleinen und Westlichen Zinne kennt, versteht man, warum täglich geschätzt mehr als 1.000 Menschen aus aller Welt diesen Ort erwandern. Mit Fotoapparaten, Videokameras und Selfiestangen bewaffnet, belagern sie die Hütte und wälzen sich über die breiten Wanderwege, die von der Auronzohütte hierherführen. Es ist bewundernswert, dass das Hüttenwirtepaar Milka und Hugo Reider und ihre Mitarbeiter, trotz aller Hektik, nicht die Ruhe und vor allem nicht den freundlichen Umgang mit den Gästen verlieren. Bewegt ist die Geschichte der Hütte seit jeher. Bereits im Jahre 1881 fasste die Sektion Hochpustertal des DuÖAV den Beschluss, am Töblinger Riedel eine Hütte zu bauen. Drei Jahre später wurde die kleine, bescheidene Selbstversorgerhütte eingeweiht. Bald darauf wurde sie erweitert und auch bewirtschaftet. Hüttenwirt war der legendäre Bergführer Sepp Innerkofler.

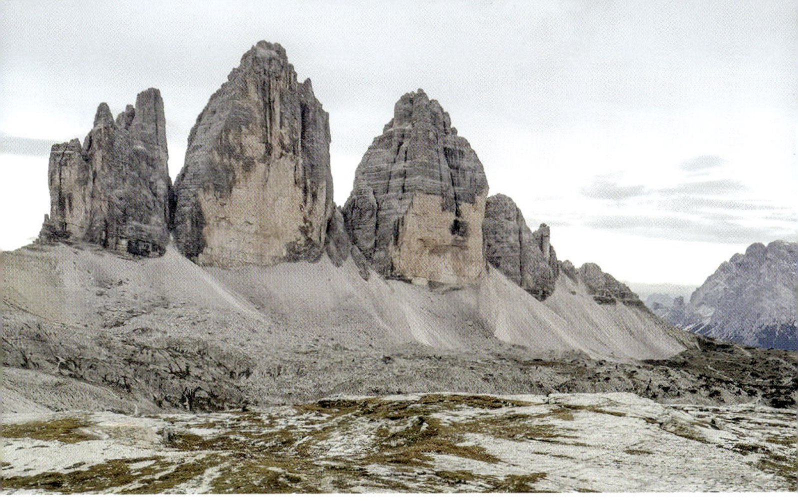

Im Ersten Weltkrieg wurde die Hütte zerstört und im Jahr 1922 neu errichtet. Im Zweiten Weltkrieg wurde sie erneut geplündert und diente als Schafstall. Die Sektion Padua des CAI renovierte im Jahr 1946 das desolate Schutzhaus und verpachtet es seither.

KULINARIK TIPP

Wenn am späten Nachmittag die Tagesgäste wieder ins Tal gezogen sind, dann wandelt sich auch das Leben in der Hütte und es wird ruhiger. Dann haben die Wirtsleute auch etwas mehr Zeit für ein Gespräch und man bekommt mit den schmackhaften Schlutzkrapfen, einer Spezialität des Hauses, auch den einen oder anderen Ratschlag für die Tour serviert.

DER KAMPF UM DIE DREI ZINNEN

Im Ersten Weltkrieg verlief durch die friedliche Bergwelt der Alpen die sogenannte „Dolomitenfront", an der sich die italienischen Alpini und die österreichisch-ungarischen Kaiserjäger gegenüberstanden. Die meisten Straßen und Wege, über die heute Bergwanderer und Alpinisten die entlegenen Täler und Hochflächen der Dolomiten bequem erreichen können, wurden im Ersten Weltkrieg als Nachschubwege gebaut.
Teilweise verlief die Front auch über die Gipfel, und durch die Berge wurden Stollen getrieben. Hugo Reider, der Wirt der Dreizinnenhütte, hat über den Gebirgskrieg das lesenswerte Buch „Kampf um die Drei Zinnen" geschrieben.

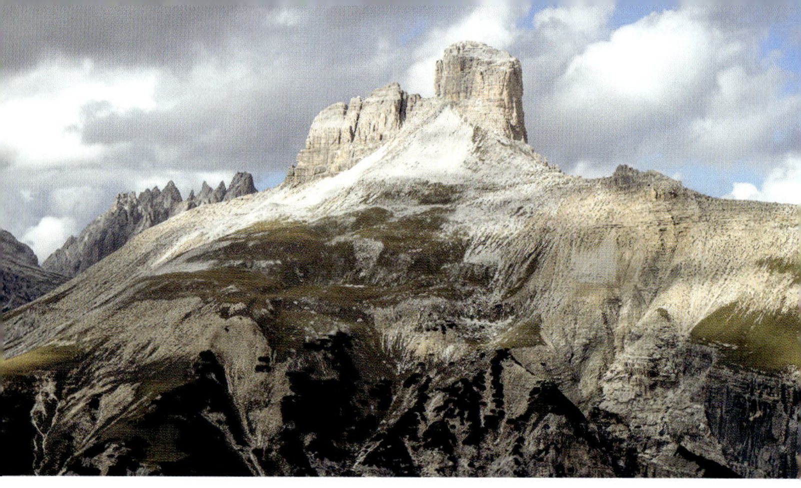

 TAG 1: AUFSTIEG ZUR HÜTTE

Eines sei vorausgeschickt: Eine Erstbegehung wird das heute nicht, denn die Dreizinnenhütte im Sattel des Toblinger Riedels ist ein sehr beliebtes Ausflugsziel. Den Aufstieg beginnt man am Fischleinboden, den man von Sexten/Moos erreicht.
Wir starten am Parkplatz beim Fischleinboden (1.460 m), am Beginn des Fischleintales in Sexten und folgen dem breiten Wanderweg (Nr. 102) bis zur Talschlusshütte (1.526 m, Einkehrmöglichkeit). Nach rechts biegt der Wanderweg (Nr. 102) in den Wald und führt durch das Altensteintal. Der schmale Steig steigt kräftig an, in vielen Kehren überwindet er eine Felsstufe, bis man die Bodenalm und das Hochplateau mit den Bödenseen erreicht. In südliche Richtung quert man den Hang, der zum Bergfuß des Toblinger Knotens hinaufführt, bis zu einem Wegkreuz und geht anschließend zum breiten Sattel des Toblinger Riedels, in dem die Dreizinnenhütte (2.438 m) steht.
Abstieg: Für den Abstieg folgt man dem Aufstiegsweg.

 TAG 1: DIE KURZE HÜTTENTOUR

Gwengalpenjoch 2.456 m | Nach dem langen Hüttenaufstieg kann man vom Blick auf die erhabenen Drei Zinnen nicht genug bekommen. Ein kurzer Abstecher auf das nahe gelegene Gwengalpenjoch verspricht schöne Ausblicke auf dieses einmalige Felsenszenario.
Von der Dreizinnenhütte (2.438 m) wandert man in westliche Richtung und folgt dabei den Wegmarkierungen Nr. 105 und Nr. 11. Der schöne Steig führt unterhalb des Sextner Steins (2.539 m) und den Westwänden des Toblinger Knotens (2.617 m) zum Gwengalpenjoch (2.456 m). Dieser Sattel zwischen dem Toblinger Knoten und des Schwalbenalpenkopfes (2.687 m) ist das Ziel der kurzen Wanderung. Vom Gwengalpenjoch sieht man die Drei Zinnen in ihrer schönsten Pracht. Hier überblickt man die Bergkulisse von den Pragser Bergen

im Westen über den Monte Piana bis zum gegenüberliegenden Dreigestirn der Zinnen, dem Paternkofel und dem Zwölferkofel. Rechts hinter den Drei Zinnen ragen die Zacken der Cadinigruppe heraus und weiter rechts erheben sich der Antelao und die Sorapiss. Im Südwesten sind der Monte Cristallo und die Gipfel der Tofane zu sehen. Die Gebirgslandschaft, die man hier erlebt, wird sich einem fest in die Erinnerung prägen.
Abstieg: Für den Abstieg folgt man dem Aufstiegsweg oder wandert in östliche Richtung um den Toblinger Knoten herum.

 TAG 2: BERGWANDERUNG UND ABSTIEG

Dreizinnenhütte – Dreizinnenumrundung, Büllelejoch, Büllelejochhütte und Abstieg zum Fischleinboden | Die Umrundung der Drei Zinnen, des Wahrzeichens des Weltnaturerbes Dolomiten, ist der absolute Wanderklassiker im Naturpark Sextener Dolomiten. Durch die Übernachtung auf der Dreizinnenhütte ist der Aufstieg auf das Büllelejoch und der Abstieg über die Zsigmondyhütte ins Tal nicht nur konditionsstarken Gehern vorbehalten.
Von der Dreizinnenhütte (2.438 m) folgt man dem Weg Nr. 105, der auch als „Dolomiten Höhenweg Nr. 4" gekennzeichnet ist und in leichtem Gefälle zu einer Weggabelung am Rienzboden führt. Man bleibt auf Weg Nr. 105, quert die schönen Böden und überwindet eine steilere Geländestufe, bis man die karstige Hochfläche der Langenalpe erreicht. Diese durchquert man, kommt an der bewirtschafteten Hütte der Langenalm (2.283 m) vorbei und wandert zu den Zinnenseen, in denen sich die mächtigen Drei Zinnen spiegeln.
Leicht ansteigend führt der Weg (Nr. 105) über die Schotterhalden an den Ausläufern des Zinnenkopfes bis zur Forcella del Col di Mezzo (2.324 m). Anschließend geht es ohne nennenswerte Höhenunterschiede zum großen Parkplatz der Auronzohütte (2.320 m, Einkehrmöglichkeit) und über einen breiten Weg bis zum Gefallenendenkmal „Cappella degli Alpini" und zur kleinen privaten Lavaredohütte (2.344 m) am Fuße der Kleinen Zinne. Kurz folgt man noch dem Weg Nr. 101 in östliche Richtung und bei der nächsten Weggabelung biegt man nach rechts und bleibt auf dem Weg Nr. 1104, der durch den „Plan de Cengia" in Richtung Sandbüheljoch führt. Bei den kleinen Seen unterhalb des Sandbüheljochs zweigt der Weg Nr. 1104 hinauf auf das Büllelejoch (2.522 m) und führt dort bequem bis zur gemütlichen Büllelejochhütte (2.528 m, Einkehrmöglichkeit). Bei dieser überschreitet man das Oberbachernjoch, steigt über den Weg Nr. 101 hinab zur Zsigmondy-Comici-Hütte (2.224 m, Einkehrmöglichkeit) und von dort in nördliche Richtung (Weg Nr. 103) in das Bacherntal ab. Nachdem man ca. 700 Höhenmeter im Abstieg überwunden hat, erreicht man die Talschlusshütte (1.526 m, Einkehrmöglichkeit) und wandert auf Weg Nr. 102 bis zum Fischleinboden.

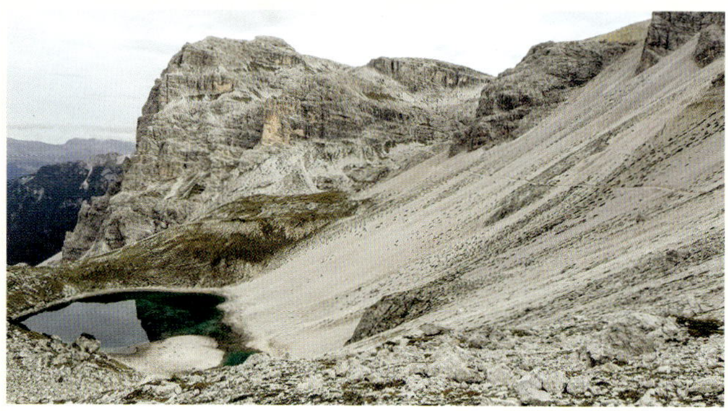

INFOS IN KÜRZE

TAG 1: AUFSTIEG UND HÜTTENTOUR

Aufstieg zur Dreizinnenhütte
Aufstieg: 3 h, Abstieg: knapp 2 h
6,8 km
955 Hm im Aufstieg

Tour Gwengalpenjoch
Einfacher Spaziergang ohne technische Schwierigkeiten und ohne nennenswerten Höhenunterschied.

Aufstieg ab der Dreizinnenhütte: 20 min, Abstieg: 20 min
1,7 km
75 Hm Aufstieg und Abstieg

TAG 2: BERGWANDERUNG UND ABSTIEG

Dreizinnenhütte – Dreizinnenumrundung, Büllelejoch, Büllelejochhütte und Abstieg zum Fischleinboden

Lange Bergwanderung ohne technische Schwierigkeiten auf gut markierten Wegen. Beim Abstieg vom Büllelejoch bis zur Talschlusshütte ist etwas Trittsicherheit verlangt.

Ab der Dreizinnenhütte: 6 h 45 min
19 km
637 Hm Aufstieg, 1.591 Hm Abstieg

DIE HÜTTE

Dreizinnenhütte (Rifugio Antonio Locatelli-Sepp Innerkofler)
Familie Reider, Sexten
Tel. 0474 972002 oder 329 6690335 (nur wenn die Hütte geschlossen ist)
www.dreizinnenhuette.com
dreizinnenhuette@rolmail.net

Geöffnet von Ende Juni bis Ende Sept.
35 Betten in Zwei-, Drei- und Vierbettzimmern mit Dusche, 100 Schlafplätze im Matratzenlager, Waschräume, Toiletten (für Damen und Herren), eine Dusche mit Zeitautomat (gebührenpflichtig), Mobilfunkempfang in der näheren Umgebung der Hütte.
Über Toblach oder Sillian im Pustertal nach Innichen und weiter nach Sexten/Moos. Von dort in das Fischleintal abbiegen und weiter bis zum gebührenpflichtigen Parkplatz beim Dolomitenhof fahren.

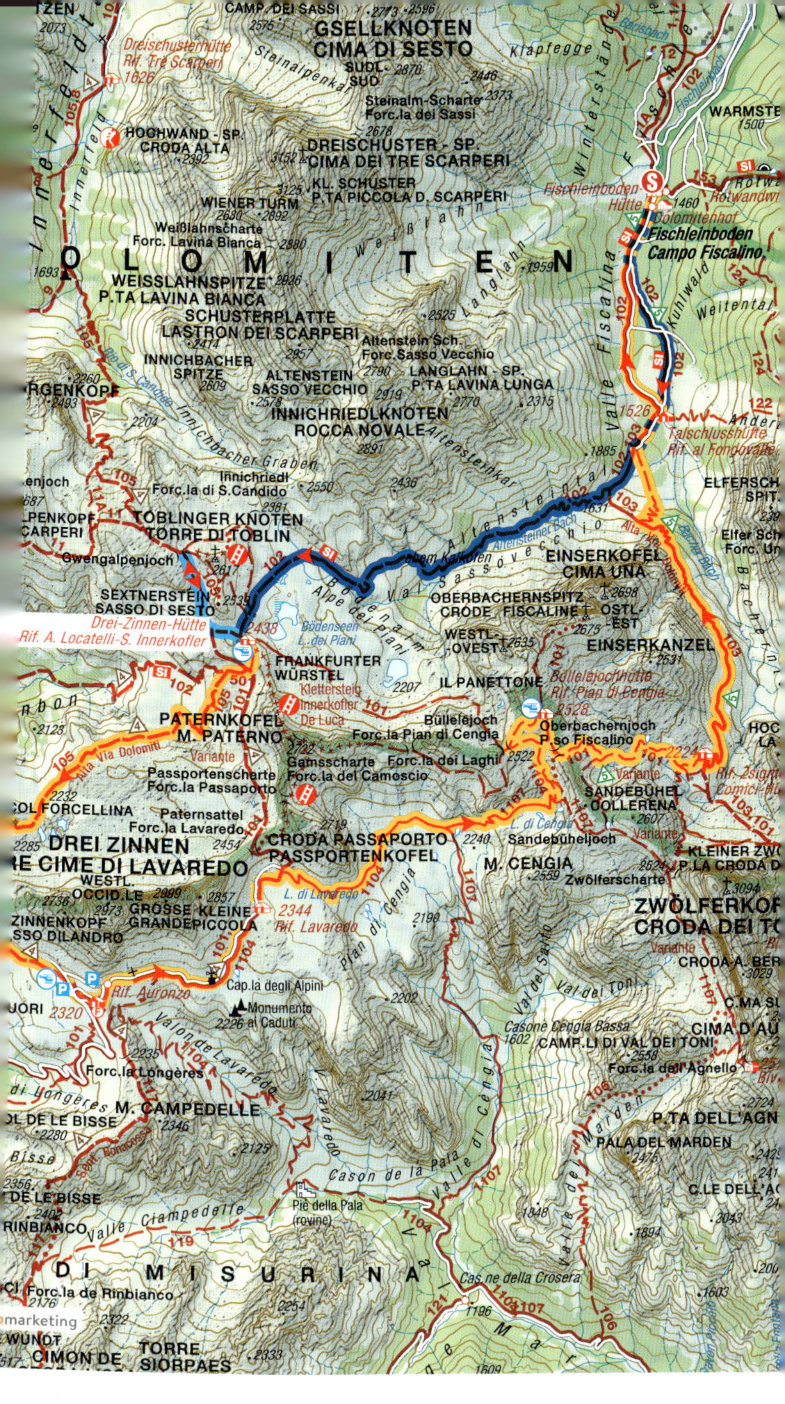

GSELLKNOTEN
CIMA DI SESTO
DREISCHUSTER - SP.
CIMA DEI TRE SCARPERI
KL. SCHUSTER
P.TA PICCOLA D. SCARPERI
HOCHWAND - SP.
CRODA ALTA
Dreischusterhütte
Rif. Tre Scarperi
WIENER TURM
DOLOMITEN
WEISSLAHNSPITZE
P.TA LAVINA BIANCA
SCHUSTERPLATTE
LASTRON DEI SCARPERI
INNICHBACHER SPITZE
ALTENSTEIN
SASSO VECCHIO
LANGLAHN - SP.
P.TA LAVINA LUNGA
INNICHRIEDLKNOTEN
ROCCA NOVALE
Fischleinboden Hütte
Dolomitenhof
Fischleinboden
Campo Fiscalino
Talschlusshütte
Rif. al Fondovalle
TÖBLINGER KNOTEN
TORRE DI TOBLIN
SEXTNERSTEIN
SASSO DI SESTO
Drei-Zinnen-Hütte
Rif. A. Locatelli-S. Innerkofler
FRANKFURTER WÜRSTEL
EINSERKOFEL
CIMA UNA
OBERBACHERNSPITZ
CRODE FISCALINE
EINSERKANZEL
IL PANETTONE
Büllelejochhütte
Rif. Pian di Cengia
Oberbachernjoch
P.so Fiscalino
PATERNKOFEL
M. PATERNO
Alta Via Dolomiti
DREI ZINNEN
TRE CIME DI LAVAREDO
CRODA PASSAPORTO
PASSPORTENKOFEL
M. CENGIA
ZWÖLFERKOFEL
CRODA DEI TONI
Rif. Lavaredo
Rif. Auronzo
M. CAMPEDELLE
P.TA DELL'AGNELLO
PALA DEL MARDEN
DI MISURINA

Südtirols schönste Seiten

Luisa Righi/Stefan Wallisch
Südtirol verstehen
43 Antworten zu einem besonderen Land
96 S., ISBN 978-3-85256-722-8

Luisa Righi/Stefan Wallisch
Überleben in Südtirol
Zwischen Bergen, Knödeln und Dolce Vita
96 S., ISBN 978-3-85256-793-8

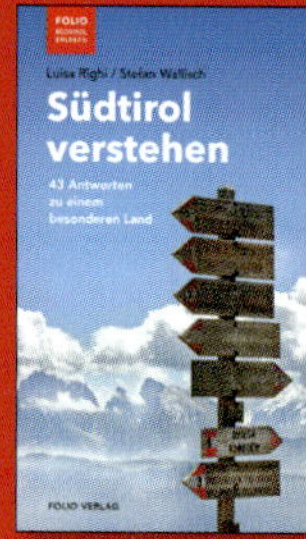

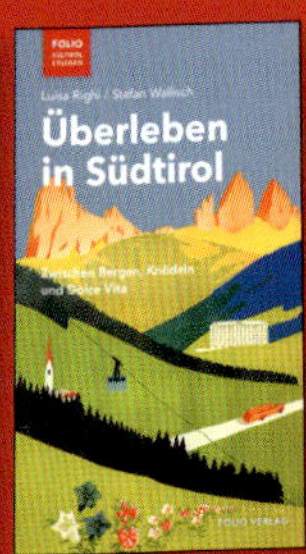

Oswald Stimpfl
Der Meraner Höhenweg
96 S., ISBN 978-3-85256-785-3

Oswald Stimpfl
Die schönsten Wanderungen rund um Meran
Leichte und lohnende Ziele
128 S., ISBN 978-3-85256-808-9

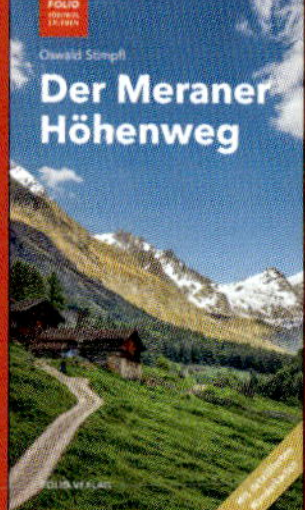

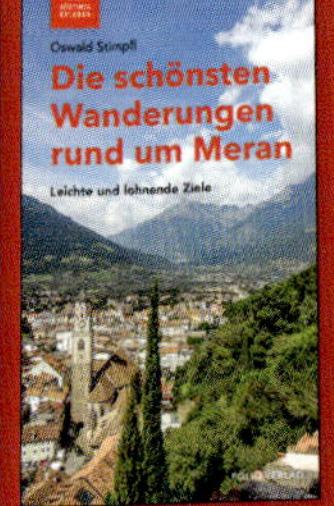

Oswald Stimpfl
Pilgerwege in Südtirol
Wanderungen zu Wallfahrtsorten und Höhenkirchen
176 S., ISBN 978-3-85256-782-2

Anja Eichelsdörfer
Alpenpässe in Südtirol
Ein Wanderbuch
160 S., ISBN 978-3-85256-824-9

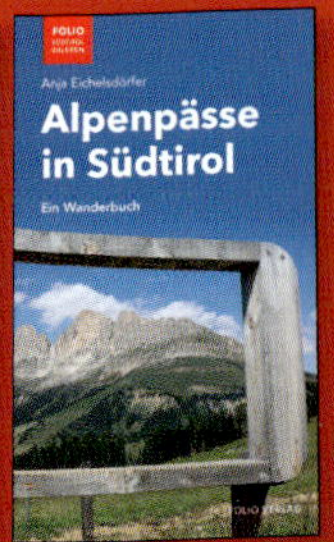

Oswald Stimpfl
Südtirols schönste Almhütten
Wandern, einkehren, genießen
144 S., ISBN 978-3-85256-807-2

Christoph Tscholl
Wein erleben in Südtirol
Ausgewählte Weingüter und Kellereien
192 S., ISBN 978-3-85256-794-5

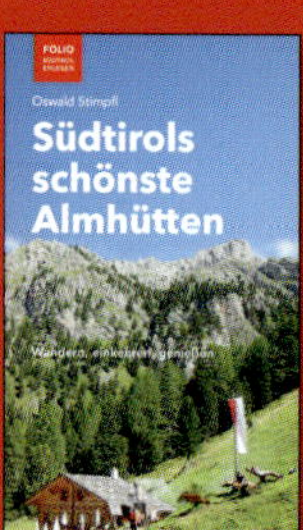

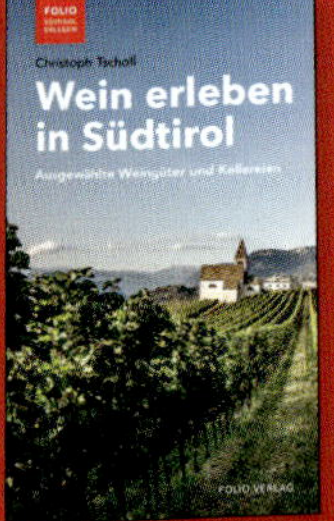

www.folioverlag.com